国家社科基金“定向降准对农业企业的产出与风险传导效应研究（15CGL037）”

基于微观视角的
定向降准政策惠农机理与调控功效研究

林朝颖 等著

中国财经出版传媒集团
经济科学出版社
Economic Science Press

图书在版编目（CIP）数据

基于微观视角的定向降准政策惠农机理与调控功效研究/林朝颖等著．—北京：经济科学出版社，2020.11
ISBN 978 -7 -5218 -2089 -8

Ⅰ.①基…　Ⅱ.①林…　Ⅲ.①货币政策－影响－农业政策－基本知识－中国　Ⅳ.①F822.0②F320

中国版本图书馆 CIP 数据核字（2020）第 226152 号

责任编辑：孙丽丽　撖晓宇
责任校对：王苗苗
责任印制：李　鹏　范　艳

基于微观视角的定向降准政策惠农机理与调控功效研究
林朝颖　等著
经济科学出版社出版、发行　新华书店经销
社址：北京市海淀区阜成路甲 28 号　邮编：100142
总编部电话：010－88191217　发行部电话：010－88191522
网址：www.esp.com.cn
电子邮箱：esp@esp.com.cn
天猫网店：经济科学出版社旗舰店
网址：http://jjkxcbs.tmall.com
北京季蜂印刷有限公司印装
710×1000　16 开　18 印张　300000 字
2020 年 11 月第 1 版　2020 年 11 月第 1 次印刷
ISBN 978 -7 -5218 -2089 -8　定价：72.00 元
（图书出现印装问题，本社负责调换。电话：010－88191510）

前　言

随着我国经济增长的目标由求速度向保质量转变，传统宽松货币政策下“掀起巨浪、普托众船”的总量调控模式已无法满足优化经济结构、转换增长动力的要求。为了引导金融机构扶持“三农”、小微等经济发展的短板，在总量可控的基础上促进结构优化，央行改变了以往价格型与数量型交替使用的总量调控模式，频繁推出定向降准政策以实现“微刺激”与“精准灌溉”的目标。定向降准作为结构性货币政策的典型代表，学者们对其研究尚处于起步阶段，而且集中于定向降准政策在宏观经济增长、产业结构调整中的作用，较少对定向降准货币政策向微观经济实体的传导机理和功效进行深入分析。农业企业作为定向降准货币政策最终的目标优惠对象，在政策传导机制中扮演着重要的角色。定向降准政策从传导机理来看不是直接向农业企业释放信贷资金，而是经过银行放贷再进入农业企业，银行能否将定向降准释放的资金沿着指定渠道定位精准地投向预期领域并促进农业企业投融资与产出的增长，从而实现经济结构调整的目标，决定着定向降准货币政策实施的成败。

本书在传统总量性货币政策研究的基础上，将中央银行、商业银行以及农业企业置于统一的研究框架中，以优化产业结构战略目标为靶向，从银行信贷渠道阐释了定向降准货币政策的惠农机理，从数量、质量、结构和风险层面剖析定向降准货币政策对银行信贷、企业投融资决策、产出水平以及风险承担的传导效应，分析定向降准货币政策对农业传导的微观效应，对定向降准政策惠农的精准性加以客观评价，从而在结构调整角度深化了货币政策传导机制理论，为惠农货币政策的选择寻找到了微观基础，并且为货币当局合理选择定向降准政策的时间、范围与力度以支持农业发展，促进精准调控目标的实现提供参考依据。

在银行层面上，本书对定向降准政策出台前后银行信贷行为变化情况进行研究，验证定向降准对银行信贷资金的引导功能，论证定向降准政策对调节农业贷款与小微企业贷款的有效性，并分析定向降准政策对不同规模、特征的商业银行传导效应的差异。

在企业层面，本书根据资金流动的顺序剖析定向降准货币政策对农业企业的调控功效。首先，从农业企业融资的角度研究定向降准政策的效应，阐述定向降准对农业企业信贷配给的影响，探析农业信贷增长的资金来源，评价定向降准在缓解农业企业融资约束、减轻农业企业融资成本负担方面的功效。其次，探究定向降准政策对农业企业投资的驱动效果，论证投资驱动效应的传递渠道，剖析定向降准政策对不同特征农业企业投资的影响差异。再次评价定向降准政策对农业企业绩效的调控功效，探寻农业企业业绩增长的驱动力，分析引致定向降准政策效力差异的原因。最后从风险角度评判定向降准政策的调控效果，从结构性货币政策层面论证货币政策风险承担渠道的存在性，为中央银行选择合适的货币政策工具提供风险维度的参考依据。

此外在定向降准政策惠农功效的异质性方面，本书从信贷周期的时间层面剖析定向降准货币政策对农业信贷融资传导的纵向非对称效应，又从区域类型以及企业类型深入分析定向降准货币政策惠农效应的横向非对称性，对定向降准政策惠农的精准性进行更为全面的评价，最后从中央银行、财政部门、商业银行、农业企业四个方面提出提高定向降准政策惠农功效的对策与措施。

本书从思路构建、数据搜集、模型设计直至成稿撰写，历时近十年。在作者所主持的国家社科基金“定向降准对农业企业的产出与风险传导效应研究（15CGL037）”结题成果的基础上，经过多次讨论修改，最终形成本书定稿。由衷感谢国家社科基金以及福州大学科研启动经费的资助！本书作为课题组共同讨论的成果，衷心感谢以下作者对本书的支持：林楠、刘雅馨、陈书涵、郭慧芳、黄祥钟、陈佳腾、傅彤、陈玥、陈丁科、梁婕莹、黄诚悦、王丽彬、王粲、徐亚论、章钰娴、林静茹、张振辉、林亨、林海。福州大学的黄志刚教授、纽约州立大学布洛克波特分校的何乐融教授、海峡出版发行集团副编审黄杰阳在本书的写作过程中提出了许多宝贵意见，在此表示真诚的感谢与崇高的敬意！感谢家人在写作过程中对我无微不至的关怀与支持，让我在每个挑灯夜读的夜晚，心里充满着前进的力量！

林朝颖

2020 年 8 月 9 日于舒心园

目　录

第1章 绪 论

1.1 选题背景与意义

1.1.1 选题背景

农业强不强、农村美不美、农民富不富，决定着全面建设小康社会的成色和社会主义现代化的质量（习近平，2017）。十九大报告把乡村振兴战略列为党和国家未来发展的“七大战略”之一，它是关系国家发展的核心问题。乡村振兴的重点是产业兴旺，农业信贷则在产业兴旺的战略实现过程中发挥着重要的助推作用。据2018年5月中国社科院发布的《中国“三农”互联网金融发展报告》测算，我国“三农”领域的金融缺口达3.05万亿元，占当年货币供应总增量的20.76%。为引导资金从高风险高收益的行业或者产能过剩的产业流向经济发展的短板领域，央行转变了政策调控的思路，自2014年4月至2020年8月人民银行连续17次针对达标金融机构实施定向下调存款准备金率，对三农、小微企业贷款达标的银行或者政策指定的银行定向下调存款准备金率，以激励“三农”、小微企业等重点与薄弱环节的信贷资源配置，实现普惠金融的目标。

实际上货币政策由常规的总量调控模式向非常规的定向调控模式的转型并非我国独有。早在1961年，美国经济处于朝鲜战后重建的复苏初期，美联储通过出售短期国债并购买长期国债的扭转操作（Operation Twist，

OT）来降低市场的长期利率，平滑国债收益率曲线。2008 年金融危机爆发后，常规的以利率杠杆为中心的货币政策传导机制受到破坏，随着通货膨胀率回落、短期名义利率逼近于零，常规货币政策的有效性逐渐下降（王树同等，2009）。诸多西方发达国家进入低利率时代，美国、欧盟、日本等诸多央行纷纷转变思路，采取量化宽松货币政策，向市场直接投入流动性，以解决流动性陷阱下传统货币政策难以有效发挥作用的难题，提振经济应对危机。大水漫灌式的量化宽松政策颁布之后得到了褒贬不一的评价，政策支持者们认为量化宽松政策通过大规模资产购买计划降低了长期国债的名义利率，平滑了收益曲线（Williamson，2016），改善了银行的流动性状况，降低了违约风险偏好（Eser and Schwaab，2016）。开普塔尼欧等（Kapetanios et al.，2012）使用反事实的分析方法研究发现如果没有量化宽松政策，2009 年英国 GDP 会衰退得更多，CPI 会更低甚至是负数。因此量化宽松政策在帮助避免英国经济衰退和通货紧缩上是有效的。随着经济环境的变化，量化宽松政策的弊端逐渐凸显。乔伊斯等（Joyce et al.，2012）发现量化宽松政策实施以后经济复苏的速度过于缓慢。大量的资产购买计划对债券利率的影响只是暂时的，从长期来看，债券的利率又会回到政策实施前的初始水平（Martin and Milas，2012）。杨和周（Yang and Zhou，2016）认为虽然量化宽松在释放流动性方面是有效的，但鉴于美国股票市场在全球风险溢出网络的系统重要性地位，量化宽松成为美国向世界风险溢出的主要驱动力，是全球系统性风险的根源。波特（Portes，2012）甚至认为，量化宽松通过竞争性贬值掀起了对其他国家的货币战争，政策带来的溢出效应给其他国家的宏观调控设下难题。席思尼等（Cecioni et al.，2011）和威廉姆斯（Williams，2012）认为量化宽松货币政策会影响市场正常运行，给社会经济的稳定带来威胁。相比之下定向调控货币政策辐射的范围较小，副作用也不大。

无独有偶，2012 年 7 月英格兰银行在降低利率与量化宽松货币政策都难以奏效的情况下，与英国财政部共同发起了融资换贷款计划（Funding for Lending Scheme，FLS），通过评价银行给实体经济贷款的绩效表现，对考核通过的银行释放低于市场利率而且期限较长的资金。欧洲央行则于 2014 年 6 月实施了第一轮定向长期再融资计划（Targeted Longer-term Refinancing Operation，TLTRO），以优惠的方式向银行提供长期贷款从而达到提振实体经济的目的。到了 2016 年 3 月 TLTRO 再次启动，旨在支持家庭与非金融企业获得信贷融资。2019 年 3 月欧洲央行实施了第三轮 TLTRO，银行在非金融企业贷款或者个人非房产贷款领域的参与度越高，向央行获取贷款的利率越优惠。

在中国定向降准作为定向调控类货币政策的创新，其政策意图在于通过"微刺激"与"定向激励"的手段对特定的金融机构或者贷款符合定向降准标准条件的金融机构下调存款准备金率，引导银行将信贷资源配置于"三农"领域，在总量可控的基础上促进结构优化，推动农业投资并创造收益，提升经济增长的质量。2014 年 4 月首次颁布定向降准政策，2015 年开始央行提高了定向降准政策操作的频率，实施多轮定向降准政策，拓宽了定向降准的受益对象。此后定向降准政策沉寂了两年，在 2018 年重新开启实施，并将定向降准政策的目标由支农惠小为主扩大到普惠金融。

从定向降准货币政策的传导渠道来看，定向降准不是直接向农业企业释放信贷资金，而是经过银行放贷再进入农业企业。由于农业企业面临着自然风险与农产品价格波动等市场风险，其信贷需求难以在正规信贷市场上得到充分满足。而定向降准政策并不能从根本上扭转涉农贷款高风险低收益的特征，银行能否使定向降准释放的资金沿着指定渠道定位精准地流向预期领域，并促进农业企业投融资的增长与产出的提高？该政策的实施是否会带来信贷风险威胁经济的稳定？这些问题决定着定向降准政策实施的成败，也值得我们深入研究探讨。

1.1.2　制度背景

1.1.2.1　存款准备金率制度的起源与演变

定向降准货币政策是存款准备金率制度的一个分支，存款准备金率制度源于美国。1863 年，随着《国家银行法》的通过，美国建立了存款准备金制度。1913 年，《联邦储备法》制定了储备银行体系，成立美联储负责履行美国的中央银行职责扮演存款机构的最后贷款人的角色，为存款机构的支付和清算提供保证，也为居民存款的安全性提供了一定的保障（洪传尧，2009；刘高，2011）。美国联邦储备理事会设立存款准备金制度之初，目的是让商业银行的存款准备金成为其偿付能力的保障，以维护商业银行体系充足的流动性，满足储户提取存款和商业银行间结算的需要。1929～1933年经济危机席卷各国，由于世界诸多国家银行濒临倒闭，各国纷纷认识到实行存款准备金制度对商业银行流动性保障的意义。已经建立中央银行制度的国家开始借鉴美国的经验，通过法律法规对存款准备金做出明确要求，推行存款准备金制度。

20世纪30年代末，由于中央银行在再贷款工具上不断创新，存款准备金制度预防商业银行流动性危机的作用逐渐减弱（陈福生，2015）。但是随着金融市场的不断发展，商业银行的信贷规模逐渐扩大，中央银行开始以存款准备金为调控手段控制商业银行的信贷规模扩张。在信贷规模激增时中央银行通过上调存款准备金率来收紧银根，以此收缩商业银行的流动性；在信贷规模较小时则通过下调存款准备金率来放松银根，以此放宽商业银行的流动性。

自20世纪80年代以来，由于发达国家金融市场的不断发展，存款准备金制度作为货币政策操作工具的地位在慢慢地衰退，逐渐退化成为辅助性的货币政策操作工具。存款准备金地位逐渐衰退的主要原因是各国央行的目标从数量型目标向价格型目标转变，同时金融监管的放松以及许多创新性货币的出现使得对货币范畴的划分变得越来越模糊，对于中央银行而言，想要精准地计量货币供应量困难重重，相应地，以调节货币供应量、社会信贷规模为主的存款准备金率操作开始逐渐失去其基础。1993年美联储放弃了以货币总量作为实施货币政策目标的政策框架，转而以公开市场操作为手段，以短期利率作为货币政策操作的目标。这一时期，英国、日本等国也陆续减弱了货币总量目标在货币政策中的地位，有的国家甚至是直接放弃了货币总量目标，开始实行零准备金率（姜超，2016）。2020年3月15日，随着新冠疫情的全球性蔓延，美联储也宣布将存款准备金率调整至零，这意味着自2020年3月26日起，所有美国存款金融机构不再需要缴纳存款准备金。

1.1.2.2 存款准备金制度国际比较

美国是最早实行存款准备金制度的国家。从调整频率与调整幅度来看，虽然自 1863 年以来美联储对存款准备金率的调整次数不多，但是美联储对存款准备金率的调整幅度都比较大。日本央行从 1959 年引入存款准备金制度之初考虑到准备金的存在会造成金融机构的负担，所以日本的存款准备金率一直保持在较低的数值，其最高数值仅为 4.25%。而且日本央行并不十分热衷于利用存款准备金率这一操作工具，从 1959 年日本央行引入存款准备金制度到 1991 年日本央行最后一次对存款准备金率进行调整的这 32 年间，日本央行对准备金率调整的次数仅有 19 次，并且每次调整的范围都只在 0.5% ~1.5%之间（齐藤美彦，2008），在 1991 年之后，日本央行就没有调整过存款准备金率[①]。欧洲央行实行存款准备金制度的历史较短，从 1998 ~2016 年欧洲央行一直保持着相对稳定的存款准备金制度，其操作的频率较低，十八年只调整过一次准备金率，调整幅度小，而且一直维持在一个相对较低的水平。欧洲央行实行存款准备金制度的首要目标是为了保持货币市场的稳定，但又不希望因为准备金影响各个信贷机构自身对流动性的要求，所以其存款准备金率一直维持在一个较低的水平，操作空间并不大。

中国于 1984 年开始实行存款准备金制度，至今为止已经过去了 36 年，在这 36 年里，存款准备金制度成为我国货币政策操作工具的重要一环，从 1984 年 ~2020 年 1 月中国人民银行一共对大型金融机构的准备金率进行了 57 次调整，平均每年调整 1.58 次，平均每次调整幅度为 0.326%，其中 2007 年是我国对存款准备金率调整最频繁的一年，这一年中国人民银行调整了 10 次存款准备金率，全年对存款准备金的上调幅度高达 5%[②]。

通过比较发现，日本、美国、欧洲等国外中央银行对存款准备金率的调整并不像中国这么频繁。我国存款准备金制度相对于发达国家实行较晚，而且我国金融市场体系不够发达、利率调控机制不够完善，存款准备金作为数量型的调控手段仍然是我国货币调控的主要手段。在我国的社会融资总额当中，间接融资占比大，直接融资占比小，这使得中国人民银行通过存款准备金工具操作可以有效地调节货币供应量，进而影响消费、

① https：//www.boj.or.jp/en/statistics/boj/other/reservereq/index.htm/。
② 根据人民银行货币政策公告整理。

投资等社会经济活动，这有利于中国人民银行对社会融资规模进行较好的调控。

1.1.2.3 定向降准政策背景

定向降准政策起源于差别存款准备金率制度。1863 年，随着美国《国民银行法》的通过，差别存款准备金制度在美国建立。差别存款准备金制度根据存款机构的地理位置不同设置不同的存款准备金率。该法案按照不同地域将国民银行划分为三个层次，将纽约、芝加哥、圣路易斯的国民银行列为中央储备城市银行，其他 46 个城市的国民银行列为地方储备城市银行，剩余的国民银行则划为地方银行（孙少岩等，2003）。《国民银行法》要求中央储备城市银行计提 25% 的存款准备，地方储备城市银行也计提 25% 的存款准备，地方银行则按照 15% 从低计提存款准备。

1913 年美国通过《联邦储备法》创建了一个联邦储备银行体系，由美联储充当最后贷款人的角色，以满足银行体系的临时流动性需求，从而缓解经济危机的冲击。美国在颁布的《联邦储备法》中规定了差别存款准备金率细则，中央储备城市银行的准备金率要求最高，地方储备城市银行次之，地方银行的准备金率最低（Feinman，1993；Lown and Wood，2003）。在最初的联邦储备法案中还要求成员银行必须对不同的存款提取不同的准备金。针对活期存款，规定中央储备城市银行对活期存款提取 18% 的准备金，地方储备城市银行对活期存款提取 15% 的准备金，地方银行则只需对活期存款提取 12% 的准备金。针对定期存款，所有类型成员银行都需要计提 5% 的准备金比例。同时不再允许那些中央储备城市以外的银行用其在中央储备城市银行的生息资产来满足准备要求。这些规定增加了成员银行的存款准备金率的实际负担，特别是对那些中央储备城市以外的成员银行（Feinman，1993）。为了帮助抵消这一增加的负担，美国在 1917 年对中央储备城市银行、地方储备城市银行、地方银行三类成员银行的活期存款准备金率进行进一步下调，从原先的 18%、15%、12% 分别降为 13%、10% 和 7%，对所有成员银行的定期存款准备金率从 5% 降至 3%，具体如表 1－1 所示。

表1-1　美联储差别存款准备金率制度（1863~1962年）　单位：%

生效日期	活期存款			定期存款
	中央储备城市银行	地方储备城市银行	地方银行	各类成员银行
1863年2月25日	25	25	15	—
1913年12月23日	18	15	12	5
1917年6月21日	13	10	7	3
1936年8月16日	19.5	15	10.5	4.5
1937年3月1日	22.75	17.5	12.25	5.25
1937年5月1日	26	20	14	6
1938年4月16日	22.75	17.5	12	5
1941年11月1日	26	20	14	6
1942年8月20日	24	20	14	6
1942年9月14日	22	20	14	6
1942年10月3日	20	20	14	6
1948年6月11日	24	20	14	6
1949年8月18日	23	19	12	5
1949年9月1日	22	18	12	5
1958年4月17日	18.5	17	11	5
1958年4月24日	18	16.5	11	5
1960年9月1日	17.5	16.5	11	5
1962年7月28日	16.5	16.5	12	5

资料来源：Feinman J N. Reserve requirements：history，current practice，and potential reform［J］. *Federal Reserve Bulletin*，Board of Governors of the Federal Reserve System（U. S），1993（1）：569-589.

到20世纪二三十年代，美联储开始逐渐扩大其作为最后贷款人和银行系统流动性担保人的角色，并采取了更加积极的姿态去影响国家的信贷状况。在1931年，美联储正式放弃了准备金是存款流动性的必要或有用来源的观点，认为准备金要求提供了一种影响银行信贷扩张的手段（Feinman，1993）。然而在实践中，存款准备金率对抑制信贷的过快增长并没有实质性的帮助，在1934~1936年，美国的通货膨胀率一直维持在一个较高水平，通胀率总体保持在2%~5%。到了1936年，美国会员银行的超额准备金达到了有史以来的顶峰数值，占总储备金的50%以上，美联储担心这些巨大的超额准备金最终会被用来支撑过快的存款和贷款的积累，最终导致通货膨胀。于是在1936～1937年，美联储分三次上调存款准备金率，将其成员银行的活期存款和定期存款的法定准备金率提高了一倍，从而有效地吸收了大部分现存的超额准备金。到了1937年5月，中央储备城市银行对活期存款的准备金率已由1917年的13%提高到了26%。然而，从1938年开始越来越多的证据表明，存款准备使得初露端倪的经济复苏受到了威胁，随后的1942年至1962年间，除个别年份存款准备金率有所上升外，活期存款和定期存款的存款准备金率大体呈下降趋势，以便腾出多余的资金用于放贷。

20世纪六七十年代，金融创新层出不穷，金融机构之间的界限日益模糊，美联储成员银行数量迅速下降。这意味着存款从成员银行转而流向了非成员银行，美联储对存款的控制力极大地减弱，对社会货币及信用规模的控制能力减弱，同时由于通货膨胀，成员银行负担进一步加重（朱恩涛等，2008）。为了改变这种状况，美联储开始对准备金制度进行改革。在20世纪60年代后期，美联储开始摆脱以地域区分为基础的法定存款准备金制度，如城市储备银行和国民银行的名称。到了1972年，美联储改革了差别存款准备金率制度，对所有成员银行实行累进法定存款准备金率，准备金率随银行存款水平的增长而增加，不考虑银行所处的位置（Feinman，1993）。具体如表1－2、表1－3所示。

表1－2 成员银行的分级准备金要求——针对活期存款（1972～1980年） 单位：%

生效日期	活期存款净额（存款间隔以百万美元计）				
	0～2	2～10	10～100	100～400	超过400
1972年11月9日	8	10	12	16.5	17.5
1973年7月19日	8	10.5	12.5	13.5	18
1974年12月12日	8	10.5	12.5	13.5	17.5
1975年2月13日	7.5	10	12	13	16.5
1976年12月30日	7	9.5	11.75	12.75	16.25

表 1-3　　成员银行的分级准备金要求——针对储蓄与定期存款（1972～1980 年）　　单位：%

生效日期	储蓄	定期（存款间隔以百万美元计）					
		0～5 年，到期			超过 5 年，到期		
		30～179 天	180 天～4 年	4 年及以上	30～179 天	180 天～4 年	4 年及以上
1972 年 11 月 9 日	3	3	3	3	5	5	5
1974 年 12 月 12 日	3	3	3	3	6	3	3
1976 年 12 月 30 日	3	3	2.5	1	6	2.5	1

资料来源：Feinman J N. Reserve requirements：history，current practice，and potential reform [J]. *Federal Reserve Bulletin*，Board of Governors of the Federal Reserve System（U. S），1993（1）：569－589.

到了 1980 年，《货币控制法》（MCAMonetary Control Act）建立起适用于美国所有存款性金融机构的存款准备金制度，消除了原来美联储成员银行与非成员银行存款准备金率间的差异。这一时期美联储继续推进累进的存款准备金制度，并同时适用于净交易账户和非交易账户。净交易账户包括所有允许账户持有人通过可转让或可转让票据、提款付款单、电话和预先授权转账（每月超过三次）进行支付的存款。非交易账户包括定期存款与储蓄存款等存款人持有的非交易用途账户以及美国境内银行向境外银行的净借款（Feinman，1993）。

为了减轻存款性金融机构法定存款准备金的负担，《货币控制法》最初将净交易账户存款的准备金要求设定在 12%，非交易账户存款的准备金要求设定在 3%，随后，在 1982 年的《加恩—圣杰曼存款类机构法案》（Garn－St. Germain Depository Institution Act of 1982）中，进一步免除了净交易账户存款前 200 万美元存款的准备金要求（Feinman，1993）。1990 年美联储将非交易账户的准备金要求从 3% 下调至 0，到了 1992 年，美联储将净交易账户存款的准备金要求从 12% 下调至 10%。此外，自《加恩—圣杰曼存款类机构法案》颁布后，美联储逐步扩大净交易账户存款的准备金豁免额上限，以减轻存款机构成本压力（李雯，2018）。1998 年 12 月 31 日，美联储对净交易账户最初的 490 万美元存款不再要求提取准备金，到 2014 年 1 月 23 日又将这一豁免金额提升至 1 330 万美元，2020 年 1 月 16

日，美联储对净交易账户中最初 1 690 万美元的存款都不再要求计提存款准备金。直到 2020 年 3 月 26 日，由于 2019 年新冠疫情的爆发，美联储宣布不再对净交易存款账户要求准备金，净交易账户的存款准备金调整为 0，具体如表 1 – 4 所示。

表 1 – 4　　货币控制法通过以来的准备金要求（1980～2020 年）　　单位：%

生效日期	净交易账户	非交易账户
1980 年 11 月 13 日	12	3
1990 年 12 月 26 日	12	0
1992 年 4 月 1 日	10	0
2020 年 3 月 26 日	0	0

资料来源：① Feinman J N. Reserve requirements：history，current practice，and potential reform [J]. *Federal Reserve Bulletin*，Board of Governors of the Federal Reserve System （U. S），1993 （1）：569 – 589.

②根据美联储网站（https：//www. federalreserve. gov）整理。

中国人民银行从 2003 年开始陆续按照不同标准实行差别存款准备金率制度，确定差别存款准备金率的标准包括：金融机构的类型、区域、规模、资本充足率水平、贷款类型等。2003 年 9 月 21 日，人民银行上调存款准备金率至 7%，而城市信用社和农村信用社暂缓执行 7% 存款准备金率，仍按 6% 执行。2004 年 4 月 25 日存款准备金率上调至 7. 5%，而资本充足率低于一定水平的金融机构按照 8% 的存款准备金率，农村信用社和城市信用社仍保持 6% 不变。2006 年 7 月 5 日与 8 月 15 日存款准备金率分别上调 0. 5%，而农村信用社（含农村合作银行）的存款准备金率仍然保持不变。2008 年 6 月 25 日，存款准备金率上调 0. 5%，汶川地震重灾区法人金融机构暂不上调。2008 年 9 月 25 日，除工商银行、农业银行、中国银行、建设银行、交通银行、邮政储蓄银行暂不下调存款准备金率外，其他存款类金融机构人民币存款准备金率下调 1 个百分点，汶川地震重灾区地方法人金融机构存款准备金率下调 2%。2008 年 12 月 5 日，工商银行、农业银行、中国银行、建设银行、交通银行、邮政储蓄银行等大型存款类金融机构人民币存款准备金率下调 1 个百分点，中小型存款类金融机构人民币存款准备金率下调2个百分点，同时继续对汶川地震灾区和农村金融机构执行优惠的存款准备金率。2010年1月至5月，人民银行连续三次下调存款准备金率0.5%，但是对农村信用社等小型金融机构暂不上调存款准备金率。辛树人（2005）认为差别存款准备金制度能有效约束信贷扩张，调节货币运行，并维护金融稳定。詹向阳等（2011）指出差别存款准备金动态调整机制使得宏观调控工具更加多样化，改善了宏观调控的效果。郭和马森（Guo and Masron，2016）发现区域差别存款准备金率有助于提升地震灾区的GDP，在灾区经济复苏的过程中起到一定的作用。巴曙松等（2004）则认为差别存款准备金率虽然在一定程度上发挥了结构性调整的功能，但也可能导致不公平竞争的问题。高鸿（2012）将差别存款准备金率分为三类，分别研究各自的政策效应：基于资本充足率的差别存款准备金率会对中小金融机构产生强烈的融资约束，破坏了公平竞争的环境；基于金融机构规模大小的差别存款准备金率根据规模将银行分为不同类型，在同一类型内部仍然是“一刀切”的调控模式；基于“惩罚”的差别存款准备金率因标准不透明使得商业银行难以适应调控节奏，影响正常经营。

2014年开始人民银行沿用差别存款准备金率的思路，2014年4月25日对指定金融机构（县域农村商业银行和县域农村合作银行）定向下调存款准备金率。2014年6月16日对符合审慎经营要求且“三农”和小微企业贷款达到一定比例的商业银行（不含2014年4月25日已下调过准备金率的机构）下调人民币存款准备金率0.5个百分点。2015年开始增加定向降准的政策颁布频率，连续5次出台定向降准政策，支持三农和小微企业的发展。此后定向降准进入了沉寂观察期，直到2018年定向降准转为以普惠金融为目标，政策覆盖面大幅拓宽，定向降准的影响力也逐渐深化。

1.1.3 研究意义

本书从理论角度分析定向降准政策的惠农机理，探索定向降准通过信贷渠道的惠农路径，并通过微观具体数据实证检验定向降准政策对商业银行以及对农业企业（包括种植业、林业、畜牧业、渔业以及农林牧渔服务业）的调控效果，具体意义表现在以下两个方面。

1.1.3.1 理论意义

首先，本书构造了从货币政策到结构调控目标实现的研究框架，以优化产业结构战略目标为靶向，从银行信贷渠道阐释了定向降准政策的传导机理，从结构调整角度丰富了货币政策传导机制理论，为定向降准政策的选择寻找到了理论基础。传统的货币政策传导机制理论大多从促增长、稳物价、保就业以及平衡国际收支的目标出发研究货币政策通过利率渠道、信贷渠道、资产价格渠道以及汇率渠道对实体经济的传导。本书在大量货币政策结构调整规范研究的基础上，通过数理建模论证了定向降准货币政策的传导渠道，从而为货币政策结构调整寻找到理论依据。

其次，从企业微观角度阐释了定向降准货币政策推动农业发展的路径，阐释货币政策在补齐经济短板、振兴农业中的功效，并从纵向与横向维度分析定向降准惠农功效的异质性，从而丰富了货币政策支农理论。长期以来“支小惠农”的结构调整重任由财政政策来承担，财政支农的文献颇为丰富，主要集中在农民收入、农产品价格与农业保险方面研究财政政策的支农功效。相比之下，货币政策支农的研究比较匮乏。由于货币政策行业传导的异质性，常规总量性货币政策难以惠及农业，这阻碍了货币政策支农理论的发展，对货币政策支农的路径与机理方面的研究更是凤毛麟角。本书从商业银行层面以及农业企业层面论证了定向降准货币政策对银行信贷、企业投融资决策、产出水平以及风险承担的传导效应，并从纵向与横向两个层面剖析定向降准政策惠农的非对称性，为支农货币政策的颁布寻找到微观基础。

最后，从产出与风险双重维度评价定向降准货币政策的成效，在传统货币政策传导机制理论注重考虑“量”的增长的同时，进一步关注风险对经济发展“质”的影响，促进定向降准货币政策在产出与风险之间取得权衡，从结构性货币政策角度拓展了货币政策风险承担学说，也深化了最优货币政策选择理论。

1.1.3.2 实际意义

首先，宏观货币政策的选择须建立在对微观经济主体行为的正确理解之上。本书采用银行与企业微观数据研究定向降准货币政策的惠农功效，可促进货币政策制定者在决策中纳入微观企业响应变量的考量，为货币当局科学选择定向降准的类型、时间、范围与力度提供依据。

其次，从不同时间、区域、银行类型以及企业类型等维度评价定向降准政策对农业传导的异质性，促使定向降准政策精准落地，避免货币政策理论效力与实际效力的偏离，防止定向渠道释放的资金产生大量的渗漏现象。

最后，宏观政策实施的落脚点在于实体经济的高质量健康发展，经济新常态下我国货币当局推出了包括定向降准，抵押补充贷款，支农、支小再贷款等结构性货币政策，这些结构性货币政策主要从公平角度出发，引导信贷资源在农业、小微等经济薄弱环节的配置比例，而这些政策是否有助于引导资源向高质量领域配置，促进中国经济结构从中低端向中高端迈进尚不得知。本书通过分析定向降准政策对不同质量特征农业企业影响的差异性，考证该政策对实体经济增长质量的传导效果，以促进我国经济发展质的提升。

1.2 国内外研究现状

货币政策主要包括总量性货币政策和结构性货币政策。总量性货币政策是指对资金供求进行总量调控的政策，主要包括利率、存款准备金率和公开市场业务等常规货币政策工具。结构性货币政策是有选择地对某些特定对象加以调控，促进信贷资金流向特定的目标领域，实现结构调整的目标，主要包括定向降准、抵押补充贷款、短期流动性调节工具、常备借贷便利等。下面分别对总量性货币政策与结构性货币政策调控效果的研究现状加以阐述。

1.2.1 总量性货币政策对农业的调控效果研究

1.2.1.1 货币政策对农产品价格影响的研究

货币政策的调整会冲击农产品市场价格，大部分学者从总量性货币政策对农产品价格的影响机制、影响的滞后性以及影响的时效性三个方面研究货币政策对农产品价格的影响。

关于货币政策对农产品价格的影响机制方面的研究，首先，在影响机制的传导方向上，宋长鸣等（2013）提出货币政策与农产品价格之间的作用机制是单向的，货币政策会影响农产品价格，但是农产品价格对货币政策的反向影响机制却不成立。其次，在货币政策影响农产品价格的传导路径上，一部分学者认为货币政策主要是通过货币供应量的调整影响通胀程度，进而对农产品价格产生影响（李敬辉等，2005）。胡冰川（2010）通过研究发现扩张性货币政策能够推动农产品价格的上涨。随后，王冲等（2012）也阐述了通货膨胀与农产品价格之间的紧密联系。陈丹妮（2014）与李崇光等（2016）也认为货币政策能够通过影响货币供应量，推动农产品短期与长期的价格涨势，提出通胀与农产品价格密切相关。但是，马龙等（2010）提出，虽然通胀预期可以解释农产品价格的超额波动，但货币供应量的收缩对抑制农产品价格上涨方面并没有什么显著作用。还有一部分学者则提出货币供应量的调整会刺激社会总需求，进而引起农产品价格波动，影响农民收入。方鸿（2011）从社会总需求角度考察，发现货币供应变动影响社会总需求，而农产品价格会对社会需求的变动做出反应。随后，李靓等（2017）运用通径分析方法研究发现，货币政策与农产品价格虽然显著相关，但是影响路径是间接的，城镇居民收入是货币政策向农产品价格传导的重要间接途径。

关于货币政策对农产品价格影响的滞后性方面的研究，王超等（2011）指出，2008 年我国实行适度宽松的货币政策应对国际金融危机的影响，货币政策对农产品价格的滞后效应会不断显现。王森等（2016）以马歇尔 K 值（货币供应量和名义 GDP 的比值）和短期国际资本流动分别分析来自国内和国外因素导致的货币流动性，进而实证分析货币流动性对中国农产品价格的影响是否具有时滞性，研究发现，无论是国内因素还是国外因素导致的货币流动性变动，都对农产品价格产生了时滞性的影响。同时，蔡勋等（2017）研究也发现猪肉价格的变化滞后于货币政策的实施，认为货币政策是推动猪肉价格波动的主要原因。而李崇光等（2016）则指出货币供应量的超额供给是推动农产品价格长期上涨趋势的重要原因。

关于货币政策对农产品价格影响的时效性方面的研究，根据凯尼斯·波多（Cairnes－Bordo）的理论，农产品价格对货币政策的反应要比工业品价格的反应更加迅速与敏感，因此货币政策的实施会在短期内影响到二者之间的相对价格水平。弗兰克尔（Frankel，1986）同样发现农产品价格与工业品价格对货币政策的调整速度是有差别的，农产品价格调整速度较快，幅度较大。在面临超预期的货币政策时，农产品价格甚至可能出现“超调”，而工业价格调整速度相对较慢，幅度较小。部分学者认为货币政策对农产品价格产生明显影响（Aye and Gupta，2011），也有学者研究认为货币政策对农产品价格的影响是长期的（Saghaian et al.，2002；Asfaha and Jooste，2007），另外有学者研究发现货币政策对农产品的影响在长期是中性的（Robertson and Orden，1990；Taylor and Spriggs，1989）。方鸿（2011）研究发现，货币政策对农产品价格的影响在不同周期考察结果是不一致的。从短期来看货币政策与农产品相对价格之间是同向变化关系，货币供给的上升提高了二者的相对价格。但从长期趋势来分析，货币政策不会影响二者的相对价格。谢卫卫等（2017）也认为长期内我国货币政策对价格的影响是中性的，农产品价格最终趋向于与农业生产资料价格相同的均衡水平。

综上所述，现有文献围绕总量性货币政策如何影响农产品市场价格展开了如下三个方面的研究：（1）关于货币政策对农产品价格的影响机制方面，学者普遍认为这一影响机制是单向的，即货币政策会影响农产品价格，农产品价格对货币政策的反向影响不成立。在传导路径上，有的学者认为货币政策通过货币供应量的调整影响通胀程度，进而对农产品价格产生影响，有的学者则提出货币供应量的调整会刺激社会总需求，进而引起农产品价格波动；（2）关于货币政策对农产品价格影响的滞后性方面，大多数研究认为货币政策对农产品价格的影响具有滞后性，其影响从中长期角度考察更为显著；（3）关于货币政策对农产品价格影响的时效性方面，部分研究发现相较于工业品价格，农产品价格对于货币政策的调整更为敏感，影响期限更长，但是也有研究认为货币政策对农产品价格的长期影响是中性的。

1.2.1.2 货币政策对农业信贷的影响研究

在农村，信贷分配不均的情况时有发生，有特殊地位的农户更容易从正规金融渠道获得贷款（金烨等，2009）。由于农村地区及农户自身的局限性，农户通常在信贷上受到排斥，尤其是中西部农村地区，农户受到的金融排斥更为严重（王修华等，2013）。为了满足农业生产经营，农户往往有强烈的融资需求，然而农户的融资决策常常受到多方因素的影响，增加农户获得信贷的途径、机会对农户自身发展十分重要（陈鹏等，2011）。现有研究发现货币政策在解决农业信贷约束问题上具有显著作用，主要体现在增加农业信贷供给，提升农民贷款可得性，从而实现农业信贷供给与需求相匹配（徐忠、程恩江，2004）。

大多数学者认为农户信贷约束主要来源于信息不对称，而信息不对称会增加银行与农户交易的成本，交易成本的存在会影响农户贷款的可得性（周月书等，2019），过高的交易成本阻碍了金融机构向农户贷款的意愿，降低了农户获得贷款的可能性。政府在利率上的过度干预，使得金融机构向农户提供金融服务时的高成本得不到补偿，削弱了金融机构向农户贷款的意愿，农业信贷供给受到抑制（朱喜等，2006）。徐忠等（2004）认为一味向农村金融机构施加政策性贷款的压力，会导致资金流出农村地区，加剧农村信贷供给紧缺状况，而适当调高农村金融机构利率，可间接性降低银行面向农村地区的交易成本，有利于扩大农业信贷供给。马九杰等（2012）研究发现一定程度利率浮动区间的扩大，使得金融机构面向农户贷款时，能够有一定的利率上浮区间，以补偿因贷款给农户而增加的额外交易成本，缓解农户信贷配给状况。杨明婉等（2019）提到当金融机构能够调整一定幅度的利率时，即金融机构能够降低部分与农户的交易成本时，金融机构会更愿意向农户提供信贷，此时农业信贷供给会有所上升。

不过，有学者也指出要注意利率区间的合理性，过高的利率会增加农户的借贷成本，银行也会担忧农户的道德问题，从而使农业信贷供给下降（马九杰等，2012）。还有学者比较了正规金融与非正规金融渠道的交易成本，发现虽然民间借贷利率一般高于正规金融利率，但由于民间借贷操作简单、灵活，在交易成本上占据优势，非正规金融渠道也是农户取得资金的重要渠道。崔百胜（2012）提出正规金融市场与非正规金融市场贷款规模变动方向大体一致，货币政策冲击能够影响正规与非正规金融部门。还有研究发现部分货币政策工具，如存款准备金率、银行贷款利率等，会对民间借贷利率产生影响。杨坤等（2015）研究发现正规金融市场上信贷的投放会抑制民间借贷活动，金融管制放松政策能有效提高农户贷款可得性。因此，货币当局能够通过货币政策，引导非正规金融市场利率合理化，规范和引导民间借贷有序发展，扩大农户的信贷渠道，提高农户贷款的可得性（张雪春等，2013）。还有的学者从支农再贷款角度入手，发现支农再贷款这一货币政策工具能够有效补充农业信贷缺口，满足农户的信贷需求，曹崇福（2007）提出支农再贷款激励了农村信用合作社的农业信贷投放，增加了农村金融资源供给。

因此，从金融机构看，由于信息不对称带来的高交易费用问题，金融机构普遍不愿意向农户提供贷款，农业信贷供给紧缩，降低了农户贷款的可得性。学者认为货币当局能够适当扩大金融机构的利率浮动区间，使银行与农户交易的成本得到补偿，从而增强金融机构向农户贷款的意愿，扩大农业信贷供给。不过，这个利率浮动区间要保持在合理水平，否则就会引起相反的效果。非正规金融作为正规金融的重要补充，其发展能够扩大农户的贷款渠道，但是非正规金融部门的利率普遍高于正规金融部门，货币政策通过引导非正规金融利率水平的合理化，能够有效提高农业信贷资源配置，满足农户的信贷需求。同时，支农再贷款对农村信用合作社的农业信贷投放具有激励作用，也能够增加农业信贷供给，缓解农户信贷约束。

1.2.1.3　货币政策对农民收入和消费的影响研究

货币政策主要通过以下渠道对农民收入及消费产生影响：

首先，货币政策可以通过信贷渠道对农民收入及消费产生作用。韩立岩等（2012）考察了借贷水平与消费之间的关系，发现借贷水平也会影响消费，尤其是在经济欠发达的农村地区，借贷水平的提升能有效带动消费。朱信凯等（2009）提出民间合作性金融组织扩大了农民消费信贷的获取源，缩短农民为消费而等待的时间，有效拉动农民当期消费。余泉生等（2014）研究发现农户信贷约束与其消费支出有显著的负向关系，信贷约束每增加一个百分点，农户消费将减少57.77元。因此，基于信贷与农户收入及消费的关系，学者提出货币政策能够通过增加小额信贷、支农贷款的投放，增加农民获取信贷的机会，进而对农民的收入及消费增长都起到积极的带动作用。许崇正等（2005）考察了影响农民增收的因素，发现农村信贷投资是影响农民增收的重要因素，提出扩大农村信贷投放对农民收入增长具有正向影响。孙若梅（2006）认为小额信贷能够有效改善农村信贷不平等状况，为农民提供生产性贷款，满足生产性需要，从而提高农民收入。褚保金等（2008）提出农村信用社发放扶贫小额贷款在提高中低等收入农户的纯收入方面有积极的正向作用。徐淑芳等（2012）也提出了小额农信社农户小额贷款能够促进农户收入增长的观点。不过，有的学者基于农户自身的异质性，认为货币政策对不同农户的收入及消费的影响是不同的。王书华等（2014）研究发现农户在正规金融上的信贷约束与其收入有密切联系，高收入的农户在信贷中占据优势地位，容易获得信贷支持，而低收入的农户则处于劣势地位，其面临的信贷约束限制了农户收入的增长，同时提出了涉农信贷业务的政策支持有利于促进低收入农户的收入增长。武丽娟等（2016）研究了支农贷款对农民收入的影响，发现支农贷款能够有效增加高收入农民的经营性收入，但是对于中低等收入农民来说，由于支农贷款未能带动中低等收入农民的投资活动，中低等收入农民反而会因为要承担利息而导致其收入的下降。

其次，货币政策能够通过价格渠道影响农民收入和消费。杨继生等（2015）研究发现食品价格的上涨主要是受到货币供给量变动与通胀预期的影响，因此，价格渠道主要是货币当局通过采取适当的货币政策对农产品市场价格产生影响，农产品市场价格的波动会进一步影响农户的经营性收入、农村集体经济收入，特别是对于农村低收入以及收入结构单一、主要依赖上述两种收入的家庭来说，其收入变动对农产品价格的波动更为敏感（张冬平等，2002）。农产品价格的变动与农业生产者的收入状况直接相挂钩（李国祥，2011），李文等（2003）研究发现农产品价格上升的确能够带动农民收入的增加，这种作用在低收入农户中表现得更为显著。何蒲明等（2013）认为农产品价格上涨对农民收入有正向作用，保障农产品价格是促进农民增收的重要手段。科望和酷（Kwon and Koo，2009）提出货币政策可以通过价格渠道对农民收入产生影响，主要是通过影响物价促使农产品价格的上涨或下跌，从而影响农民收入。扩张性货币政策会带来农产品价格的上涨（胡冰川，2010），进而增加农民的经营性收入，推动农民整体收入水平的提高。方鸿（2011）从社会总需求角度考察，发现货币供应变动会刺激社会总需求，进而引起农产品价格波动，影响农民收入状况。农民收入状况又是影响其消费的一个重要因素，农民消费收入弹性较高，因此收入的改善能有效增加农民的消费支出。

再次，货币政策可以通过汇率渠道影响农民收入和消费。农产品价格不仅受国内因素的影响，同时还受国际因素的影响（顾国达等，2010），科望和酷（Kwon and Koo，2009）研究发现货币政策可以通过影响汇率从而改变农产品的国际竞争力，农产品的国际竞争力进一步影响农产品的进出口状况，最终作用到农民收入上。同时，国际农产品价格波动也会对国内农产品价格产生影响，进而影响农民收入（胡冰川，2010）。

最后，货币政策还可以通过改善农村金融生态环境，对农民收入及消费产生作用。余新平等（2010）通过研究发现乡镇金融由于低效率与监管不当等问题，无法充分发挥作用，使得金融对于农民收入的促进作用受到抑制。李锐等（2007）提出金融抑制阻碍了农民纯收入与经营性收入的增长。余泉生等（2014）也通过研究证实了农户信贷约束与其生产收入有显著的负相关关系。王修华等（2014）认为通过提高农民在金融服务上的可获得性、提高农业贷款数量与质量、降低农民金融服务成本三个层面，使农民获得更多的金融支持，从而有效改善农村居民收入状况，缩小城乡收入差距。农村金融生态环境的改善与发展对农民收入有积极作用。在金融发展较好的地区，金融机构数量较多，金融服务覆盖面大，有助于支农贷款、扶贫贷款等专项贷款援助的落实，增强货币政策的贯彻效果；相反，在金融体系不完善的地区，金融机构的作用就很难得到发挥（邝希聪，2019）。刘辉煌等（2015）指出政策性金融支持力度的加强有利于提高农民在金融服务上的可获得性。还有部分学者认为金融机构浮动利率区间的扩大，使得金融机构在面向农业贷款时能适当调整利率，以补偿向农户贷款的高交易成本，以此来提高农户的贷款可得性（徐忠等，2004；杨明婉等，2019）。农户金融服务的可获得性提高，有利于农户获取资金进行生产活动，从而促进农户收入水平的提高。

总的来说，货币政策主要通过信贷渠道、价格渠道、汇率渠道以及金融环境渠道作用于农民收入和消费。对于信贷渠道，学者认为小额信贷、支农贷款等货币政策工具能够拓宽农户的信贷渠道，提高农户的信贷可获得性，有效促进农民收入增长，不过，需要注意由于农户的异质性而导致货币政策实施效果的非对称性。对于价格渠道，主要是货币当局通过采取适当的货币政策对农产品市场价格产生影响，进而对农民收入产生影响。有的学者认为货币政策通过影响物价促使农产品价格的上涨或下跌，从而影响农民收入；有的学者认为货币供应变动会刺激社会总需求，进而引起农产品价格波动，影响农民收入状况。对于汇率渠道，货币政策可以通过影响汇率从而改变农产品在国际市场上的竞争力，进一步影响农产品的进出口状况，最终作用到农民收入上。对于金融环境渠道，货币政策主要通过改善农村金融生态环境，增加农户获得信贷的可获得性，刺激农业生产，促进农民经营性收入的改善与消费的提高。

1.2.1.4 货币政策对农村金融市场的影响研究

在农村金融层面，学者普遍认为农村金融对农村发展具有正向作用。林毅夫等（1999）指出，在我国，农村金融与农村经济之间互相促进，共同发展。王丹等（2006）基于对安徽省的研究，进一步肯定了农村金融对农村经济发展有正向效应，同时指出这种效应在中长期上表现得更为明显。王修华等（2014）从农村金融的渗透性、使用效用性、可负担性三个维度阐述了农村金融的发展会影响农民收入的变动，从而缩小城乡收入差距。然而我国农村金融与农村经济关系间的结构性失调成为农村经济发展的最大羁绊，阶段性金融需求与现实金融服务间的错配阻碍了农村经济的发展（冉光和等，2008）。丁志国等（2014）通过比较农村金融对发展水平不同的农村地区的影响，提出在发达农村地区应侧重于扩大金融规模，而对于落后农村地区应关注金融风险的管理，以便充分发挥农村金融对农村经济的支持作用。同时，刘金全等（2016）研究发现，在农村金融发展的不同阶段，对经济发展的促进作用是不同的。在农村金融发展的初期，提高农村金融相关率会与农业经济增长负相关；而当超过一定阈值后，农村金融相关率的提高会促进农村经济增长。

农村金融市场主要呈现为正规金融与非正规金融并存的格局，正规金融和非正规金融作为金融生态系统的两大金融形态，存在长期共生和互补关系（杨福明，2008）。在正规金融层面，货币当局通过制定相应政策，对金融机构的信贷补贴，调整部分信贷利率，能够影响金融机构的放贷行为。有研究指出，通过调整金融机构的利率区间，能够对银行的交易成本产生影响，进而引导金融机构的放贷行为（徐忠等，2004）。马九杰等（2012）研究发现当金融机构能够有一定的利率上浮区间时，其为农户提供信贷服务的成本得到相应的补偿，金融机构会增加对农户的信贷供给。杨明婉等（2019）也提到扩大利率浮动区间有利于增加金融机构向农户贷款的意愿。

但正规金融市场仍存在着许多缺陷，黄祖辉等（2009）通过分析我国农户的借贷行为，发现农户在正规金融市场上受到严重的信贷约束，其抑制了农户的正规金融市场参与度，并且这种抑制性随着农户收入的降低而加重。周月书等（2009）研究发现农村金融市场普遍存在着逆向选择与道德问题。许月丽等（2020）认为农村正规金融在应对农村严重信息不对称问题方面具有局限性，因此，大多数学者认为需要发展农村非正规金融以作为农村正规金融的补充，从而完善农村金融市场。

在非正规金融层面，多数研究认为非正规金融的发展对正规金融带来外部压力，能够促使正规金融进行改革，正规金融与非正规金融的良性互动有利于完善农村金融市场（高艳，2007）。同时，非正规金融作为正规金融的重要补充，有效支持着农村经济的发展。孙若梅（2006）通过研究发现农村小额信贷能够有效弥补正规金融的空缺，满足农村居民的生产性贷款需求，以此促进农村经济发展。朱信凯等（2009）提出民间合作性金融组织扩大了农民消费信贷的获取源，有效拉动农民当期消费，肯定了非正规金融在促进农村发展中的独特优势。邢道均等（2011）通过研究农村小额信贷公司的放贷行为，发现相较于农村信用合作社这样的正规金融渠道，农村中小企业更能通过农村小额信贷公司这样的非正规金融渠道取得信贷资金，缓解农业企业融资约束困境。张兵等（2012）对江苏 1 202 户农户进行调查，在实践中证实了农村非正规金融拓宽了农民信贷资金获取的途径。胡宗义等（2013）提出相对于正规金融而言，农村非正规金融对缩小城乡差距具有更显著的促进作用。苏静等（2013）考察了我国26个省份农村非正规金融对当地的减贫效应，发现农村非正规金融对大部分地区农村的发展都发挥了积极的作用，尤其是在东部及经济基础较好地区，作用更为显著。胡宗义等（2016）通过研究也发现了农村非正规金融发展对于农村发展具有正向作用，并且农村经济水平越高，越有利于农村非正规金融发挥积极作用。非正规金融能够有效克服信息不对称导致中小企业难以获得贷款的问题，林毅夫等（2005）提出，农村非正规金融的发展增加了农业企业取得贷款的途径、机会，降低了企业获取资金的成本，有利于扶持弱小农业企业，因此农村非正规金融在农村发展中具有重要意义。

鉴于农村非正规金融对农村发展的积极作用，部分学者着重于对货币政策与农村非正规金融进行研究。学者认为非正规金融与正规金融之间存在明显的替代关系，因此货币政策能够通过影响正规金融市场，进而对非正规金融市场产生引导作用。杨坤等（2015）研究发现正规金融市场上信贷的增加会抑制非正规金融市场的借贷活动，而金融管制放松政策有利于减少非正规金融的借贷摩擦，从而活跃非正规金融市场上的资金借贷活动。潘彬等（2017）指出货币当局可以通过增加货币投放，扩大正规金融渠道的信贷供给，就能使与其存在替代关系的非正规金融信贷的需求得到一定程度上的释放，非正规金融信贷需求的下降有利于引导民间借贷利率的下降。王博等（2019）将民间借贷分为线下借贷与网络借贷，研究货币政策冲击对两类民间借贷的影响，发现货币政策冲击均能对两类民间借贷利率产生影响，证实了利率渠道的有效性。此外，在货币政策工具的选择上，大多数学者认为在引导非正规金融发展上，价格型货币政策工具比数量型货币政策工具更适合。马鑫媛等（2016）通过构建DSGE模型，发现价格型货币政策工具能够对非正规金融产生显著影响。在货币政策作用效果上，潘彬等（2017）研究发现，价格型货币政策工具在短期内对非正规金融利率有引导作用，但在长期上效果不如短期。顾宁等（2016）通过实证检验结果表明，货币政策的利率渠道和信贷渠道对农村非正规金融市场的影响能力和效果不同，其中利率传导渠道的影响能力较弱；信贷传导渠道对农村金融市场产生的影响较为显著，且给正规金融市场和非正规金融市场带来的共生效应要强于替代效应。

综上所述，在货币政策对农村金融市场影响的研究中，农村金融市场主要呈现正规金融与非正规金融并存的局面，因此，学者们的研究主要从这两个层面入手。在正规金融层面，研究认为货币当局通过制定相应政策，例如对金融机构的信贷补贴、调整部分信贷利率，来影响金融机构的放贷行为，改善农村金融生态环境，充分发挥其在助力农村发展方面的作用。不过在逆向选择、道德问题、借贷成本等问题的约束下，农户在正规金融市场上受到严重的信贷歧视，抑制了农户的正规金融市场参与度。而非正规金融作为正规金融的重要补充，在促进农村发展中具有独特优势。于是，在非正规金融层面，学者们认为由于正规金融与非正规金融之间存在此消彼长的替代关系，货币政策能够通过对正规金融市场施以影响，进而对非正规金融市场产生引导作用，价格型货币政策工具、货币政策的利率渠道和信贷渠道都会对农村非正规金融市场产生影响。

1.2.1.5　货币政策对农业经济增长的影响研究

在货币政策对农业经济增长的总体影响方面，多数学者认为适当的货币政策能够促进农业经济增长，安翔（2005）通过研究认为，利率指标与农村经济增长率有显著的负相关关系，即为了促进农村经济的增长，应以凯恩斯的低利率货币政策为佳。李树生（2006）同样也指出低利率货币政策较之于农村利率上浮政策，在支持农村经济增长方面的作用更为显著。胡静（2017）发现在短期内，农业信贷支持有利于提高农业资本配置效率。李延敏等（2017）研究表明，农业对货币政策的弹性系数高于其他产业，此结论不管是在银根放松还是银根收缩期都同样适用。因此，学者们认为可以充分利用货币政策助力农业发展。

在货币政策促进农业生产经营方面，金融抑制严重约束了农民农业生产行为，减少了农民经营性收入（李锐等，2007）。货币政策通过改善农户自身所处的农村金融环境，在信贷上向农户倾斜，降低农户的借贷门槛、借贷成本，扩大农户获取生产性资金来源，从而农户能够拥有足够的资金扩大农业生产。孙若梅（2006）通过研究发现农村小额信贷的发展有助于满足农村居民的生产性贷款需求，激发农户生产的积极性，以此促进农业经济发展。许承明等（2012）提出要对不同经济地区实施不同的利率政策，对农村地区要降低信贷利率，改善农户信贷资源分配，满足农户的资金需求。石华军（2017）研究发现金融结构的改善比金融总量的扩大更有利于农业经济的发展，即要扶持中小银行的发展，较之于大银行，这些中小银行与当地农户的联系更紧密，掌握更多农户的信息，为农户生产提供更多资金支持。

在货币政策对农业企业的影响方面，多数学者认为合理的货币政策能够通过改善农业企业的投融资环境，促进农业企业的发展，从而推动农业经济增长。由于信息不对称，农村金融市场普遍存在逆向选择与道德风险问题（周月书等，2009），农业企业在追求企业发展时常常面临信贷约束。农业企业面临的外部融资约束会抑制农业企业的投资行为，错失有利投资机会，影响农业企业发展。田秀娟（2009）认为农业企业普遍存在融资难的问题，资金的匮乏制约了企业的发展，必须要加大农村金融供给以支持农业企业的发展。刘美玉等（2019）研究发现农村企业的经营绩效水平，因其所面临的外部信贷约束而大大降低。

宽松的货币政策改善了农村金融环境，缓解了企业的融资约束，激励着企业投资，扩大生产（黄志忠等，2013）。董捷等（2015）从微观角度考察货币政策对农业经济的影响，结果发现货币政策对农业企业投资的影响显著大于非农企业，并将此差异归因于农业投资的高度不确定性与难以逆转性。欧阳志刚等（2017）使用 FAVAR 模型研究货币政策组合的调节效应，结果发现，短期商业银行存款基准利率、支农再贷款利率对农业企业的调控效果较好。

关于货币政策与农业经济增长方面的研究，学者认为能够通过适当的货币政策来促进农业经济增长，合理的货币政策能够促进农业生产经营，从而实现农业经济增长。在微观企业方面，货币政策通过改善农业企业投融资环境刺激农业企业投资，实现调控农业的目标。

1.2.2 结构性货币政策的调控效果研究

在欧美国家，典型的结构性货币政策有美联储的扭转操作、英国的融资换贷款计划以及欧洲央行的定向长期再融资计划。莫迪利安尼和斯卡奇（Modigliani and Sutch，1967）发现扭转操作对于长期债券收益率的影响微乎其微。扭转操作对长期收益率的抑制作用难以长期维持（Ehlers，2012）。扭转操作不需要改变美联储资产负债表的规模。当美联储采取行动降低长期债券的收益率，而财政部却有大量长期借款需求之时，利益冲突就出现了（Meaning and Zhu，2012）。艾博德尔·卡德（Abdel Kader，2013）认为结构性货币政策工具的实施能够为经济结构调整创造良好的环境和条件，却无法从根本上解决经济结构失衡的问题。阿格沃尔等（Agarwal et al.，2015）认为定向长期再融资计划通过多种渠道缓解过于严格的贷款条件，降低贷款利率，刺激信贷数量，最重要的传导渠道是减少银行的长期筹资成本。然而资金救济并没有为银行的客户提供更好的信用条件，除非贷款的供应量平移、贷款利润保持不变，甚至下降。这就是为什么定向再融资计划的定向本质很重要，通过对新的贷款数量的资金援助，定向再融资计划将使信贷供给曲线向外移动。只需要沿着需求计划移动，这个向外的转移将会在降低贷款价格的同时增加新的贷款。如果银行不能设法超过净借贷条件的基准，它们就不能从定向再融资计划中获利。这表明定向再融资计划是有针对性的，而不是广泛的无条件地提供流动性。

新常态下，中国经济进入了结构调整最关键的时期，经济政策的重心随之由经济增长转向结构转型升级，这对传统以总量调控为主的货币政策调控模式提出了新的挑战。如何转变以往的思路，创新与优化货币政策工具适应新常态发展之需，提升货币政策结构调整的功效显得尤为重要。彭俞超等（2016）认为，经济结构转型和产业结构升级已成为我国央行货币政策需要考虑的目标之一。为此，我国央行积极创设了多种结构性货币政策工具，如针对“三农”、小微企业推行的再贷款政策与定向降准政策等。封北麟等（2016）认为我国的结构性货币政策与欧美国家的结构性货币政策相比存在如下差异：一是设立初衷不同。欧美的结构性货币政策旨在救助危机，恢复金融市场有序运行，危机结束之时即为此类政策工具退出之日。我国的结构性货币政策并非救火式的，而是定向调节的填补式，旨在为实体经济补缺补漏。二是实施的条件不同。欧美启动结构性货币政策是在总量宽松政策弹尽粮绝之时，而我国的结构性货币政策则是常规货币政策的补充。三是操作方式的差异。欧美国家的结构性货币政策主要通过资本市场直接购买的方式，导致中央银行资产规模的大幅膨胀，特别是流动性低的中长期债权资产规模急增，使得中央银行暴露在严重的市场违约风险中，因此在结构性货币政策退出后会对资产价格产生巨大冲击。而我国主要通过定向释放资金扶持政策目标的银行，不需要动用大笔资金购买资产，也不会引发大面积的市场风险。

定向降准政策作为我国结构性货币政策的代表，其能否为经济结构调整创造良好的环境和条件，市场能否顺应中央调控思路进行资源配置，决定着定向降准货币政策实施的成败。刘伟等（2014）认为“微刺激”、定向宽松的政策措施是当前经济形势发展的需要，可避免大规模刺激催生的资产价格泡沫，尤其可避免总量宽松对房地产价格的不利影响。汪仁洁（2014）认为实施定向降准有助于优化经济结构、区域结构以及产业结构。朱正等（2015）、张业修（2014）则对定向降准的资金流向表示担忧，商业银行因理解上的偏差和趋利避害的本能使得该政策难以“精准落地”。马理等（2015）发现定向降准调结构功能受商业银行农业贷款与非农贷款行为选择的临界值限制，在特定区间内方能发挥信贷结构调整的功能。林朝颖等（2016）在倾向得分匹配的基础上采用倍差法实证研究定向降准政策颁布对农业信贷与非农信贷影响的差异，结果表明单纯的定向降准政策取得了一定的信贷调整的成效，但显著性有待提高；定向调控与总量调控的货币政策组合使得定向降准的结果偏离目标，影响定向降准政策结构调整功能的发挥。

我国学者对定向调控货币政策的实施大多数持肯定态度，认为这类货币政策对调整我国经济运行中的结构性失衡问题起到一定的积极作用。张晓晶（2015）指出定向调控货币政策是我国经济“新常态”背景下与其相吻合的宏观调控手段。陈彦斌等（2014）、刘伟等（2014）认为定向宽松货币政策的使用可以有效缓解弱势部门结构调整阵痛，引导银行信贷投向。汪仁洁（2014）认为定向调控货币政策具有前瞻性，而且调控方式十分灵活，具有针对性，可以对症下药解决经济发展中的局部重难点问题。金言（2014）认为在银行受到严格的存贷比、贷款规模和资本充足率的限定下，很难再有灵活的空间对薄弱企业放贷。朱正等（2015）认为定向降准避免了以往“一刀切”的宽松货币政策的弊端，是一次对宏观调控的创新，可以在一定程度上优化产业结构，引导银行信贷流向“三农”、小微企业等需要扶持的产业，是实现经济稳定增长的一剂良药。李欢丽等（2015）认为相比以美国为代表的西方量化宽松政策，我国的定向降准政策已经发挥了更好的优势，定向宽松的货币政策可以在不恶化央行资产负债表的情况下控制流动性规模和资金流动方向。实证研究方面，马理等（2015）通过仿真模拟方法分析定向降准货币政策对商业银行信贷行为的影响，发现此影响效应取决于农业贷款的利率上限，若利率上限较大，商业银行倾向于发放农业贷款，反之则会增加对非农业贷款的力度。林朝颖等（2016）研究发现单纯的定向降准政策对提高银行农业信贷比例的作用效果优于总量调控和定向调控相结合的政策效果。楚尔鸣等（2016）利用Qual VAR模型研究得出定向降准能促进农业贷款和农业投资的增加，但作用效果并不显著。与传统货币政策一样，定向调控类货币政策可分为数量型和价格型，也有学者对此进行了对比研究。彭俞超等（2016）采用贝叶斯估计和数值模拟的方法研究发现，不同类型定向调控货币政策均具有有效性，政策通过影响金融机构运营成本，调整信贷结构，促进产业结构升级。成学真等（2018）通过VAR模型进行实证检验，发现数量型定向调控货币政策效果不如价格型定向调控类货币政策。

但是，在肯定了定向调控政策的理论指导意义同时也有学者对其能否精准落地提出担忧。刘元春（2014）认为定向调控的货币政策只能作为临时的政策，可能起到阶段性成效，但不能作为调整经济结构的常态化政策工具使用。朱妮等（2014）指出定向降准政策对拉动经济增长能起到一定的作用，但作用效果有限。汪仁洁（2014）认为定向降准政策存在一定的局限性，由于商业银行经营的三性原则以及对“三农”和小微企业缺乏精准界定，定向降准政策释放的资金很可能流入一些边缘性产业。陈萍

(2014)对定向降准政策释放的资金的实际流向提出担忧，认为定向降准之后银行未必配合中央银行将信贷资金流向目标产业和企业，政策只能起到指导作用。郭冠男（2015）基于定向降准政策背景和调控目的，指出该政策可能会干扰市场正常秩序。封北麟等（2016）指出理论上动态差别存款准备金政策与再贴现、再贷款政策比较，其对信贷定向配给作用的效力较强，但由于我国商业银行流动性普遍充裕且在央行存有超额存款准备金，因此银行在规避信贷风险和获取存款准备金优惠中更倾向于选择前者，故差额存款准备金政策在调节信贷结构上无法发挥预期的作用。此外，马方方等（2016）指出定向降准政策缓解了小微企业融资难问题，但是仅起到短期的、临时性的效果，而政策对“三农”的作用效果缺乏显著性。张景智（2016）提出虽然定向降准在一定程度上起到了引导信贷投向的作用，使银行加大对小微企业和“三农”贷款力度，但政策传导存在时滞性。实证研究方面，马理等（2017）基于 MSVAR 模型研究了定向降准政策对不同产业的影响，发现定向降准政策在提高农业产出、价格与固定资产投资水平的同时，也对其他产业带来了部分溢出效应，因此认为政策的定向调控精准度还有待提高。王曦等(2017)通过对汽车金融类定向降准进行研究分析验证了定向降准政策具有投资刺激效应，但不具有消费刺激效应，而且可能进一步强化汽车业供求失衡，与刺激需求、去产能的政策初衷相违背，定向降准政策调控的精准性仍需加强。

定向调控的结构性货币政策未来该如何继续？陈彦斌等（2014）认为以微刺激为特点的定向调控货币政策不能常态化、长期化，若长期使用，收效将越来越小。大多数学者指出定向降准政策的实施需要辅以配套措施和相应的制度体系。么晓颖（2015）指出，在经济转型时期，采用货币政策调整经济结构是一个创新但漫长的过程，需要建立与之相适应的制度体系。陈萍（2014）认为需要有综合化的手段配合定向降准政策，比如降低税收、降低小微企业经营成本等，同时也需要监管单位的配合，进一步细化政策、加强监管、跟踪监督。马理等（2017）认为定向降准可以与放宽农业贷款的抵押担保要求、加大对支农、支小贷款的优惠利率等措施配合使用，还提出了可以建立动态考核机制。林朝颖等

（2016）认为要健全融资担保体系服务于“三农”、小微企业，可以推出定向调控财政政策与其配套使用，比如对符合条件的农业和小微企业实施定向减税等。

1.2.3　文献评述

通过对相关文献的回顾和梳理发现：总量性货币政策传导理论的研究起源较早，主要围绕利率、存款准备金率、公开市场操作等常规货币政策工具展开研究，总量性货币政策对农产品价格、农民收入与消费、农村金融市场以及农业经济增长的影响均得到了较为系统深入的研究，相比之下结构性货币政策的研究起步较晚，国外学者多数以救助危机为导向评价结构性货币政策的功效，我国对于定向调控货币政策的研究仍处于起步阶段，已有文献主要从两个方面对政策效果进行研究，一是从宏观经济情况考虑定向降准政策是否起到促进经济增长、调整产业结构的作用，二是从商业银行农业贷款变化出发考察政策调控的有效性。从理论方面，缺乏对定向降准这一结构性货币政策对农业企业的传导机理和路径的深入分析。在实证方面已有文献多选择商业银行作为研究对象，论证结构性货币政策对银行信贷投向的影响，却忽略了作为定向降准货币政策最终政策优惠对象即农业企业在政策传导机制中扮演的重要角色。定向降准作为货币政策结构性调控的主要工具，对商业银行信贷环境的冲击必然通过信贷渠道影响着农业企业的投融资决策以及产出业绩、风险承担等微观经济后果，最终影响到宏观经济的成长与经济系统的稳定性，而较少文献将中央银行、商业银行以及企业置于同一研究框架，探讨定向降准政策的惠农机理与功效。因此，本书从定向降准政策的传导路径出发，一方面研究定向降准政策对商业银行信贷投向的影响，另一方面探讨定向降准政策对其扶持的农业企业信贷资源配置、投融资决策、业绩增长以及风险承担水平的影响，进而对政策的后续实施提出针对性的建议。

1.3 研究内容与逻辑框架

本书在总量性货币政策调控理论、结构性货币政策调控理论以及农业信贷配给理论研究的基础上，分析定向降准货币政策的惠农机理，从商业银行与农业企业两个层面评价定向降准政策的惠农功效，并据此提出相应的对策建议，从而为货币当局科学选择货币政策工具提供必要的政策建议。全书共分为五章，具体如下：

第 1 章是绪论。首先，对本书的选题背景、制度背景进行阐述，对本书的理论意义与实际意义加以探讨。其次，对以往总量性货币政策与结构性货币政策的研究文献加以梳理回顾，对结构性货币政策的已有研究成果以及尚待研究的领域加以客观评价与归纳，为后续章节的研究提供理论支持。接着对本书研究的主要内容以及逻辑框架进行描述，勾勒出全书的大体轮廓。最后对本书的研究方法以及可能的创新点加以阐述。

第 2 章是货币政策传导机制理论与惠农机理研究。首先，回顾了货币政策传导机制理论，包括货币政策对经济总产出、总风险等总量调控机制理论以及对信贷结构、产业结构、区域结构、收入结构等结构调控机制理论。其次，根据货币政策的传导机制理论以及农业信贷配给理论分析定向降准政策的惠农机理，从银行信贷渠道阐释定向降准货币政策对农业的传导路径，并通过理论建模推导定向降准货币政策对商业银行的信贷规模以及信贷结构的影响机制，为后面定向降准货币政策调控功效的实证研究提供理论支撑。

第 3 章是基于银行层面的定向降准政策调控效果研究。首先，研究定向降准政策对商业银行信贷投放总量的调控效果；其次，研究定向降准政策对不同类型商业银行信贷投放总量的影响差异；再次，比较小微贷款与农业贷款对定向降准政策激励的反应差异，最后从商业银行层面评价定向降准货币政策的惠农功效。

第 4 章研究定向降准政策对农业企业融资的影响。从融资规模层面分析定向降准对贷款内源边际与外源边际的影响，评价定向降准对银行信贷配给的影响，比较不同类型定向降准政策对不同类型农业企业融资的倾斜调控效果，并从时间、区域层面探讨定向降准对农业传导的异质性，从企业融资方面对定向降准货币政策的惠农功效加以评价。

第5章研究定向降准政策对农业企业投资的影响。首先论证定向降准货币政策对农业企业投资的驱动效应，阐释定向降准政策对企业投资的传导渠道，并根据信息披露程度、所有权性质以及风险水平对企业分类，分析定向降准货币政策对不同特性农业企业投资的影响差异，从企业投资方面对定向降准货币政策的惠农功效加以评价。

第6章研究定向降准货币政策对农业企业业绩的影响。首先检验定向降准货币政策是否能促进农业企业业绩的增长，接着从投资、信息质量、风险等角度分析影响定向降准政策助推农业企业业绩增长的因素，分析定向降准政策的中长期持续效应，从企业业绩方面对定向降准货币政策的惠农功效加以评价。

第7章研究定向降准政策对农业企业风险传导效应。检验定向降准政策颁布后银行对不同风险水平农业企业信贷资源的倾斜效应，比较农业企业风险承担水平在定向降准政策颁布前后的变化，论证定向降准货币政策风险承担渠道的存在性，检验定向降准政策能否解决促增长与控风险的两难困境。

第8章为进一步研究，从三个方面拓展本书的研究内容，首先，选取结构性货币政策中传导机理与定向降准政策最为接近的支农再贷款政策，比较分析定向降准与支农再贷款政策在惠农功效上孰优孰劣；其次，选取财政补贴政策作为结构性财政政策的代表，分析定向降准政策与财政补贴政策在惠农功效上的差异；最后，选取小微企业为研究样本，分析定向降准政策在支持农业发展的同时，能否实现向小微企业倾斜的政策目标，从而更加全面地评价定向降准政策的结构调整效应。

第9章为结论、启示及研究展望。本章对全书观点结论加以总结，并从中央银行、财政部门、商业银行以及农业企业多个角度提出定向降准政策的实施建议与配套措施，以促进定向降准政策精准落地以及结构调整目标的实现。在文章的最后部分，还对本书的局限性以及后续研究的方向加以展望。

具体研究逻辑框架如图1-1所示。

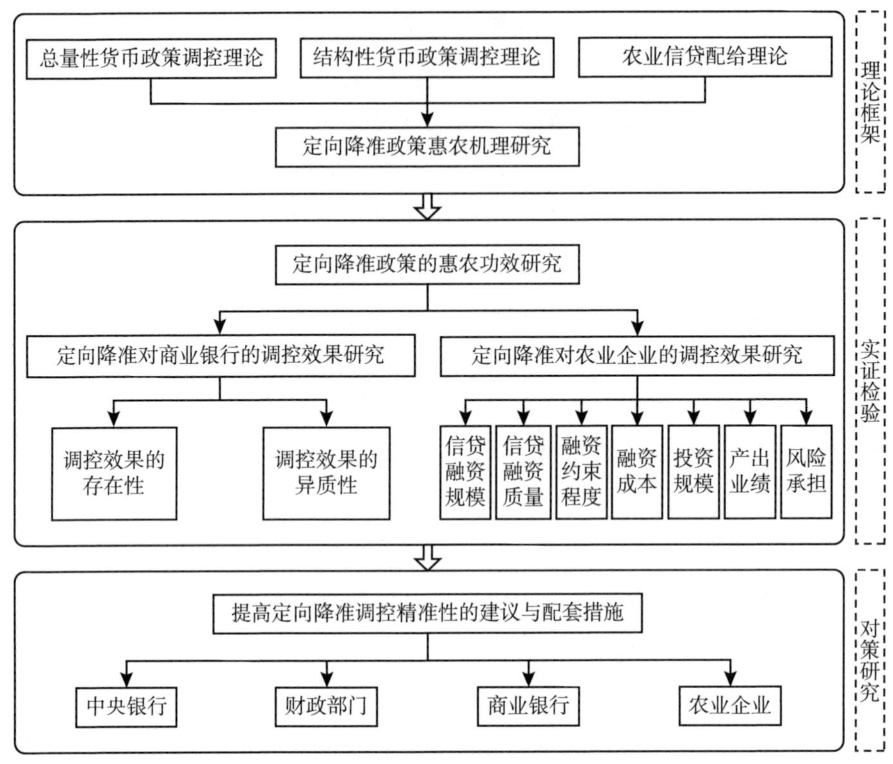

图1－1　研究逻辑框架

1.4　研究方法

根据本书的研究目的与研究内容，主要采用规范分析、理论分析与实证分析相结合的研究方法。

在货币政策传导机制理论与惠农机理的研究部分，首先，采用规范分析的方法，通过比较总量性货币政策与结构性货币政策的传导理论，归纳与寻找定向降准货币政策对微观银行与农业企业传导的理论支持；其次，采用推理演绎与比较静态分析方法推导定向降准政策的惠农机理，通过数理建模分析定向降准货币政策对银行信贷规模与信贷结构的传导机理；最后，采用比较静态分析法研究在存款准备金率约束条件下实现商业银行利润最大化目标的最优农业贷款比例，以及定向降准政策对该比例的边际影响，从而在理论上验证定向降准政策对商业银行信贷结构的传导机制。

在基于银行层面的定向降准货币政策调控效果研究部分，采用面板固定效应模型研究定向降准货币政策对商业银行信贷投放的影响。在基于企业层面的定向降准货币政策惠农功效部分，采用倾向得分匹配与双重差分相结合的方法研究定向降准货币政策对农业企业信贷融资规模的影响，采用面板 Probit 模型研究定向降准货币政策对农业企业信贷融资外源边际的影响，采用面板分位数回归模型研究定向降准货币政策对不同贷款规模企业信贷融资的影响差异，采用面板固定效应回归模型研究定向降准政策对农业企业投资、业绩以及风险的传导效应。

1.5　本书创新之处

本书的创新之处主要表现在以下几个方面：

首先在研究视角上，以往研究主要从数量角度探讨宏观政策的成效，本书从数量、质量、结构和风险四个角度剖析定向降准货币政策的惠农功效。农业生产是一国的基本生产活动，是国家基本战略的安全保障，促进农业发展从传统的粗放型到现代农业，除了提高农业发展的信贷资金供给，促使农业企业投资与产出量的增长，还要优化农业产业的发展质量，优化产业内部结构，防范产业风险。因此本书从数量、质量、结构和风险四个角度对定向降准货币政策的功效加以评价，以推动我国实现从农业大国到农业强国的振兴。

其次在研究内容上，以往研究大多从银行或企业单一层面探讨货币政策的成效，本书在传统总量性货币政策研究基础上，将中央银行、商业银行以及农业企业置于统一的研究框架中，论证了定向降准对农业传导的信贷渠道，阐释了结构性货币政策惠农的微观机理与功效。从货币政策的理论发展脉络来看，总量性货币政策的研究起步较早而且成果丰硕，该理论着重讨论货币政策对总量调控目标的传导，如货币供给量变化对物价水平、经济增长、就业水平等的传导机制，而对于结构性货币政策的传导机制还没有系统的研究，特别是定向降准对微观农业企业的传导机理鲜有文献涉及。而且多数国内外文献发现，总量性货币政策对农业信贷与投资的传导机制不如其他行业顺畅，因此通过常规的货币政策难以使农业企业真正受益。定向降准政策能否担此结构调整的重任，实现精准调控的职能尚待研究。从一般的政策原理来讲，解决结构性问题需要结构性政策手段，而结构性货币政策对结构性目标的传导机制显然比总量性政策对总量目标的传导更为复杂。本书通过推理演绎与理论模型验证相结合的方法研究定向降准政策影响商业银行以及农业企业的渠道与效应，为定向降准货币政策的推出寻找到微观理论基础。

再次在研究深度上，本书从横向与纵向的维度剖析定向降准政策惠农效应的异质性，就定向降准政策对农业的微观传导机理与效应进行更为全面的阐释。根据传统货币政策传导机制理论，常规货币政策传导机制的纵向异质性主要体现在货币政策在不同时期（不同货币政策阶段以及不同经济周期）对经济总产出传导的差异。常规货币政策传导机制的横向异质性主要强调货币政策对区域、行业、银行以及企业层面传导的差异。本书在常规总量性货币政策传导机制理论的基础上，从信贷周期的时间层面剖析定向降准货币政策对农业信贷融资传导的纵向非对称效应，又从不同定向降准政策、商业银行以及企业等层面分析定向降准货币政策惠农效应的横向非对称性，对定向降准政策惠农的精准性进行了更为全面的评价，也丰富了结构性货币政策的非对称传导理论。

最后在对策建议部分，强调货币政策在振兴农业过程中发挥的作用并非“鞭棍”而是“磁力棍”，旨在为农业的发展提供“引力场”，通过定向降准货币政策的引导作用调动财政、金融之外的社会多元投入，并建议出台具体考评指标鼓励银行将定向降准政策释放的资金重点投放于农业产业链的上游企业，通过上游环节的振兴发挥积极的示范效应，引擎带动下游环节的振兴，为农业的长远发展打造“汇人才、聚人气、凝人心”的内生动力机制。

第2章
货币政策传导机制理论与惠农机理研究

货币政策传导机制指的是中央银行采取不同的政策工具通过各种路径作用于银行、企业、个人等微观经济个体，最终影响到宏观经济运行的机制。对货币政策传导渠道与作用机理的研究是对货币政策调控结果分析和评价的基础，因此在研究定向降准政策的惠农功效之前首先回顾货币政策的传导理论，厘清定向降准政策的惠农机理，为后面分析定向降准政策在银行层面与企业层面的惠农功效做好理论铺垫。

2.1 货币政策总量调控理论回顾

货币政策对宏观经济的影响是货币政策对微观个体影响的最终结果，对于微观企业而言，评价货币政策经济后果主要从产出与风险两个维度展开，因此本书围绕上述两个方面对货币政策总量调控理论的发展进行回顾。

2.1.1 基于产出维度的货币政策传导机制理论回顾

传统的货币政策传导机制理论认为货币政策通过利率、银行信贷、资产价格以及汇率影响银行、企业、个人等微观经济主体的投资与消费行为，进而影响宏观经济总产出，概括而言分别是利率渠道、信贷渠道、资产价格渠道以及汇率渠道。

2.1.1.1 货币政策的利率传导渠道理论

凯恩斯对货币政策的利率传导渠道进行了较为系统的阐述，他认为利率在货币政策传导中发挥了重要作用，货币当局通过调整货币供应量改变公众的流动性偏好，从而推动债券价格的变化以及利率水平的改变，并影响投资与消费需求，最终对经济总产出发挥作用（Keynes，1936）。泰勒研究利率与投资、消费之间的关系后发现，在各种影响物价与经济增长的因素中，利率是唯一能与物价和经济增长保持长期稳定相关关系的变量，调整实际利率应当成为货币当局的主要操作方式，并提出了有名的"泰勒规则"（Taylor，1993）。孟姜研究欧洲四国货币政策对企业的影响，发现利率会通过资本成本影响企业的投资与产出。小企业的利率水平显著高于大企业，但是小企业受货币政策的影响却不及大企业（Mojon et al.，2002）。吉尔克里斯特和扎克瑞杰克使用微观数据研究货币政策的利率传导机制，实证结果表明，利率上升导致资本成本增加1%，投资收益率降低50%～75%，长期会导致股本下降1%（Gilchrist and Zakrajsek，2007）。

在国内，学者们对利率传导渠道褒贬不一。方先明等（2005）发现存款利率的传导渠道并不顺畅，在理论上不会影响相关经济变量，因此利率政策有效性的发挥不够充分。盛朝晖（2006）认为利率通过影响产出实现传导功能，利率对产出的冲击效应在一个季度后达到峰值，但是价格水平对货币政策的反应则不敏感。范志勇等（2008）认为在名义利率黏性条件下，真实利率是中国货币政策冲击的重要渠道之一，鉴于实际利率在宏观调控中占据重要地位，维持宏观经济稳定则需维持实际利率稳定。张辉等（2011）认为在利率管制下，我国的利率传导机制不够顺畅，在局部发挥着有效的作用。高山等（2011）认为产出水平在短期内会对利率变化做出一定的调整，但是调整幅度不大，利率调控的效果有限。

2.1.1.2 货币政策的信贷传导渠道理论

斯蒂格利茨和韦斯认为在信息不对称作用下，银行不愿意提高借贷资金的价格来满足超额的信贷需求，出现了信贷配给行为。在均衡中，货币政策影响银行的信贷意愿，进而影响企业投资与产出（Stiglitz and Weiss，

1981）。克亚平等认为紧缩货币政策会减少贷款供给，进而影响企业的投资规模（Kashyap et al.，1996）。伯南克和杰特勒（Bernanke and Gertler，1995）将信贷传导渠道划分为银行借贷渠道与资产负债表渠道：在银行借贷传导渠道下，货币政策通过影响代理成本影响银行对企业的信贷规模，进而影响企业的投资、产出水平；在资产负债表渠道下，货币政策通过影响企业可抵押资产的价值，进而影响企业的外部融资溢价以及银行的贷款意愿，最终影响企业的投资决策与产出规模。欧林娜和卢德布什（Oliner and Rudebusch，1996）比较研究不同货币政策时期信贷渠道的传导效应，结果发现在紧缩货币政策时期信贷渠道传导效应有所放大，在宽松货币政策时期信贷渠道也发挥着作用，但在先紧缩后宽松或者先宽松后紧缩的两种情况下，信贷渠道几乎不发挥传导作用。

在我国，周英章等（2002）比较分析了信贷渠道与货币渠道在我国的传导效应，结果发现二者在货币政策的传导过程中共同发挥作用，而且前者占据主导地位。盛朝晖（2006）也认为，由于我国利率尚未完全市场化，经济主体对利率变化的反应度不如信贷调控，利率渠道的传导效应小于信贷渠道。盛松成等（2008）则认为信贷规模中介变量是货币政策调控实体经济的中介变量，在宏观经济调控中发挥着重要的作用。朱新蓉等（2013）对信贷渠道下的企业资产负债表渠道进行研究，结果表明企业资产负债表渠道基本有效，不同行业的资产负债表渠道传导效应不同，时滞也各异。

2.1.1.3 货币政策的资产价格传导渠道理论

资产价格传导渠道理论认为货币政策通过资产价格影响企业的投资与个人的消费。典型的资产价格传导渠道理论有托宾 Q 理论与财富效应理论。

托宾 Q 值是企业的市场价值与重置成本之间的相对价值，在宽松货币政策下，利率下降提升了股票价格乃至托宾 Q 值，企业发行股票意愿上升，进而投资与产出规模得以扩张；反之，在紧缩货币政策下利率上升降低了股票价格乃至托宾 Q 值，企业发行意愿下降，因此抑制了投资与产出的增长（Tobin，1969；Meltzer，1995；Angelopoulou and Gibson，2009；扈文秀等，2013）。

财富效应理论认为，在宽松货币政策下，公众货币持有的增加提升了股票购买的意愿，由此带动股价上涨与消费者财富的增加，最终导致消费者支出水平的上升以及产出规模的膨胀（Meltzer，1995）。财富效应理论与托宾Q值理论的区别在于，前者强调货币政策对企业投资支出的影响，后者强调货币政策对消费者支出的影响。奥其等（Aoki et al.，2004）运用伯南克（Bernanke）的金融加速器模型研究货币政策对英国房地产价格的影响，结果表明房地产价格受货币政策的影响具有显著的财富传导效应。曾繁华等（2014）发现在短期我国股票市场的"财富效应"较弱，股票市值的提升不会增加居民消费，反而由于不确定性抑制了居民的支出，货币政策难以通过资产价格传导渠道发挥作用。

2.1.1.4 货币政策的汇率传导渠道理论

汇率渠道理论则认为，宽松货币政策将导致利率下跌与货币贬值，从而增加本国产品的国际竞争力，提高企业的出口收入；反之，紧缩货币政策提升了市场利率与物价水平，从而抑制了企业的出口收入。汇率渠道成立的前提是浮动汇率制度，除非资本项目被管制，否则固定汇率制度下的货币政策仍然是有效的（Obstfeld and Rogoff，1995）。卡明和罗杰（Kamin and Rogers，2000）选取发展中国家中的墨西哥国家经济数据，使用VAR模型分析实际汇率对产出的冲击，结果发现从长远来看汇率贬值不利于产出的增长。张辉等（2011）研究表明，汇率通过投资、消费、净出口变动影响实体经济的产出，但是汇率对物价水平没有显著影响。李宏彬等（2011）以进出口企业的面板数据为研究对象估计有效汇率波动对企业进出口值的影响，结果表明人民币实际有效汇率提升导致企业出口与进口值同时下降，而且出口值下降的幅度高于进口值。杜江等（2013）研究表明，汇率对规模越小的企业影响越大，企业的生产率和盈利能力对汇率的传导机制不起作用。

2.1.2 基于风险维度的货币政策传导机制理论回顾

货币政策风险传导机制理论与货币政策产出传导机制理论相比主要区别在于：货币政策的产出传导机制理论认为货币政策通过利率、汇率、资产价格以及银行信贷影响投资、消费及总产出，在研究中始终假设银行以及企业的风险偏好不发生改变，而货币政策的风险传导机制理论则认为货币政策会改变商业银行与企业的风险偏好及其风险承担水平，进而影响宏观经济的稳定性。

2.1.2.1 货币政策的风险定价传导渠道理论

货币政策的风险定价渠道理论最早由欧佩拉（Opiela）于2007年提出，之后学者们从银行资产方即贷款的风险定价以及银行负债方即存款的风险定价两方面研究货币政策的风险定价渠道。奥安妮都等（Ioannidou et al.，2008）使用玻利维亚1999～2003年信贷数据，从银行资产方研究货币政策对银行贷款风险定价的影响，结果发现宽松货币政策下，银行对风险的厌恶程度下降，银行承担了更多的风险而贷款的风险定价却没有因此得到合理的提高，多数银行的存贷息差不升反降。祁山和欧佩拉（Kishan and Opiela，2012）从银行负债方研究货币政策对银行存款风险定价的影响，结果发现紧缩货币政策下，联邦储备利率上升，银行的资产状况下降，存款人预计银行违约率增加，对存款的风险定价上升，增加了银行的融资成本，抑制了银行外部筹资的动机，减少了贷款供给。

2.1.2.2 货币政策的风险承担传导渠道理论

包里欧和朱（Borio and Zhu，2008）首次提出货币政策的风险承担渠道理论，该理论强调在宽松货币政策下，金融中介对风险的容忍度会扩大，风险承担水平随之上升。文岚雪（Valencia，2011）认为无风险利率的降低减轻了银行自身融资成本的负担，增加了银行垄断提取的盈余，提高了银行贷款获取的收益，而且有限责任的作用机制将损失控制在有限的空间范围内，这进一步提高了贷款的回报。因此利率越低，贷款就越有利可图，银行会加大杠杆来获取额外收益。在有限责任的机制作用下，银行的逐利行为会导致银行采取过度的杠杆操作，由此加大了银行的风险。安吉龙尼等（Angeloni et al.，2011）通过动态随机一般均衡模型论证货币政策风险承担渠道理论的存在性，并通过VAR模型实证检验风险承担渠道对银行的实际冲击，结果表明宽松货币政策下银行的负债风险更大，因此也更脆弱。吉孟资等（Jiménez et al.，2014）认为在低利率的宽松货币政策环境下银行会放宽对贷款客户的风险审查，而且资本充足率越低的银行的风险偏好越激进，贷款后企业违约的可能性也越大。帕里勾若万和杉投斯（Paligorova and Santos，2017）在对美国过去20年的公司贷款定价政策研究之后发现，在货币政策宽松时期银行向高风险的借款者收取的贷款利差低于紧缩货币政策时期。当货币政策放松时，借款人的资产净值及信誉度会提高，银行净资产的提高降低了贷款的利率定价，因此也提高了银行的风险承担。

目前国内货币政策风险承担渠道理论也受到了广泛的关注。于一等（2011）研究货币政策对银行信贷质量与风险偏好的影响，结果发现在货币宽松的环境下，高资本充足率、收入多元化的银行对信贷质量的要求更高，但是风险偏好也更大。张雪兰等（2012）采用了动态面板系统广义矩阵法分析货币政策立场会向银行传导风险，而且此风险传导效应受市场结构及商业银行资产负债表特征的影响。江曙霞等（2012）总结了货币政策传导的理论路径，采用门限面板回归模型分析数量型与价格型政策工具对银行风险承担的影响，并找到风险传导的阈值区间。为了避免Z值和坏账率对银行风险的滞后反应，牛晓健等（2013）采用预期违约频率测度银行风险，以体现风险的前瞻性，并采用泰勒规则的均衡利率估算货币政策的松紧程度，结论依然表明风险承担渠道在我国是存在的。张强等（2013）研究表明货币政策的风险承担渠道与信贷传导渠道互相交织，货币政策对银行的风险传导进一步放大了信贷渠道的传导效力。金鹏辉等（2014）考察货币政策对银行整体风险承担的影响，结果表明货币宽松下银行放宽了贷款门槛，风险向银行的资产方传递，但是货币政策向银行负债的风险传递效应并不显著。李华威（2014）分析表明，当银行业完全竞争时，降低利率会提高银行风险承担水平，存款准备金率不会影响银行的风险承担水平；在垄断竞争时，降低利率或者存款准备金都会提升银行的风险承担水平。权飞过等（2018）研究发现，银行表外业务对利益搜寻效应的强化和对央行沟通和反应函数的改变强化了货币政策银行风险承担渠道，即表外业务增加，银行风险承担水平提升，并且表外业务强化了货币政策的银行风险承担渠道，提高了商业银行的风险承担水平。刘生福等（2018）实证检验了货币政策的风险承担渠道，结果表明：在流动性效应和价格效应的双重作用下，利率市场化程度加深了货币政策对银行风险承担的影响。郭田勇等（2018）认为考虑了银行风险承担行为之后，货币政策应当重点关注实际利率走势的稳定，容忍通货膨胀的剧烈波动，降低由银行风险承担行为所导致的社会福利损失。

2.1.2.3 风险定价渠道与风险承担渠道的区别与联系

风险定价渠道与风险承担渠道既互相联系也有所区别。区别在于：风险定价渠道强调银行资产与负债定价中风险溢价受货币政策的影响，而风险承担渠道则重在研究货币政策通过改变银行风险偏好从而影响银行资产选择以及风险承担行为的作用机制。联系在于，一方面银行资产与负债的风险定价决定银行的风险偏好及风险资产的配置；另一方面银行的风险偏好又反过来影响银行对资产的风险定价。在紧缩货币政策下债权人对银行负债的风险定价偏高，导致银行的融资成本上升，银行收缩贷款，风险偏好下降，而风险偏好的降低又抑制了银行资产选择上的激进行为，从而降低了风险承担水平。随着货币政策的放宽，银行债权人对银行负债的风险定价逐渐下降，这减少了银行筹集资金的成本，催生了银行风险偏好的提升，其资产选择行为更加激进，而出于乐观心理，银行对资产的风险定价并未得到合理提高，风险资产的配置比例上升，这进一步增加了银行风险承担的意愿与银行实际风险承担的水平。因此银行债权人对负债的风险定价及由此决定的银行筹资能力制约银行的风险偏好以及风险资产的选择，银行的风险偏好又反过来影响银行对资产的风险定价，风险定价渠道与风险承担渠道是互为因果互相补充的。

2.1.3 货币政策传导机制非对称性文献回顾

2.1.3.1 货币政策产出传导非对称性研究

货币政策产出传导非对称性研究主要从纵向与横向研究货币政策对经济总产出传导的非对称性。货币政策产出传导的纵向非对称性主要强调货币政策在不同时期（不同货币政策阶段以及不同经济周期）对产出传导的非对称性，货币政策产出传导的横向非对称性主要强调货币政策对不同区域以及行业产出传导的非对称性。

货币政策纵向传导非对称性的研究有：卡文（Cover，1992）首次提出了货币政策传导的非对称效应（Asymmetric Effects），紧缩货币政策对产出有显著影响，而宽松货币政策对产出影响不大。相同幅度的货币扩张和货币收缩，在经济周期的不同阶段对于经济总产出的加速作用和减速作用是不同的。托马斯（Thoma，1994）研究发现，在经济发展的不同时期，宽松与紧缩的货币政策对经济增长的影响是不一致的。在经济繁荣期紧缩银根的效力强于经济衰退期，而货币扩张对经济增长的影响在经济增长的不同阶段不存在显著差异。韦斯认为在经济增速放缓时，货币政策对产出的传导效应较强，对价格的作用效力较弱。货币宽松与货币紧缩对经济增长的效力不存在显著差异（Weise，1999）。在我国，黄先开等（2000）认为货币供给 M2 的正向冲击与负向冲击对产出的影响是不同的，货币扩张能够加速经济增长，而货币紧缩则会放缓经济增长的速度，但前者的加速效应大于后者的减速效应。刘金全等（2009）认为当经济增长放缓时，货币紧缩对产出的传导效力要超过货币扩张的传导效力。戴金平等（2008）认为银行坏账率的下降与资本充足率的提高既满足了审慎监管的需要，又强化了货币政策产出传导的异质效应。此外石柱鲜等（2005）和赵进文等（2005）均对货币政策传导的纵向非对称性予以证实。

随着货币政策理论的发展，货币政策非对称的内涵由纵向至横向不断拓展。在区域层面上，迈克丹姆和摩根、孟郊和皮尔斯曼（McAdam and Morgan，2001；Mojon and Peersman，2001）发现在不同国家，货币政策对产出的影响效力是不同的。申俊喜等（2011）通过在省份层面研究货币政策传导效力的差异，在总量性货币政策冲击下，各省份 GDP 对货币政策的反应时间和程度均存在较大差异，信贷配给与外汇管理导致了此差异的形成。在行业层面上，戴金平等（2008）认为货币政策对房地产行业的影响最大，批发贸易零售业影响最小。曹永琴（2011）发现家具行业几乎不受货币政策的影响，而钢铁行业则相反。在企业层面上，托马斯（1994）、伯南克和杰特勒（Bernanke and Gertler，1995）和肖争艳等（2013）认为货币政策对不同规模企业的影响是不一致的，小企业对紧缩性货币政策的反应较大。彭方平等（2007）发现公司的利润率不同也是货币政策传导异质性的主要原因，当公司利润率特别大或者特别小时，对利率的反应就尤其敏感，而对银行信贷的反应则较弱。彭方平等（2007）、张西征等（2012）认为所有制性质、信用级别的高低都会对货币政策传导的非对称性产生影响。

2.1.3.2 货币政策风险传导非对称性研究

在风险维度上，学者们主要从银行层面研究货币政策传导的非对称效应。黛丽丝和科蒸托斯（Delis and Kouretas，2011）发现在金融危机爆发前，货币政策对欧元区银行存在风险传导效应，而且自有资本越充足，越容易抵御货币政策的风险加速效应。戴尔艾瑞西亚等（Dell' Ariccia et al.，2014）认为货币政策会影响银行风险，进而影响金融稳定。实际利率变动对银行风险承担的影响取决于银行资本、存款结构以及市场结构因素。当杠杆率调整成本低廉时，低利率和充足的流动性导致金融中介机构提高资产价格和杠杆率，结果造成风险的过度承担。然而当银行难以调整杠杆率时，特别在资本受限或在金融压力期间，资本状况不佳的银行将在实际利率下降后受到更多的监控，从而使得此类银行的风险承担水平下降。在我国，方意等（2012）认为货币政策对银行的风险传导效应取决于银行的资本充足率，对于高资本充足率的银行而言，货币政策与风险承担呈反向变化关系，反之则二者互相促进。徐明东等（2012）发现货币扩张与货币收缩对银行的风险传导效力是不同的，货币扩张的效力超过货币收缩的效力。规模的扩张以及资本充足率的提升有助于抵消货币政策对银行的风险冲击。刘晓欣等（2013）也证实了不同规模的银行风险承担对货币政策的非对称反应。规模越小的银行（如城市商业银行）对利率的反应越显著，而大型银行则受货币政策的风险冲击影响较小。

2.1.4 货币政策总量调控的传导机制总结

综上所述，总量性货币政策主要指央行通过调整存款准备金、利率、再贴现利率以及公开市场操作等政策工具，对货币供给总量与信贷总量进行全面调控。按照传导路径划分，总量调控货币政策的传导渠道主要包括利率渠道、信贷渠道、风险承担渠道、资产价格渠道以及汇率渠道四种。

在利率渠道中，货币当局通过增减货币供应量、调整法定基准利率以及再贴现利率，影响债券需求与债券价格，改变企业的融资成本与投资需求，进而影响企业的产出乃至宏观经济的总产出。信贷渠道指的是中央银行通过货币政策工具影响银行的流动性与可放贷资金，改变银行对企业的信贷供给与信贷定价，进而改变企业的融资意愿与融资成本，在融资约束放宽的作用下企业的投资意愿、投资规模、投资品种以及投资效率随之变化，从而影响企业产出与承担的风险，最终作用于宏观经济的产出与稳定性。在风险承担渠道中，货币政策通过改变银行的风险偏好，进而影响银行的信贷门槛以及银行对企业的风险监控力度，银行的风险偏好通过信贷市场传导至企业，企业风险偏好的改变影响着投资决策与生产决策，从而影响企业的产出以及实际风险承担水平，最终作用于宏观经济的总产出以及经济系统的稳定性。在资产价格渠道下，货币政策改变了股票的市场价值，进而改变投融资的意愿与生产的规模，最终对企业的产出乃至宏观经济的总产出产生影响。在汇率渠道下，货币政策通过改变汇率影响企业的进口与出口需求，进而对企业的投融资决策与成长速度产生影响，并最终作用于宏观经济增长速度。上述总量性货币政策的传导机理如图2－1所示。

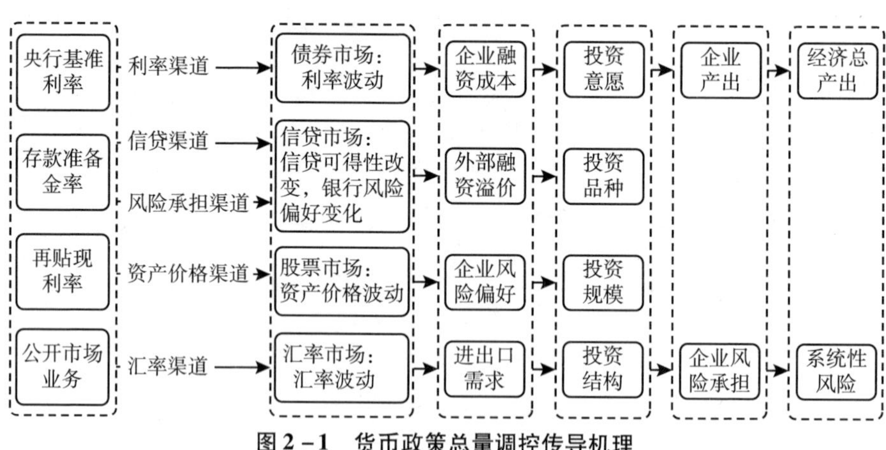

图2－1　货币政策总量调控传导机理

2.2　货币政策结构调控理论回顾

长期以来，货币政策侧重总量调节，财政政策侧重结构调整。但实际上总量调控性的货币政策也具有结构调整的功能。在经济结构调整方面，金中夏等（2013）研究表明利率的调整有助于优化我国经济结构，利率影响经济结构的路径是通过实际利率与企业边际成本的变化实现的。

在产业结构调整方面，戴金平等（2006）认为，第三产业受利率冲击的影响较小，第一产业和第二产业对利率政策冲击反应较大，由此改变了产业的结构。宋旺等（2006）也认为不同的产业受货币政策的冲击不同，但是他认为三个产业中第二产业对利率的敏感性最强。曹永琴（2010）发现三大产业受货币政策冲击的影响排序分别是：第一产业、第三产业以及第二产业。吕光明（2013）认为不同的货币政策渠道对冲击的反应程度是有差异的。在信贷渠道中，货币政策对第二产业的影响最大，第三产业最小；而在利率渠道中，货币政策对第二产业的冲击最大，而第一产业最小。在产业内部的行业结构调整方面，甘丽和莎蒙（Ganley and Salmon，1997）研究发现货币政策对不同行业的传导效应存在差异，利率对建筑业的影响最强，其次是制造业、服务业以及农业。皮尔斯曼和思曼特（Peersman and Smets，2005）根据 1980～1998 年间货币政策对欧元区 11 个行业产出增长的影响进行研究，结果发现货币政策对耐用品行业的影响是非耐用品行业影响的三倍。特纳和特立曼拉（Tena and Tremayne，2009）发现在英国利率政策对不同行业产出的影响不同，纺织行业受利率政策的影响最大。庞念伟（2016）认为货币政策并不能提高高端制造业和现代服务业在产业内部的比重，货币政策在产业内部结构调整中的作用具有一定的局限性。

在区域结构调整方面，斯卡特（Scott Jr，1955）发现货币政策在美国不同地区的传导存在差异，信贷渠道是差异产生的首要原因。卡里欧和德芬娜（Carlino and DeFina，1999）同样发现，在美国不同的州受货币政策的影响是不同的。与斯卡特不同的是，他认为利率渠道是货币政策区域差异的主要原因，信贷渠道则在区域异质性的形成上没有显著的贡献。侧澈蒂（Cecchetti，1999）认为欧元区货币政策传导的差异性主要源于欧盟各国法律结构的差异。比利时、爱尔兰、荷兰等国家的银行系统庞大而健康，非银行融资也很容易获得，货币政策区域效应较畅通，奥地利和意大利等国家则反之；除非协调欧盟各国的法律结构，否则货币政策传导机制的区域异质性将一直存在。吉欧哥坡罗斯（Georgopoulos，2009）发现货币政策对加拿大不同省份、不同行业的产出冲击存在差异。差异或非对称的货币反应实质上是东西向的，而不是南北向的。东部货币政策有较为畅通的传导机制，西部则反之。行业利率敏感性的差异、出口对产出贡献率的差别以及大小企业百分比的不同是导致货币政策区域传导差异的主要原因。玛莎和张（Massa and Zhang，2013）认为企业所在区域金融市场的状况决定了企业获取银行贷款与债券融资的可能性，这直接影响企业的投融资决策，进而影响货币政策对不同区域的传导效应。郭和马森（Guo and Masron，2016）发现四川省39个实现差别准备金比率政策的地震重灾县区比其他39个正常准备金比率政策的县区可以更快促进经济发展。在我国，宋旺等（2006）证明了我国货币政策的传导存在区域差异，信贷渠道和利率渠道在传导的过程中都存在着区域差异。常海滨等（2007）发现货币政策在我国十八个省份传导渠道畅通，在十三个省份则不具有有效的传导机制，传导失效的原因源自区域金融资源外流和金融结构失衡的相互影响。蒋益民等（2009）认为在不同区域我国的货币政策传导效应不同。生产力水平、产业结构以及金融结构都是导致货币政策区域效应的关键因素。黄志忠等（2013）认为区域金融市场的发展程度差异是货币政策区域效应的主要原因。邱崇明等（2014）根据省域面板数据实证研究发现，货币政策对各地区微观主体通胀预期具有不同的冲击，货币政策首先对东部地区省份的通胀预期有较大的影响，其次是中部地区，最后是西部地区。林朝颖等（2016）发现地处东部经济发达地区的企业对货币政策的风险敏感性最强，而西部地区的企业对货币政策的反应最弱。

在收入结构调整方面，奥斯拉特（Auclert，2019）发现货币政策对收入与财富具有再分配效应，货币政策通过利润异质性渠道、费雪渠道以及利率风险暴露渠道对消费产生影响。随着资产到期时间的增加，真实利率的下降使得边际消费倾向于低的资产持有者受益，这也影响了低利率政策对总需求的刺激作用。

在资本结构与信贷结构调整方面，格鲁斯瑞澈卡门等（Grosse－Rueschkamp et al.，2019）提出了货币政策的资本结构渠道，欧洲央行宣布的资产购买计划降低了企业债券的利率，这使得有资格发行央行购买债券的企业的融资需求从银行贷款转向债券发行，这改变了企业的资本结构。资本充足率越低、不良贷款率越高的银行在资产购买计划之后将信贷投放转向高利润的私营企业，贷款结构的重新配置导致了银行贷款风险的上升。

新常态下全球经济格局发生了改变，经济增速整体放缓，流动性总体宽松，全球步入经济复苏的新常态。在此背景下，总量刺激性政策的作用空间已非常有限，以总量调节为主的传统货币政策固然会影响经济结构，但这种“一刀切”的货币政策在结构上具有盲目性，难以实现精准调控的预期目标。货币当局开始转变政策操作思路，“用好增量、盘活存量”，货币政策操作模式也开始由总量型向“微刺激”与“定向激励”为特征的结构性货币政策转变。结构性改革成为各国特别是发展中国家的主要任务，由此产生了货币政策结构调整的需求。

在国际上，美国通过扭转操作出售和购买不同期限的国债来实现长期融资利率调整，从而对长期投资起到引导作用（Alon and Swanson，2011）。英格兰银行的融资换贷款计划以及欧洲央行的定向长期再融资计划都属于结构调整性货币政策。从传导机制而言，扭转操作绕开银行部门，主要通过资本市场传导机制改变不同期限资金的融资成本，调整利率的期限结构。融资换贷款计划以及定向长期再融资计划都需要通过信贷市场约束银行信贷投向，引导银行贷款流向非金融企业和家庭，缓解过于严格的贷款条件，降低贷款利率，刺激实体经济发展（Agarwal et al.，2015）。

在我国，学者们认为结构性货币政策的结构调控功能主要通过以下渠道实现：在信贷渠道下，周晶等（2019）认为结构性货币政策通过影响银行的信贷结构调控银行在不同行业的资金投放比例，随着银行在不同行业资金分配的变化，银行的信贷风险随之改变，最终导致商业银行效率的变化。陈书涵等（2019）发现定向降准沿着从中央银行到商业银行再到政策扶持企业的路径传导，定向降准首先影响着商业银行的信贷规模与信贷结构，接着影响企业的信贷可得性，最终对企业的业绩产生作用。在信号传导渠道下，刘澜飚等（2017）发现结构性货币政策公告可以通过货币市场改变金融机构对未来融资成本的预期，降低货币市场利率，也可以通过债券市场提高对债券资产的需求预期，降低债券的收益率。

2.3 定向降准政策惠农机理分析

2.3.1 定向降准政策惠农路径分析

不论是定向降准还是普遍降准，都是通过下调存款准备金的形式增加基础货币的投放，提高商业银行的流动性，从而促进实体经济的发展。普遍降准主要通过银行信贷渠道传导（朱博文等，2013）。当央行降准时，商业银行可贷资金数量增加，进而信贷供给提高，贷款利率降低，企业从商业银行处获得的贷款数额增加，进一步影响企业的投资行为，产出水平随之提高，最终带动了社会总产出的增长。农业作为国家政策重点扶持的行业，却难以受到普遍降准的影响。普遍降准作为常规货币政策对农业的传导渠道并不顺畅：商业银行和农业企业借贷双方由于信息不对称产生信贷配给，企业的银行贷款渠道受阻，无法从银行处获得所需的充足资金，企业期望获得的贷款数量与实际获得的贷款数量存在差异，农业企业的融资约束由此产生。甘里和萨蒙（Ganley and Salmon，1997）研究发现货币政策对不同行业的影响程度存在差异，利率对农业的产出传导效应最弱。王剑等（2005）认为以农业为主的第一产业收益率低，在市场逐利性机制驱动下，货币政策难以对农业产生有效传导。廖国民等（2009）也发现货币政策对工业部门产值的传导效力总体上要强于对农业部门产值的传导效力。货币政策对农业传导受阻与传统金融市场中存在信贷配给有关。农业企业作为融资弱势群体，通常被排斥在正规金融体系之外（肖兰华等，2008；王馨，2015）。银企间的信息不对称以及昂贵的监管成本导致了信贷配给的出现（Stiglitz and Weiss，1981；Williamson，1986）。由于农业企业面临自然风险与农产品价格波动等风险，大多数农村中小企业抵押资产欠缺、信息透明度不高、内部治理结构比较模糊，这导致其融资需求难以在正规信贷市场上得到充分满足（蔡四平等，2011）。在信贷配给的约束下，普遍降准对农业企业的影响有限。

定向降准货币政策作为经济“新常态”背景下央行对法定存款准备金工具使用的创新，因此其传导过程与传统存款准备金政策传导机制具有一定的相似性，也是从央行的商业银行法定准备金账户里释放信贷资金到商业银行的超额准备金账户，再通过商业银行贷款的方式使资金流入三农和小微企业。但是作为结构性货币政策的代表，定向降准货币政策与普遍降准政策的传导方式又略有差别。在以支农为目标的定向降准政策机制下，涉农商业银行或是农业贷款达标的商业银行方能获得定向降准的资格，这使得银行的信贷数量和信贷结构在定向降准政策之后都有所改变。银行信贷偏好的转变也使得作为政策目标的农业企业获得了银行的信贷支持，融资约束得到缓解，融资成本得以降低，投资意愿与投资规模逐步上升，从而促进了农业企业的产出扩张与业绩增长，最终影响到宏观经济的结构及其健康运行。

上述定向降准货币政策的惠农路径如图 2－2 所示。

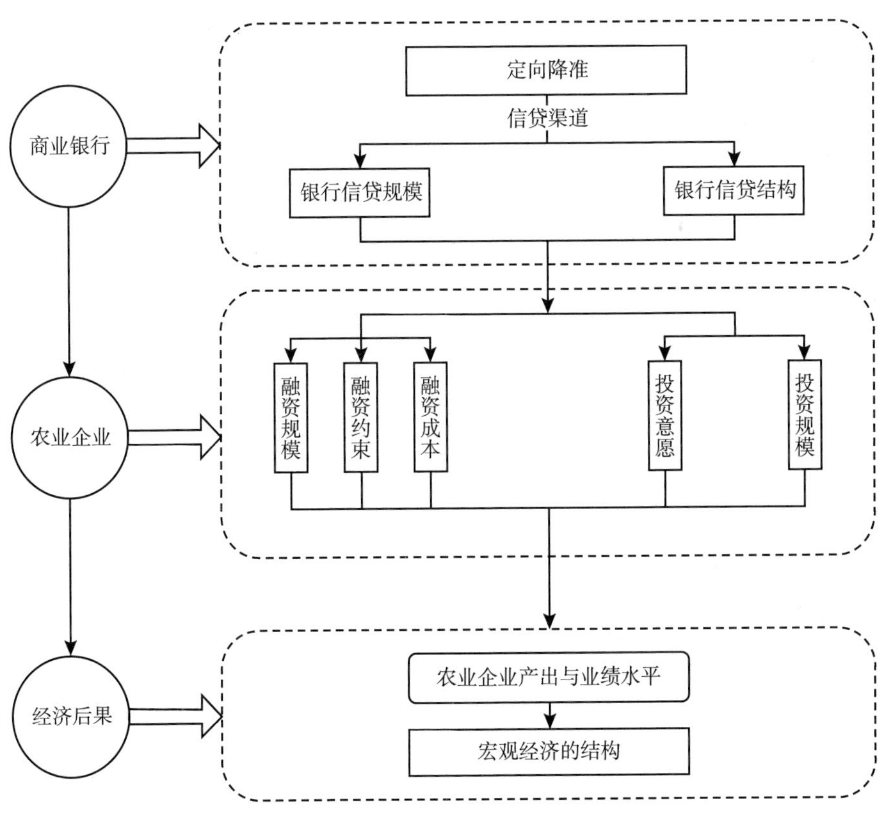

图 2－2　定向降准货币政策的惠农路径

2.3.2 定向降准政策影响商业银行信贷规模的理论模型

定向降准货币政策通过银行贷款进行传导，商业银行的资产项目包括银行存款准备金、银行贷款总量以及政府债券。基于信贷观点的隐含假设：央行可通过调整商业银行存款准备金率直接影响银行信贷规模，对于银行而言，证券和贷款是不可完全替代的。因此，当定向降准政策颁布后，贷款投放符合定向降准指标要求的商业银行法定存款准备金数量下降，银行可发放贷款数量增加，信用创造能力增强，进而定向降准政策范围内的商业银行贷款总量增加。由此，定向降准政策将直接增加信贷结构符合政策要求的商业银行的信贷规模。

具体来看，定向降准政策通过影响货币乘数影响商业银行可贷资金数量。货币乘数（K）是货币供给量（Ms）与基础货币（B）的比值，即：

$$K = \frac{Ms}{B} \tag{2.1}$$

由于基础货币由通货（C）和存款准备金（R）构成，其中存款准备金包括法定存款准备金（RR）和超额存款准备金（ER）；货币供应量由通货和银行存款（D）组成。

因此，

$$K = \frac{C + D}{C + RR + ER} = \frac{\frac{C}{D} + 1}{\frac{C}{D} + \frac{RR}{D} + \frac{ER}{D}} \tag{2.2}$$

其中，$\frac{C}{D}$为通货与存款比率（即现金持有率），$\frac{RR}{D}$为法定存款准备金率，$\frac{ER}{D}$为超额存款准备金率，令$\frac{C}{D} = c$，$\frac{RR}{D} = r_r$，$\frac{ER}{D} = r_e$，

则货币乘数公式（2.2）可改写为：

$$K = \frac{c + 1}{c + r_r + r_e} \tag{2.3}$$

定向降准政策出台后，政策优惠范围内的商业银行法定存款准备金率

r_r 降低，假设商业银行不改变其超额存款准备金率以及现金持有比例，那么商业银行货币乘数 K 将提高。货币乘数表示可以引出多少倍数于自身基础货币的货币供应量，因此货币乘数提高增加货币供应量，反映在银行信贷特征上即可贷资金数量增加，信贷规模扩大。由此提出如下命题：

命题 2.1：定向降准政策实施之后，银行可贷资金数量增加，信贷规模得以扩张。

2.3.3 定向降准政策影响商业银行信贷结构的理论模型①

定向降准政策是央行定向调控金融机构流动性和经营状况，改变金融机构信贷行为的手段。央行向支持产业结构调整的商业银行设置更低的存款准备金率，降低定向范围内的商业银行经营成本，使信贷结构改善的外部性内部化，从而改变银行信贷决策行为，包括银行信贷结构和银行信贷规模。

定向降准政策的主要扶持对象是“三农”和小微企业。“三农”指的是农户、农村以及农业。农业是投资大、周期长、收益小的行业，其生产极其容易受到自然因素影响，并有突出的季节性特点，而对大多数农户来说，其收入主要来源于生产的农产品，受行业特点影响，农户的收入较低且受外部因素影响较大，偿债能力较弱，存在较大的信用违约风险。此外，“三农”贷款的抵押物大多为价值较低的固定资产，比如农耕工具、农村的房屋等，缺乏愿意为其提供信用担保的中介机构。因此，商业银行对“三农”贷款需求抱有谨慎态度，贷款风险较高的“三农”和小微企业从商业银行处获得贷款受阻。

定向降准政策的出台旨在解决这一问题。该政策利用商业银行的信贷渠道，引导资金流向“三农”，缓解其贷款难的问题，故政策的优惠对象是提供给“三农”或者小微企业的贷款数量达到要求的商业银行。因此，若政策精准落地，可引导商业银行调整信贷投放结构，主动将资金提供给政策扶持企业和产业，减少对产能过剩行业的资金支持。

---

① 本节核心观点发表于《财政研究》2016 年第 8 期。

然而，定向降准政策作为优惠政策仅起到引导资金流向作用，并不具有强制性，商业银行仍然有权自主选择信贷对象，决定信贷资源的配置方向。根据农业信贷配给理论，由于农业企业的生产与经营存在着较高的风险，在信息不对称的情况下，银行不愿意通过提高利率弥补农业信贷市场的超额需求，而采取非利率的手段来限制农业信贷需求，由此产生了农业信贷配给（Feder et al.，1990），因此定向降准政策能否扭转此现象调整银行信贷结构有待论证。本书在柯佩琪和万萌斯（Kopecky and VanHoose，2004）模型的基础上将贷款分为农业信贷与非农信贷，考察定向降准政策对农业贷款比例的影响，从而论证定向降准政策对信贷结构的传导机理。

克亚平和斯特恩研究发现，当调整存款准备金率时，货币渠道难以发挥作用，债券利率变化不大，货币政策主要通过影响信贷渠道发挥作用，因此银行信贷结构的变化在定向降准政策中发挥了重要的作用（Kashyap and Stein，1994）。商业银行的资产由如下的三元结构组成：

$$A = G + L + R \tag{2.4}$$

其中 G 为政府债券，L 为银行贷款总额，R 为法定存款准备金。商业银行的资金来源包括银行存款 D 与银行资本 C。定向降准不会影响商业银行的资金来源总量，只会影响银行的资产结构。根据资产负债会计等式得出如下等式：

$$D + C = G + L + R = A \tag{2.5}$$

因此：

$$L = A - R - G \tag{2.6}$$

银行贷款L的投向分为农业信贷 L_a 与非农信贷 L_b。其中农业信贷 L_a 占信贷总量 L 的比例为 β，非农业信贷 L_b 占信贷总量 L 的比例为 $1-\beta$。假设 F 为法定存款准备金率，P 为银行获得定向降准的概率，T 为定向降准的幅度，$0 \leqslant P \leqslant 1$，$0 \leqslant T < F$。中央银行根据商业银行农业信贷余额占全部贷款比例以及新增农业信贷占全部新增贷款的比例是否达标决定是否降低其存款准备金率。商业银行获得定向降准的概率（P）是农业信贷占资产的比例（β）的增函数，假设 $P = k\beta$，其中 k 为常数。β 越大，银行获得定向降准的可能性越大，即 $k = f'(\beta) > 0$。因此银行的法定存款准备金可表示为如下等式：

$$R = (1-P)FD + P(F-T)D = D(F - P \times T) = D(F - k\beta \times T) \tag{2.7}$$

将上述等式代入式（2.6），推出银行的可贷资产，用公式表示为：

$$L = A - D(F - k\beta \times T) - G \tag{2.8}$$

$$\frac{\partial L}{\partial T} = Dk\left(\beta + T\frac{\partial \beta}{\partial T}\right) \tag{2.9}$$

假设农业企业的投资收益为 R_a，抵押物的价值为 C_a，违约的概率为 θ_a，贷款利率为 r_a；非农业企业的投资收益为 R_b，抵押物的价值为 C_b，违约的概率为 θ_b，贷款利率为 r_b。当银行贷款给农业企业时，预期收益是：

$$ER_a = \theta_a(R_a + C_a) + (1 - \theta_a)\beta L(1 + r_a) \tag{2.10}$$

当银行贷款给非农业企业时，预期收益是：

$$ER_b = \theta_b(R_b + C_b) + (1 - \theta_b)(1 - \beta)L(1 + r_b) \tag{2.11}$$

为了证明命题，参考以往学者研究（Kopecky and VanHoose，2004）并结合本书特色，做出如下假定：

（1）商业银行是理性的经济人，其追求自身利润最大化。

（2）中央银行不支付准备金利息，商业银行持有的政府债券流动性很强，因此商业银行超额存款准备金为 0。

（3）定向降准政策只影响银行信贷资源的分配比例，不影响银行债券投资决策，也不影响银行资金的来源，因此 G、D、C 都是常数。

（4）本书关注的重点是定向降准的银行贷款渠道，调整存款准备金率只影响银行资金的流动性，没有直接影响借款者的资金成本（Kashyap and Stein，1994；Ma et al.，2013），因此我们假设借款利率 r_a 和 r_b 在模型中是常数。

根据上述假设，商业银行利润最大化的目标函数与约束条件为：

$$\max_{\beta}\pi = \theta_a(R_a + C_a) + (1 - \theta_a)\beta L(1 + r_a) + \theta_b(R_b + C_b) + (1 - \theta_b)(1 - \beta)L(1 + r_b) \tag{2.12}$$

$$\text{s.t. } L = A - D(F - k\beta \times T) - G \tag{2.13}$$

由于本书主要研究定向降准政策对银行信贷结构的影响，根据约束条件得出，银行信贷投放 L 是信贷结构 β 的函数。将约束条件代入目标函数，得到目标函数 π 为 β 的函数。商业银行选择最优的农业信贷比例的一阶条件为：

$$\frac{\partial\pi}{\partial\beta}=(1-\theta_a)(1+r_a)[L+\beta DTk]+(1-\theta_b)(1+r_b)[-L+(1-\beta)DTk]=0 \tag{2.14}$$

由此得到商业银行最优的农业信贷比例β^*应满足下式：

$$\beta^*=\frac{(r_b+1)(\theta_b-1)}{2[(1-\theta_a)(1+r_a)+(\theta_b-1)(1+r_b)]}-\frac{A-DF-G}{2DkT} \tag{2.15}$$

对β进行比较静态分析，将其对定向降准的政策强度T求偏导：

$$\frac{\partial\beta^*}{\partial T}=\frac{A-DF-G}{2kDT^2}>0 \tag{2.16}$$

这表明定向降准的强度越大，银行的农业信贷结构比例越高。因此从定向降准的理论传导机理上看，定向降准政策强度越强，其对银行的激励作用越大，商业银行的农业信贷比例也随之提升。由此推导出如下命题：

命题2.2：定向降准政策实施后银行信贷结构有所改变，农业信贷比例有所提高，农业企业获得了更多的信贷资源分配。

第3章 基于银行层面的定向降准政策调控效果研究*

3.1 引言

在我国金融市场中，银行贷款是居民和企事业单位最主要的融资方式，商业银行一直处于主导地位，承担着资金融通等资本配置的重要功能，对整个经济体系健康发展发挥着重要作用。从货币政策工具具体实践来看，存款准备金制度通过货币当局向商业银行投放基础货币的方式为整个社会提供流动性，而商业银行则主要通过信贷供给将流动性释放到非金融部门。换言之，存款准备金政策要达到央行预期效果，商业银行的作用举足轻重，其信贷行为起到了直接影响。

定向降准政策作为传统存款准备金政策的创新，银行信贷渠道无疑是其重要的传导渠道。定向降准通过影响货币乘数进而影响银行流动性资金数量，货币乘数是货币供给量与基础货币的比值，基础货币由通货和存款准备金构成，其中，存款准备金包括法定存款准备金和超额存款准备金，货币供应量由通货和银行存款组成。定向降准后，政策优惠范围内的商业银行法定存款准备金率降低，假设商业银行不改变其超额存款准备金率以及现金持有比例，商业银行货币乘数将提高。货币乘数表示可以引出多少

* 本章核心观点发表于《中国经济问题》2019 年第 1 期。

倍数于自身基础货币的货币供应量，因此货币乘数提高增加货币供应量，反映在商业银行信贷上即银行流动性资金数量增加，信贷规模扩大。根据信贷渠道理论，商业银行更多的流动性资金将激发其更高的贷款意愿（Bernanke and Blinder，1992）。

长期以来，商业银行对农业和小微企业的贷款需求抱有谨慎态度，定向降准政策是央行定向调控金融机构流动性，改变金融机构信贷行为的手段，通过对支持产业结构调整的商业银行设置更低的存款准备金率，降低定向范围内的商业银行经营成本，使得信贷结构改善的外部性内部化。定向降准政策试图改变银行信贷决策行为、打破银行信贷偏好，鼓励其向农业和小微企业提供更多信贷资金，缓解信贷约束。理论上，定向降准政策的“支农”“支小”目标会引导商业银行将获得的流动性释放到农业和小微企业上。然而，定向降准政策作为优惠政策仅起到引导作用，并不具有强制性，商业银行仍然有权自主选择信贷对象，基于理性经济人假设，商业银行信贷结构选择仍取决于经营利润是否最大化，在考虑政策优惠的同时，还要权衡信贷风险和经营的安全性、盈利性、流动性。由此，在实现扶持农业和小微企业的定向降准政策目标过程中，仍然有可能出现以下两个违背央行政策初衷的结果：一是商业银行无视央行定向降准的优惠条件，基于银行经营的现实情况，维持原有信贷结构；二是将定向降准释放的流动性注入收益更高或者更优质的行业和企业。无论哪一个结果，定向降准政策实施效果都将大打折扣。故此，商业银行在定向降准政策实施过程中扮演着极其重要的媒介角色，其行为选择直接决定了政策“支农”“支小”目标能否顺利达成。

在新古典经济学的完全竞争理论中，研究商业银行行为决策时假设银行是同质的，不存在个体特征差异，货币政策信贷传导结果在所有商业银行中无异。然而，随着研究的深入，有学者发现新古典理论同质性假设与现实不符，喀什雅（Kashyap et al.，1996）基于银行微观视角研究不同银行应对货币政策信贷反应差异而造成对经济的影响，将货币政策信贷传导机制的研究上升到了一个新层面。随后，越来越多学者论证了不同个体特征商业银行对货币政策冲击的反应具有显著的异质性（魏巍等，2016；Juurikkala et al.，2011；Kishan and Opiela，2006；冯科等，2011；宋玉颖等，2013）。尤其是在当前经济条件下，商业银行经营越发多元化，盈利能力、流动性、资本状况等各方面均有着不同的特点，这种个体差异必然深刻影响货币政策的信贷传导效果。那么，拥有不同个体特征的商业银行对定向降准政策的反应是否存在差异有待深入研究。

综上所述，本章基于商业银行视角，通过研究定向降准实施后，商业银行的农业和小微企业信贷变化，探讨定向降准政策的信贷资金引导效应，并考察银行间个体差异是否影响政策的信贷资金引导效果。以期通过定向降准政策实施效果的现实证据，为应对复杂经济新形势，完成经济新常态战略目标，更好地发挥定向降准政策作用提供重要的对策建议。

3.2 理论分析和研究假说

由于存在信贷配给，市场中将出现以下两种情况使部分借款主体面临贷款难困境：一是借款者无法在现有政策制度下顺利获得贷款，商业银行通过非利率的贷款条件对借款者的财务结构、经营规模以及企业特性等方面进行约束；二是不同企业在相同政策下申请贷款时，只有部分申请贷款企业和微观经济主体能够获得贷款，即信贷供给小于信贷需求，出现“麦克米伦缺口”。同时，基于银行经营的三性原则（安全性、流动性和盈利性），商业银行对借款者存在偏好，为降低银行经营的流动性风险以及不良贷款率，商业银行更倾向于将贷款提供给安全性更高的大企业和盈利能力更强的行业，减少对经营风险较大、偿债能力较弱、不符合信贷资信评判标准的企业和产业信贷额度。农业是投资大、周期长、收益小的行业，其生产极其容易受到自然因素影响，有突出的季节性特点，此外，农业贷款的抵押物大多为价值较低的固定资产，比如农耕工具、农村的房屋等，且缺乏愿意为其提供信用担保的中介机构。小微企业由于规模小，缺乏优质的现金流和可用于抵押的固定资产，且大多数小微企业易受到市场环境以及国家经济政策等的影响，抵御风险能力较弱，企业持续经营周期难以预料。故此，贷款风险较高、盈利能力较弱的农业和小微企业从商业银行处获得贷款时往往受阻。定向降准政策的出台旨在解决这一问题，该政策利用商业银行的信贷渠道，引导银行资金流向农业和小微企业。若政策精准落地，实现其预期定向释放流动性的目的，商业银行将调整信贷投放结构，主动将资金提供给政策扶持企业和产业，减少对产能过剩行业的资金支持。据此，推出如下假说：

假说3.1：定向降准政策颁布后，商业银行为获得定向降准政策优惠，会重新分配信贷资金，增加农业或者小微企业贷款，定向降准政策对银行信贷资金具有引导效应。

根据资产配置理论，投资者受到风险偏好、有限理性、利益需求、投资目标等因素的影响，会将财富分配在不同的资产上，从而降低风险，获得理想回报。对银行来说，贷款是银行的资产，当政策环境或外在因素产生变化时，银行会综合考虑自身经营状况及投资项目的收益与风险，做出相应调整，以达到资产配置最优状态。商业银行间的经营差异和个体特征差异，使得他们在应对货币政策的外部冲击时，表现出不同反应和策略选择。

从银行类型来看，各类商业银行在经营管理模式、资产状况、规模大小以及服务定位等方面存在差异，具有明显的异质性特征。比如，农村商业银行成立的初衷是服务“三农”，对农村地区以及农村提供金融服务，具有“支农”义务；城市商业银行普遍规模较小、资产质量较差、经营依赖于地方政府以及监管当局政策支持（王寅，2014）。对于农村商业银行而言，其服务对象与定向降准政策扶持小微和“三农”的最终作用目标有一定重叠，因此政策颁布后，较之其他类型商业银行，农村商业银行无须大幅调整其主要贷款对象，由于边际效用递减，定向降准政策给农村商业银行的激励效用可能大打折扣；对城市商业银行而言，定向降准属于优惠政策，释放的流动性可以抵消部分城市商业银行的经营风险，由此定向降准政策更容易对城市商业银行信贷产生影响，激励其达到政策要求，获得政策优惠；大型商业银行“大而不倒”的特征使其有足够的能力抵御信贷风险（陆静等，2014；宋光辉等，2016），迎合定向降准政策要求；而对于外资银行来说，中国货币政策的冲击作用只是一小部分，其经营策略更多地受到母银行历史背景、社会文化、监管制度以及经济形势的影响（刘立安等，2010）。

信贷资金流向取决于商业银行信贷决策，而银行的信贷决策受到内部和外部两方面因素影响，定向降准货币政策属于外部冲击。然而，在供给侧结构性改革和利率市场化的行进过程中，商业银行面临的经营环境更加复杂，内部因素在信贷风险防范过程中的作用更为凸显（王蕾等，2019）。因此，银行内部控制质量（比如不良贷款率）成为其在信贷决策过程中要考虑的必要信息。中国经济下行压力下，商业银行不良贷款与不良贷款率出现了“双升”，不良贷款率情况体现了商业银行信贷质量，信贷质量下迁给商业银行经营带来考验。银行的信贷资源配置总体而言更倾向于商业行为而非政府行为（孙亮等，2011），商业银行作为理性经济人，从定向降准政策中获得央行流动性资金优惠的决策并不具有必要性，因信贷质量较差的农业贷款而引发的新增违约风险才是银行安全经营要考虑的重点。因此，不良贷款率较低的银行可能会为了从定向降准政策中获利，同时树立良好的形象，遵循政策引导，向农业等政策扶持企业提供更多信贷支持；而对于本身不良贷款率已经很高的银行而言，理性的商业银行基于经营的安全性，对质量较低的农业等贷款对象仍然存在相机选择，抱有谨慎态度。

根据预期收入理论，商业银行为保持经营的安全性、流动性和盈利性，借款对象未来收入的可预期性尤为重要，但农产品价格的剧烈波动和农业的低收入，给农业企业预期收入带来了不可预测性，理论上避免过多的信贷资金流向农业等较高风险行业是商业银行的理性选择。但是，银行上市实现了资产规模增大和管理水平提升，从另一方面加强了其抗风险能力和经营的稳定性；与此同时，银行上市还带来了股权结构的优化，使其拥有更强的融资能力，这一能力能够有效支持银行信贷扩张。对于信贷质量较差的农业，上市银行拥有的多元化业务结构和风险管理能力，使其能够更加自如地抵御农业信贷带来的风险。据此，提出如下假说：

假说3.2：定向降准政策对大型商业银行和城市商业银行的信贷资金引导效应较强，而农村商业银行和外资银行对定向降准政策的敏感性较低。

假说3.3：定向降准政策颁布后，低不良贷款率的银行对农业信贷的扶持作用较显著，而高不良贷款率银行的支农效果十分有限。

假说3.4：面对定向降准的政策优惠，上市银行比非上市银行更有意愿参与支农。

3.3 研究设计

3.3.1 数据来源和样本选取

鉴于《中小企业划型标准规定》2011 年出台，2011 年前的小微贷款数据无法获得，加上农村商业银行①和城市商业银行季度数据存在大量缺失，本书采用 2011 ~ 2017 年度数据进行实证研究。其中，银行数据来自 wind 数据库以及手工搜集的银行年报，宏观经济数据来自 wind 数据库。

根据央行定向降准政策的调控对象，考虑到商业银行各变量数据的可得性和完整性，对样本银行的选取如下：（1）选取总样本中具有农业贷款信息披露的 206 家商业银行作为样本一，研究定向降准政策对农业②贷款的影响；（2）选取总样本中具有小微企业贷款信息披露的 30 家商业银行作为样本二，研究定向降准政策对小微企业贷款的影响，尽管在商业银行中小微企业信贷对定向降准政策敏感性的研究中样本数量较少，但这 30 家银行资产总额占我国银行业全部资产规模超过 60%，所经营的业务也基本上涵盖了中国商业银行可以经营的所有业务，已有样本基本能够反映我国商业银行对定向降准政策反应的整体情况。

3.3.2 模型构建和变量定义

分别以农业企业贷款（*LA*）和小微企业贷款（*LS*）为被解释变量，构建实证模型如下：

$$LA_{i,t} = \alpha_0 + \alpha_1 TEA + \gamma CV_{i,t} + \varepsilon_{i,t} \tag{3.1}$$

$$LS_{i,t} = \alpha_0 + \alpha_1 TS + \gamma CV_{i,t} + \varepsilon_{i,t} \tag{3.2}$$

---

① 本书中农村商业银行均为非县域农村商业银行。

② 本书中的农业为：农、林、牧、渔业。

由于定向降准政策类型主要有支农与惠小两种类型，将两类政策变量分开研究定向降准货币政策对农业与小微贷款的影响，有助于区分定向降准的支农与惠小功效。模型（3.1）中的0－1虚拟变量 *TEA* 表示是否针对农业定向下调存款准备金率，当期有下调取1，否则取0；同理，模型（3.2）中的0－1虚拟变量 *TS* 表示是否针对小微企业定向下调存款准备金率，当期有下调取1，否则取0。

银行信贷规模不仅受到货币政策影响，还受到微观经济因素的影响，因此，本书对控制变量的选取考虑以下两方面：一方面，从商业银行经营的“三性”原则出发，参考宋光辉等（2016），选取资产利润率、存贷比以及不良贷款率分别代表银行经营的盈利性、流动性和安全性作为衡量微观个体经济因素的指标；另一方面，考虑到货币政策包括总量性货币政策（用于调节经济总量，即传统的货币政策，包括法定存款准备金率、存贷款基准利率、再贴现利率、公开市场操作等）和定向调控类货币政策（用于调整经济结构），本书研究的定向降准就属于后者，因而参考林朝颖等（2016），将总量性货币政策变量定义为（M2增长率－GDP增长率－CPI增长率）作为控制变量纳入实证模型。实证模型中，i 表示第 i 家银行，t 表示处于第 t 年，*CV* 表示控制变量，ε 表示随机误差项。上述实证模型中各变量定义见表3－1。

表3－1　　主要变量定义

变量类型	变量名称	符号	变量定义
被解释变量	农业贷款余额	*LA*	ln（第 t 年农业贷款余额）
	小微企业贷款余额	*LS*	ln（第 t 年小微企业贷款余额）
解释变量	针对农业定向降准	*TEA*	当期针对农业定向下调存款准备金率取1，否则取0
	针对小微定向降准	*TS*	当期针对小微企业定向下调存款准备金率取1，否则取0
控制变量	资产利润率	*ROA*	净利润/[（年末资产总额＋年初资产总额）/2]
	存贷款比率	*LDR*	贷款总额/存款总额×100%
	不良贷款率	*NPL*	不良贷款余额/各项贷款余额×100%
	总量性货币政策	*MP*	M2增长率－GDP增长率－CPI增长率

3.3.3 变量描述性统计

分别对定向降准首次颁布前后商业银行的各特征变量和宏观经济变量 *MP* 进行描述性统计，具体结果如表 3－2 和表 3－3 所示。通过对样本均值的简单比较来看，定向降准货币政策推出之后，206 家银行的平均农业贷款增速增长了 3.65%；30 家银行小微企业贷款增速比政策颁布前增长了 2.67%①。从最小值和最大值来看，定向降准政策实施后，小微企业贷款和农业贷款的数量均略微大于定向降准之前。变量描述性统计结果说明定向降准政策在一定程度上能够引导银行信贷资金的流向，达到扶持农业和缓解小微企业贷款难问题的预期政策目标。但是，这些结果是在没有控制其他变量的情况下得出的，因此还要通过计量模型对定向降准政策的实施效果进行进一步检验。

表 3－2　定向降准前后样本一主要变量描述性统计结果（农业贷款）

变量	定向降准政策首次颁布之前（2011～2013 年）				定向降准政策首次颁布之后（2014～2017 年）			
	均值	标准差	最小值	最大值	均值	标准差	最小值	最大值
LA	8.6417	1.8083	2.9957	21.8467	8.9757	1.7164	2.0794	22.1879
ROA	0.0116	0.0044	0.0004	0.0286	0.0094	0.0053	0.0001	0.0422
LDR	62.8087	10.7303	27.4983	88.5688	65.2274	15.3208	25.395	250.636
NPL	1.1513	0.8714	0.0300	4.9800	1.7016	1.0212	0.0500	9.6400
MP	5.8094	2.4242	2.0671	8.5565	4.5500	1.9944	1.5622	6.9882

表 3－3　定向降准前后样本二主要变量描述性统计结果（小微企业贷款）

变量	定向降准政策首次颁布之前（2011～2013 年）				定向降准政策首次颁布之后（2014～2017 年）			
	均值	标准差	最小值	最大值	均值	标准差	最小值	最大值
LS	13.7325	1.5249	11.112	16.7439	14.0997	1.3834	11.5898	16.9154

① （8.9757 － 8.6417）/8.6417 × 100% ＝ 3.65%；（14.0997 － 13.7325）/13.7325 × 100% ＝ 2.67%。

续表

变量	定向降准政策首次颁布之前（2011～2013年）				定向降准政策首次颁布之后（2014～2017年）			
	均值	标准差	最小值	最大值	均值	标准差	最小值	最大值
ROA	0.0120	0.0028	0.0066	0.0206	0.0095	0.0024	0.0034	0.0160
LDR	65.9909	7.4970	41.4208	79.1664	67.1885	12.7512	30.4357	94.5387
NPL	0.9310	0.3778	0.2400	2.3900	1.4019	0.3637	0.5500	2.4700
MP	5.8621	2.3921	2.0671	8.5565	4.7054	1.9692	1.5622	6.9882

3.4 实证研究结果分析

3.4.1 定向降准政策对银行信贷资金的引导效应检验

为检验定向降准政策出台是否能够鼓励商业银行放松对农业和小微企业的信贷配给，增加对其信贷投放规模，发挥资金引导功能，经 Hausman 检验，拒绝了横截面的混合回归和面板模型下的随机效应回归，采用面板模型下的固定效应①回归将样本数据代入实证模型（3.1）和模型（3.2），回归结果如表3-4所示。结果显示，定向降准后，商业银行小微企业贷款规模和农业贷款规模都有显著提高，针对农业和小微企业的定向降准政策变量系数分别为5.6447和12.0560，且结果具有显著性，说明商业银行为达到定向降准政策信贷结构要求，获得政策优惠，在定向降准货币政策出台后，银行会重新分配信贷资金，增加农业和小微企业贷款，即定向降准政策能够有效促进商业银行增加对农业和小微企业的信贷投放规模，政策的引导效应显著，论证了研究假说3.1。

① 以下回归均采用固定效应模型。

表 3-4　　定向降准政策对银行信贷资金的引导效应检验

变量	(1) LA	(3) LS
TEA	5.6447 ** (2.1158)	
TS		12.0560 *** (10.7671)
ROA	29.9364 (1.3651)	-12.5980 (-1.0111)
LDR	0.0015 (0.4353)	-0.0020 (-0.3655)
NPL	0.0060 (0.0985)	-0.1351 (-1.6841)
MP	-1.0605 ** (-2.1649)	-2.2742 *** (-10.7895)
年度效应	Yes	Yes
银行固定效应	Yes	Yes
_cons	10.4465 *** (12.9699)	18.4199 *** (31.7176)
观测值	736	158
adj. R^2	0.056	0.731

注：***、**、* 分别表示在 1%、5%、10% 的水平下显著，系数括号内的值为 t 值。

3.4.2　定向降准政策对不同银行农业信贷资金引导的异质性检验

在论证了定向降准货币政策引导商业银行资金流向政策支持行业的基础上，本章进一步基于银行类型、上市状态以及信贷质量差异，探讨定向降准政策对农业信贷的资金引导效应是否存在异质性（非对称效应）。

（1）基于银行类型的异质性检验。将样本按银行类型划分为大型商业银行①、城市商业银行、农业商业银行和外资银行四个子样本，检验

① 由于大型国有商业银行中披露农业贷款的银行仅有一家，不具有面板回归的基础条件，因此将其余股份制银行合并作为一个子样本。

定向降准政策对不同类型商业银行农业信贷资金的引导效应。估计结果如表3－5所示，大型商业银行、城市商业银行、农业商业银行和外资银行四个子样本的定向降准政策（TEA）系数分别为29.7998、1.1086、12.2156和－11.2539，其中仅大型商业银行和城市商业银行样本的政策变量系数具有显著性，从组间差异Suest检验P值结果来看，各子样本间的系数差异具有统计意义上的显著性。回归结果说明，定向降准政策对农业信贷投放的引导作用仅对大型商业银行和城市商业银行有效，农村商业银行和外资银行并不会因为政策的出台调整自己在农业上的贷款，该结果符合研究假说3.2。

表3－5　　定向降准政策对银行农业信贷资金的引导效应检验
（基于银行类型的异质性检验）

变量	(1) LA 大型商业银行	(2) LA 农村商业银行	(3) LA 城市商业银行	(4) LA 外资银行
TEA	29.7998** (2.9826)	1.1086 (0.4733)	12.2156*** (3.0524)	－11.2539 (－1.3107)
ROA	137.8848 (1.0384)	9.7393 (0.6980)	50.8111 (0.9585)	－275.2134 (－1.6343)
LDR	－0.0108 (－0.6233)	0.0163** (2.1797)	0.0004 (0.1167)	0.0369 (1.5593)
NPL	－0.8997 (－1.1549)	0.0468 (0.7087)	－0.3288 (－1.6619)	－0.4622 (－0.6880)
MP	－5.5875** (－2.9577)	－0.1897 (－0.4284)	－2.3109*** (－3.1869)	2.0034 (1.2667)
年度效应	Yes	Yes	Yes	Yes
银行固定效应	Yes	Yes	Yes	Yes
_cons	21.4803*** (4.5262)	8.0691*** (9.6576)	12.9318*** (9.5397)	2.2620 (0.6202)
Suest检验P值	组（1）versus组（2）		0.0009***	
	组（1）versus组（3）		0.0564*	
	组（1）versus组（4）		0.0002***	
	组（2）versus组（3）		0.0149**	

续表

变量	(1) LA 大型商业银行	(2) LA 农村商业银行	(3) LA 城市商业银行	(4) LA 外资银行
Suest 检验 P 值	组(2) versus 组(4)		0.0958*	
	组(3) versus 组(4)		0.0037***	
观测值	43	321	337	35
adj. R^2	0.546	0.012	0.138	0.387

注：***、**、*分别表示在1%、5%、10%的水平下显著，系数括号内的值为 t 值。

(2) 基于银行信贷质量的异质性检验。不良贷款是银行的非期望产出，是逾期贷款、呆滞贷款和呆账贷款的总称，一家银行的不良贷款年率决定了银行的经济效率，是银行质量的直接体现。因此，以样本银行不良贷款率（NPL）的中位数为界，将样本一根据不良贷款率进行分组，将当年不良贷款率大于等于样本当年不良贷款率中位数的商业银行，归为高不良贷款率组；当年不良贷款率小于样本当年不良贷款率中位数的商业银行，归为不良贷款率组。不良贷款率越高银行信贷质量越差，换言之，高不良贷款率组即低银行信贷质量组，低不良贷款率组即高银行信贷质量组。分组回归结果如表3－6所示，低不良贷款率样本组的定向降准政策系数为13.4520，且估计结果在1%的水平下显著，而高不良贷款率组样本的政策系数仅为2.2942，且估计结果不具有显著性组间差异 Suest 检验 P 值表明，基于银行信贷质量的分组具有统计意义上的显著性。估计结果说明，定向降准货币政策颁布后，不良贷款率低的商业银行会增加对农业信贷的投入，而对于不良贷款率高的商业银行，仍然对农业信贷抱有谨慎态度，即定向降准政策对银行农业信贷资金引导效应在不良贷款率低的商业银行中表现得更为强烈，这与假说3.3相符。

表3－6　定向降准政策对银行农业信贷资金的引导效应检验

（基于银行信贷质量的异质性检验）

变量	(1) 低不良贷款率	(2) 高不良贷款率
TEA	13.4520*** (3.8521)	2.2942 (0.8699)

续表

变量	(1) 低不良贷款率	(2) 高不良贷款率
ROA	44.0308 (1.0710)	−19.2173 (−0.9543)
LDR	−0.0035 (−0.3523)	0.0056 ** (2.3821)
NPL	−0.8126 (−1.5387)	−0.0463 (−0.7361)
MP	−2.4974 *** (−3.8154)	−0.4269 (−0.8588)
年度效应	Yes	Yes
银行固定效应	Yes	Yes
_cons	13.7606 *** (10.6474)	9.6750 *** (12.1625)
Suest 检验 P 值	0.0103 **	
观测值	370	366
adj. R^2	0.107	0.031

注：***、**、*分别表示在1%、5%、10%的水平下显著，系数括号内的值为 t 统计量。

（3）基于银行上市状态的异质性检验。将商业银行按照上市银行和非上市银行进行分组回归，回归结果见表 3 − 7。结果显示，针对农业贷款，非上市银行的定向降准政策变量系数为 5.0848，上市银行的定向降准政策变量系数为 20.2794，组间差异 Suest 检验的 P 值为 0.0003，系数差异具有统计上的显著性。说明无论商业银行上市与否，定向降准政策颁布后，它们都会增加农业信贷投放规模，较于非上市银行，上市银行农业信贷投放规模对定向降准政策更为敏感。面对定向降准的政策优惠，上市银行比非上市银行更有意愿参与支农的假说得证（假说 3.4）。

表 3 − 7　定向降准政策对银行农业信贷资金的引导效应检验

（基于银行上市状态的异质性检验）

变量	(1) 非上市银行	(2) 上市银行
TEA	5.0848 * (1.7551)	20.2794 *** (6.0010)

续表

变量	(1) 非上市银行	(2) 上市银行
ROA	23.0748 (1.0000)	160.2001 (1.3807)
LDR	0.0019 (0.5365)	-0.0112 (-0.8715)
NPL	-0.0236 (-0.4058)	-0.0039 (-0.0099)
MP	-0.9627* (-1.8096)	-3.7961*** (-6.0697)
年度效应	Yes	Yes
银行固定效应	Yes	Yes
_cons	10.2298*** (12.0531)	16.4311*** (15.5446)
Suest 检验 P 值	0.0003***	
观测值	670	66
adj. R^2	0.053	0.699

注：***、**、*分别表示在1%、5%、10%的水平下显著，系数括号内的值为 *t* 值。

3.4.3 稳健性检验

由于模型设定的偏误可能会引起实证结果的偏差，为避免控制变量的多选或少选引起实证结果的偶然性，本书参考（彭方平等，2010）的方法，分别从模型中去掉一个控制变量对模型进行稳健性检验，结果如表3-8所示。检验结果显示无论去掉哪个变量，均不会降低定向降准政策变量的显著性，且系数间的大小关系也与上述基本一致，本书研究结论依然成立。

表3-8　　稳健性检验

模型		样本	变量	去掉 *ROA*	去掉 *LDR*	去掉 *NPL*
基础回归	模型(3.1)	样本一	*TEA*	4.9332* (1.6655)	5.6744** (2.0995)	6.7387** (2.4207)
	模型(3.2)	样本二	*TS*	12.3631*** (11.4226)	11.9685*** (10.2258)	11.4712*** (10.2800)

续表

模型		样本	变量	去掉 *ROA*	去掉 *LDR*	去掉 *NPL*
银行类型的异质性检验	模型(3.1)	大型商业银行	*TEA*	25.6928 ** (2.4557)	30.8073 ** (3.0661)	19.6636 *** (3.5941)
		农村商业银行		0.8046 (0.3752)	1.1491 (0.4836)	0.5798 (0.2082)
		城市商业银行		11.6002 *** (2.6453)	12.2107 *** (3.0656)	12.2589 *** (2.8136)
		外资银行		-7.3845 (-0.8989)	-7.3470 (-1.2470)	2.3779 (0.3328)
基于银行信贷质量的异质性检验	模型(3.1)	低不良贷款率	*TEA*	12.8333 *** (3.5890)	13.5886 *** (3.9047)	7.3338 (1.3138)
		高不良贷款率		3.1246 (1.4384)	2.5807 (0.9695)	2.6432 (0.8177)
基于银行上市状态的异质性检验	模型(3.1)	非上市银行	*TEA*	4.5136 (1.3990)	5.1125 * (1.7449)	6.1640 ** (2.0305)
		上市银行		15.1323 *** (4.6595)	21.3985 *** (5.7237)	20.2572 *** (4.8240)

注：***、**、*分别表示在1%、5%、10%的水平下显著，系数括号内的值为稳健性标准误。

3.5 结论与建议

定向降准货币政策是“新常态”下央行对货币政策的创新，以调整经济结构为目标，其政策意图在于将流动性精准释放到农业等存在信贷配给但对助力脱贫攻坚和实体经济发展等国家战略至关重要的行业。本书以银行作为研究对象，采用固定效应模型进行实证分析，通过对定向降准政策银行信贷资金引导效应的检验考察其实施效果。结果发现：定向降准政策具有信贷资金引导效应，能刺激商业银行将信贷资金转向农业和小微企业，但是该引导效应存在基于银行类型、上市状态和信贷质量的异质性。特别地，对于农业信贷，大型商业银行和城市商业银行会受到政策影响，增加农业贷款投放规模，而非县域农村商业银行和外资银行并不会因为定向降准政策而调整农业信贷规模；商业银行信贷质量较差，不良贷款率较高时，支农意愿较弱，与之相反的是，低不良贷款率的银行对农业信贷扶持作用显著；政策对上市银行的农业信贷引导作用明显强于非上市银行。

根据以上结论，本书提出以下政策建议：

第一，灵活适度运用定向降准政策。定向降准政策的特点是精准度高和副作用小，因此，不宜长期实施，否则与传统货币政策的“大水漫灌”无异。但鉴于定向降准政策的银行信贷资金引导功能，在银行信贷流动性整体偏紧的情况下，可适当运用定向降准政策向商业银行注入流动性，通过信贷投向的引导作用，强化对农业等特定领域的财政金融支持力度，缓解农业和小微企业融资需求被银行排挤的现象，改善经济发展中的不平衡局面。与此同时，由于不同类型商业银行对定向降准政策的反应大相径庭，可进一步对不同类型银行采取差异化的定向调控措施，充分考虑银行间类型差异可能对政策传导带来的阻碍，加强政策信贷传导效果，使政策推行更加行之有效。

第二，进一步完善农业信贷保险制度和贷款担保制度。尽管定向降准对商业银行农业信贷普遍具有引导作用，但该引导效果对非上市银行微乎其微，对不良贷款率高的商业银行更是失效。可见，面对风险较高、质量较差的贷款对象，商业银行趋利避险的本能，无法轻易扭转本就累积了大量不良贷款、运营风险较高的商业银行的信贷偏好，对于农业主体的贷款需求仍然需要审慎评估。缺乏合格的担保和信贷抵押物一直是农业主体融资路上的拦路虎，因此，政府部门应大力支持发展政策性融资担保和再担保机构，尽快设立国家融资担保基金，对农业融资发展予以支持，优化农业风险保障服务，建立起与涉农贷款相适应的担保、风险处理机制，帮助小银行和抵御风险能力较差的银行建立农业信贷的信心，与定向降准政策协同配合，多管齐下，加强商业银行为农业提供金融服务的意愿。

第三，利用现代信息技术手段增加银行与信贷主体间的信息透明度。信息不对称往往会引起道德风险和逆向选择，为避免这一情况发生，尽管政府推出定向降准政策，在货币政策层面对信贷资金进行引导，且并非所有农业主体都是资质较差的信贷对象，但农业信贷风险较高已成为既定事实，使得农业主体在部分商业银行处获得信贷支持仍然受阻。随着新一代信息技术的发展，可充分利用区块链公开透明、可追溯的技术特征，以及金融大数据、云计算等技术手段，与其他政府部门一同构建信息共享平台，改善商业银行与农业和小微主体间的信息不对称，从根源上进一步疏通定向降准政策的信贷传导渠道，加快破解农业和小微企业金融信贷难题。

第4章 定向降准政策对农业企业融资的影响研究

次贷危机之后，货币政策的操作风格发生改变，面临着流动性陷阱下传统货币政策难以有效发挥作用的难题，货币当局究竟该以何种方式提振经济避免衰退？美国、欧盟等诸多央行纷纷转变思路采取针对性的货币政策以解决信贷资源配置中的难题，我国人民银行也改变了货币政策调控的思路，在经济增长速度放缓的时期创新性地推出了定向降准政策，其目的在于定向激励“三农”、小微企业等重点与薄弱环节的信贷资源配置，以“微刺激”补短板调结构，为经济的高质量发展铺平道路。第3章研究表明定向降准政策对银行层面的信贷投放有显著的促进作用，但是由于银行只是金融中介，定向降准货币政策通过商业银行的传导仅仅是该政策传导的中介目标，而非最终对象。虽然多数信贷传导理论从银行或者宏观经济角度出发研究传统货币政策的调控功效，但是银行层面的数据不足以充分证明定向降准政策的实际效果，定向降准政策对实体经济最终是否发挥作用还取决于企业层面微观主体的配合。本书选取农业企业作为研究的主要对象，根据企业资金流动的顺序，依次分析定向降准政策对农业企业融资、投资、产出以及风险的影响，从而对定向降准政策在企业微观层面的调控功效加以全面评价。

根据信贷传导理论，利率、存款准备金率、公开市场操作等货币政策工具会影响银行信贷，进而影响企业的投融资决策，最后影响宏观经济的总消费与总产出（Mishkin，1995）。定向降准货币政策对目标企业的影响是从信贷融资开始的，本章立足于农业企业与非农企业的融资状况，研究定向降准政策对农业企业信贷资源配置、信贷融资质量、融资约束程度以及融资成本的影响，从而在融资层面评价定向降准的调控功效。

4.1 定向降准对农业企业信贷融资数量的影响研究①

农业的发展对于食品安全、创造就业机会等国民经济发展环节具有举足轻重的作用。农业的发展受制于农业贷款的可得性。由于农业部门生产的特殊性与农业部门存在的特有风险，农业企业通常难以获得投资所需的充足资金，这阻碍了农业的正常发展。在发展中国家，金融部门不够发达，农业的发展问题尤为严峻。根据 2019 年 9 月世界银行的报告②，截至 2050 年食品的需求将增长 70%，据此需求推算，每年农业的投资须增加 80 亿元以满足此食品增长率的需求。但是发展中国家金融部门对农业的信贷投入与农业的发展是不匹配的，难以满足农业发展的需求。为了刺激农业融资与投资的增长，世界各国的政府部门通过各种方式刺激农业发展，如提供农业补贴、农业贷款担保以及农业税收减免等方式促进农业生产。定向降准货币政策对农业贷款的效果如何？本节从企业层面研究定向降准货币政策对农业企业信贷融资数量的影响，论证定向降准政策释放的信贷资金是否定位精准地流向了农业企业，从而客观地评价定向降准货币政策实施的真实效果。

4.1.1 理论分析与假说提出

货币政策调控工具包括价格型与数量型两种。在传导渠道上，价格型工具主要通过资产负债表渠道发挥传导作用，数量型货币政策主要通过银行贷款渠道发挥作用（朱博文等，2013）。根据信贷渠道理论，准备金率的提高将限制银行的贷款能力，降低贷款供给，进而削减企业的投资支

① 本节内容发表于《经济管理》2020 年第 5 期。

② 世界银行，http：//www.worldbank.org/en/topic/financialsector/brief/agriculture – finance。

出。相反，央行降低存款准备金率将向银行注入更多的流动性，激发银行的信贷意愿，从而带动企业投资增长（Bernanke and Blinder，1992）。考虑了银行的避险偏好之后，宽松货币政策对银行的激励效应可能会削弱，特别是高风险与高代理成本的弱势企业（Nguyen and Boateng，2013）。定向降准的服务对象即坏账风险大的弱势群体，其银行贷款传导渠道是否通畅还取决于银行对目标企业的信贷配给状况能否改善。信贷配给是信息不对称情况下逆向选择与道德风险的自然产物。面对信贷市场的超额需求，银行提高利率会驱退低风险的借款者，留下高风险的借款者，影响信贷需求的质量，即逆向选择问题。提高利率也增加了借款者在获得贷款后选择高风险投资项目的动机，出现道德风险，此即激励效应问题。两种问题都会对银行的预期收益产生不利影响，因此，在信息不对称情况下，利率成为甄别借款者类型的方法，银行不愿意提高利率填补超额需求，而采取非利率的信贷门槛来驱退超额需求而达到均衡，从而产生了信贷配给现象（Stiglitz and Weiss，1981）。由于农业部门受自然气候的影响大，农产品价格波动剧烈、风险高，促生了银行对农业的信贷配给（Feder et al.，1990）。当农业贷款中的信息不对称问题难以得到有效解决时，正规金融机构只能依据资产、收入等显性信息来考察资信，这就造成了农业信贷约束。

信贷配给有两种形式：借款者类型配给与贷款规模配给。借款者类型配给（Borrower Rationing）指的是尽管借款人拥有盈利性的投资项目，但由于无法与其他借款者区分而无法得到贷款（Stiglitz and Weiss，1981）。贷款规模配给（Loan size Rationing）指的是在现有的利率条件下，所有的借款人都可以获得贷款，但是信贷需求超过了银行信贷供给（Jaffee and Russell，1976）。农业信贷配给是由农业生产与销售的固有风险导致的，定向降准政策不能改变农业企业生产与销售的特性，因此不能缓解银行对农业企业的借款者类型配给，即原来受银行信贷歧视的农业企业在定向降准之后仍然难以获得银行的贷款，定向降准政策不会诱使银行将原来发放给非农业企业的贷款资源转而投向农业企业，因此，定向降准不会影响农业企业信贷融资的外源边际。但在政策释放流动性红利的驱使下，银行投向农业企业的贷款规模会有所增加，央行释放的流动性对农业贷款规模配给具有缓解作用。由此提出如下研究假说：

假说4.1：定向降准不能缓解银行对农业企业的借款者类型配给，但有助于缓解农业贷款规模配给。

假说4.2：定向降准会对农业企业的信贷投放产生增量投放效应，但是不存在银行信贷投放由非农企业向农业企业的转移替代效应。

定向降准有两种类型，一种是“定向到银行”的降准，以主营支农贷款的银行为标的，定向下调其存款准备金率；另一种是“定向到贷款”的降准，对“三农”、小微企业贷款规模达到规定比例的银行实施定向降准。对于“定向到银行”的降准，虽然其政策直接指向以涉农贷款为主要服务对象的商业银行，这些银行在政策颁布之前贷款对象就是以涉农贷款为主，因此，在获得政策释放的流动性之后将资金向其他行业转移的空间有限。而对于“定向到贷款”的降准，由于政策覆盖面较宽，贷款满足条件的银行均可以申请，而这些银行大多原本不以农业贷款作为主营业务，为了获得定向降准资格有可能将非农贷款包装成农业贷款发放，以获得定向降准释放的政策红利，因此产生道德风险问题。由此提出如下假说：

假说4.3：“定向到银行”的降准对农业企业信贷融资规模有显著的促进作用，而“定向到贷款”的降准对农业企业信贷融资规模的影响不大。

货币政策在经济增长不同时期存在非对称性。韦斯认为在产出低增长时期，货币冲击对产出的冲击较强，对价格的影响较弱（Weise，1999）。在经济衰退时期货币政策的传导效应超过了经济扩张时期（Garcia and Schaller，2002）。库金和托伯（Kuzin and Tober，2004）经研究发现德国货币政策在不同经济周期的表现各异，经济衰退期货币政策的实施效果明显强于经济繁荣期。罗和皮哥（Lo and Piger，2005）的研究也表明，在经济衰退阶段采取的货币政策比经济扩张阶段采取的货币政策具有更强的政策效应。信贷周期与经济周期一样对货币政策的传导机制都有显著影响（Lo and Piger，2005）。在信贷收缩期实施紧缩货币政策对经济的冲击比在信贷扩张期实施宽松货币政策的效果要强得多（Cover，1992；Höppner et al.，2008）。由于在信贷收缩期，银行惜贷现象较为严重，农业企业融资约束程度更大，此时推出定向降准政策使得农业企业如鱼得水，效果更佳。而在信贷扩张期，银行的资金状况较为充裕，信贷歧视状况有所缓解，在此情形下推出定向降准对农业信贷不会起到很大的推动作用。由此提出如下假说：

假说4.4：在信贷收缩期推出定向降准货币政策，对农业企业信贷融资具有较显著的推动作用；而在信贷扩张期推出的定向降准货币政策对农业企业信贷融资不会有明显的促进作用。

货币政策对于不同类型企业的传导具有明显的非对称效应。对于信贷依赖型的借款者（Bank-dependent Borrowers）而言，在危机中受银行信贷的影响较大。杰特勒和吉尔克里斯特（Gertler and Gilchrist，1994）认为，信贷依赖型的借款者能够获得的资本市场资源有限，在紧缩货币政策下受到的冲击更大。对于信贷依赖型的借款者而言，银行在长期的信贷资金往来过程中已对其投资与生产状况较为熟悉，在定向降准释放流动性之后，银行更倾向于将款项贷给该类型的农业企业，而对于银行而言，非信贷依赖的农业企业的熟悉程度不高，贷款风险较大，因此定向降准之后银行会将信贷资源配置于较熟悉的领域。由此提出如下假说：

假说4.5：随着企业信贷依赖程度的上升，定向降准对农业企业信贷融资的倾斜效应逐渐得以显现。

虽然常规货币政策是以总量调控为主的宏观经济政策，但是在政策执行的过程中也存在着区域差异。货币政策对不同区域企业的投融资决策的影响不同（Massa and Zhang，2013），对不同区域的通货膨胀预期影响各异（邱崇明等，2014），对不同省份、不同行业的产出冲击也不尽相同（Georgopoulos，2009）。就定向降准政策而言，其传导以信贷渠道为主，通过降低涉农贷款达标银行或者涉农银行的存款准备金率，增加其可贷资金，提高农业信贷供给。在农业发达区域，其农业信贷需求旺盛，定向降准的信贷传导渠道顺畅，定向降准对该区域的农业信贷影响较明显，而在农业欠发达区域，农业信贷需求收缩，定向降准的信贷传导渠道欠佳，定向降准对该区域的传导效果也不够显著。由此提出如下假说：

假说4.6：在农业发达地区，定向降准政策对农业信贷有显著的推动效应，但是在农业欠发达地区，定向降准对农业信贷的倾斜效应并没有显著体现出来。

4.1.2 模型设计与变量定义

考察定向降准政策对农业企业信贷资源配置的影响，一般可从横向与纵向两个维度加以比较。一种方法是横向比较定向降准后农业企业与非农企业获得银行信贷的差异，但这种方法没有考虑农业与非农企业在定向降准前获得信贷融资的差异。另一种方法是纵向比较农业企业在定向降准政策颁布前后获得信贷融资的差异，但此方法没有考虑农业企业在定向降准政策颁布前后信贷融资的自然增长。双重差分法（即倍差法，Difference-in - Differences，DID）能够有效地验证复杂传导机制下外生性政策冲击的影响结果，通过比较受政策直接影响的样本企业（即实验组）和不受政策直接影响的样本企业（即控制组），可直接验证政策对研究对象的冲击效果（Antonakis et al.，2010）。因此采用这种方法，选取农业企业（处理组）定向降准前后多年动态数据的同时，以非农企业（控制组）定向降准前后的数据为参照，既考虑了农业与非农企业的横向差异，也考虑了定向降准前后的纵向差异，从而更加科学地评价政策的调控效果。

4.1.2.1 贷款的外源边际模型

我们在以往研究（Khwaja and Mian，2008）的基础上，构建如下贷款外源边际（Extensive Margin）模型，检验农业企业与非农业企业在定向降准货币政策之后新进入信贷市场以及退出信贷市场的概率影响差异，进而推断定向降准政策对农业借款者类型配给的影响，具体如下：

$$\text{Entry}_{it}\ or\ \text{Exit}_{it} = \alpha_0 + \alpha_1\,\text{TEA}_{t-1} + \alpha_2\,\text{TEA}_{t-1} \times \text{Agri}_i + \alpha_3\,\text{Control}_{it-1} + u_i + \varepsilon_{it} \tag{4.1}$$

模型（4.1）[①] 实际由两个 probit 模型构成。当因变量为 Entry 时表示是否新进入信贷市场，如果企业上一期没有银行贷款，本期出现银行贷款时，Entry 取1；否则取0。当因变量为 Exit 时表示是否退出信贷市场，当企业上一期存在银行贷款，本期没有银行贷款时，Exit 取1；否则取0。二元变量 TEA 表示是否颁布针对农业的定向降准政策，当期有颁布取1，未颁布取0。不少学者发现货币政策通常具有时滞效应，当期颁布的货币政策到了下期方能生效（Maddaloni and Peydró，2011；马文超等，2012；黄

① 由于模型（4.2）、模型（4.3）以及模型（4.4）采用面板固定效应回归消除不随时间变化的因素对因变量的影响，三个模型中的 Agri 变量属于不随时间变化的个体效应，无法通过面板固定效应模型估计其系数，因此在模型中删除。

志忠等，2013；Jiménez et al.，2014)，因此本书的定向降准变量也滞后一期。Agri 为二元变量，等于 1 表示农业企业，等于 0 表示非农企业。系数 α_1 体现非农业企业在定向降准货币政策前后贷款外源边际的差异，系数 $\alpha_1+\alpha_2$ 表示农业企业在定向降准前后贷款外源边际的差异，系数 α_2 表示相对于非农企业而言，定向降准对农业企业贷款外源边际的推动作用。在因变量是 Entry 的 probit 模型中，如果 α_2 显著且大于 0，表示定向降准之后新的农业企业进入银行信贷市场的概率大于非农企业，则定向降准可以缓解银行对农业企业的借款者类型配给；若 α_2 不显著，则说明定向降准难以缓解借款者类型配给。在因变量是 Exit 的 probit 模型中，如果 α_2 显著且小于 0，表示定向降准之后农业企业退出银行信贷市场的概率小于非农企业，则定向降准可以缓解银行对农业企业的借款者类型配给；否则说明定向降准对借款者类型配给的缓解并没有显著作用。根据多数文献的做法，我们控制了普通货币政策（MP）对农业企业的影响，分别采用存款准备金率（Rate）与贷款基准利率（Interest）作为普通货币政策的控制变量，同样也滞后一期。Control 表示控制变量，参照以往学者的模型设计，在控制宏观变量 Gdp 的同时，控制了影响企业信贷需求的微观变量（Jiménez and Ongena，2012)，具体包括：资产规模（Logasset）、年龄（Age）、盈利能力（Roa）、所有者权益比率（Capitalratio）以及资产流动性（Liquidity)，并将上述变量也滞后一期，以避免内生性问题。在控制企业固定效应的情况下，Agri 变量不存在组内差异，因此模型中删除 Agri 系数。此外模型还控制了年份以及季度固定效应。

4.1.2.2 贷款的内源边际模型

为了研究定向降准对农业企业贷款规模的影响，在以往学者模型（Khwaja and Mian，2008）的基础上构建贷款的内源边际模型（Intensive Margin)，具体如下：

$$Loan_{it}=\alpha_0+\alpha_1 TEA_{t-1}+\alpha_2 TEA_{t-1}\times Agri_i+\alpha_3 Control_{it-1}+u_i+\varepsilon_{it} \quad (4.2)$$

模型（4.2）中企业贷款融资比例（Loan）表示企业的贷款融资比例。在银行信贷传导渠道的实证检验中，最大的挑战在于将信贷供给与信贷需求相区分。在我国，金融系统仍以银行为主导①，民间借贷成本高企②，银行是企业外部融资的最重要来源（孙亮等，2011），多数企业的贷款需求远超过贷款供给，在银行信贷供不应求情况下，企业的账面贷款融资比例反映的实际是银行的信贷供给水平。较银行层面的信贷供给数据相比，企业层面的信贷供给水平更能反映政策对实体经济的效力，也更贴近政策制定的真实意图（Jiménez et al.，2014）。在控制了宏观变量 Gdp 以及影响企业信贷需求的微观变量之后，银行实际发放给企业的贷款数量与其信贷需求的差异，即反映了贷款的规模配给程度。系数 α_1 表示非农企业在定向降准前后获得银行信贷供给的差异，系数 $\alpha_1+\alpha_2$ 表示农业企业在定向降准前后银行信贷供给的差异，系数 α_2 表示剔除了信贷融资的自然增长之后，定向降准对农业企业信贷投放的真实效果。如果 α_2 显著且大于 0，表示定向降准后农业企业获得了更多的信贷资源，农业贷款规模配给有所缓解。若 α_1 显著且小于 0，表示定向降准政策实施后银行将一部分信贷资源从非农企业转移投放至农业企业，即存在转移效应。若 α_1 不显著，表示非农企业信贷投放在定向降准前后没有显著差异，定向降准对农业信贷的效果源于降准释放的增量资金。

4.1.2.3 贷款的分位数回归模型

为了研究定向降准对不同贷款分布农业企业信贷融资的影响差异，根据前人研究（Koenker and Bassett Jr，1978），将贷款融资比例作为被解释变量，将定向降准、农业企业及其交乘项作为解释变量，构建如下面板分位数回归模型：

$$Q_\tau[\text{Loan}_{it} \mid X_{it-1}] = \alpha_\tau + \beta_\tau \text{TEA}_{t-1} + \gamma_\tau \text{Agri}_i + \theta_\tau \text{TEA}_{t-1} \times \text{Agri}_i + \rho_\tau \text{Control}_{it-1} \tag{4.3}$$

其中 Loan 表示贷款融资比例，X 表示影响企业贷款的各因素，它包括定向降准（TEA）、农业企业（Agri）、定向降准与农业企业的交乘项

① 据人民银行社会融资规模存量统计，截至 2018 年 8 月，银行本外币贷款占社会融资规模存量 70.38%。

② 据温州指数网显示，2018 年 9 月温州地区民间借贷综合利率指数均在 15% 以上运行，高于贷款基准利率 10%。

(TEA × Agri)、存款准备金率(Rate)、存款准备金率与农业的交乘项(Rate × Agri)、宏观经济增长速度(Gdp)、影响企业信贷需求的微观变量：资产规模(Logasset)、年龄(Age)、盈利能力(Roa)、所有者权益比率(Capitalratio)以及资产流动性(Liquidity)，并将上述变量都滞后一期，以避免内生性问题。α_τ，β_τ，γ_τ，θ_τ，ρ_τ分别表示各个变量参数估计的第τ个分位数的回归参数。

上述模型涉及主要变量定义如表4-1所示。

表4-1　主要变量定义

变量名	变量含义	计算方法
Entry	是否新进入信贷市场	过去一年内没有银行贷款，当期出现银行贷款时，Entry取1；否则取0
Exit	是否退出信贷市场	当企业过去一年存在银行贷款，当期没有银行贷款时，Exit取1；否则取0
Loan	贷款融资比例	(短期借款+长期借款)/总资产
TEA	定向降准政策	当期针对农业实施定向降准政策取1，否则取0
Agri	农业企业	是农业企业取1，否则取0
Rate	存款准备金率	大型金融机构存款准备金率(%)
Interest	利率	一年期贷款基准利率
Gdp	GDP增长率	剔除季节波动的不变价GDP环比增长率
Logasset	资产规模	log(期末总资产)
Age	企业年龄	log(1+企业成立年限)
Roa	盈利能力	净利润/总资产
Capitalratio	所有者权益比率	所有者权益/总资产
Liquidity	资产流动性	流动资产/总资产

4.1.3　样本选取与描述性统计

定向降准政策颁布初期是以支农惠小为特征的，到了2018年定向降准的政策覆盖范围开始扩大，普惠金融成为定向降准的主要目标，政策靶向银行也由原来的农业类商业银行向大多数商业银行转变，因此本书采用2018 年之前的数据研究定向降准政策对农业的传导效应。为了比较定向降准政策颁布前后的差异，本章选取 CSMAR 数据库中 A 股上市公司 2003 ~ 2017 年数据，剔除金融企业、缺失值以及异常观测值①。为了分离定向降准政策对小微企业的影响效应，剔除样本中的小微企业数据②。农业企业在抵押品欠缺、产品价格波动风险较大等固有缺陷的束缚下，难以与非农业企业获得相同的信贷资源配置，为避免银行对农业企业与非农企业在信贷偏好方面的固有差异，使得样本中农业企业与非农业企业在获取银行信贷的可能性上保持一致，本书在代入模型之前采用倾向得分匹配方法，选择企业资产、企业年龄、盈利能力、所有者权益比率以及资产流动性作为匹配变量，预测企业信贷的倾向得分值，以农业企业为基准，采用最邻近匹配法按照 1∶1 的比例逐年滚动匹配找到与之信贷倾斜得分值最接近的非农业企业，由此筛选出农业企业与非农企业样本，筛选后样本包含 19 032 个观测值。为消除极端异常值对本书结果的影响，将企业财务数据进行上下 0.5% 的 Winsorize 处理。主要变量的描述性统计结果如表 4 -2 所示。

表 4 -2　　描述性统计

Variable	mean	sd	min	max	p50
Entry	0.0069	0.0827	0.0000	1.0000	0.0000
Exit	0.0135	0.1152	0.0000	1.0000	0.0000
Loan	0.1755	0.1444	0.0000	0.5726	0.1560
TEA	0.1789	0.3832	0.0000	1.0000	0.0000
Agri	0.0858	0.2801	0.0000	1.0000	0.0000
Rate	15.9885	4.6460	6.0000	21.5000	17.0000
Interest	5.5911	0.8460	4.3500	7.4700	5.5800
Gdp	0.0243	0.0223	-0.0141	0.1444	0.0190

① 本章将资产小等于 0、所有者权益小等于 0 以及资产负债率小于 0 的数据定义为异常值，将其删除。

② 小微企业的判断标准根据国家统计局关于印发的《关于印发中小企业划型标准规定的通知》，通过将企业的营业收入、资产总额与所处行业的小微企业阈值相比较，指标低于阈值的判定为小微企业。

续表

Variable	mean	sd	min	max	p50
Logasset	21.6097	1.0596	19.3906	24.5012	21.5067
Age	2.6660	0.4012	0.6931	3.4965	2.7081
Roa	0.0094	0.0171	-0.0525	0.0677	0.0079
Capitalratio	0.5526	0.1993	0.0910	0.9461	0.5551
Liquidity	0.5541	0.1984	0.0906	0.9500	0.5637

4.1.4 实证结果分析

4.1.4.1 定向降准对贷款外源边际的影响分析

农业企业面临着自然风险与农产品价格波动等市场风险，因此在信贷市场上难以与非农企业同样受到银行的青睐。为剔除银行对农业企业的信贷歧视因素以及不同企业信贷需求上的异质性，使得农业企业与非农业企业两组数据符合信贷获取程度上的近似随机性，避免“选择性偏差”，满足双重差分模型的前提“平行假设（Parallel trends）”，即处理组与控制组除了农业与非农业之外的差异，在其他方面获得银行信贷融资的可能性是相似的，否则双重差分法的估计结果将产生偏差。因此本书遵循多数文献的做法，先使用赫克曼（Heckman et al.，1997）的倾向得分匹配（Propensity Score Matching，PSM）方法进行样本配对，然后使用双重差分法。倾向得分匹配法可以确保双重差分估计结果是建立在可比个体的基础上，也就是说，实验组样本企业和控制组样本企业间的差别仅为是否属于定向降准政策扶持的企业，其他方面对被解释变量的影响无异。

首先，计算企业获得新增信贷融资的可能性即倾向得分（PS 值），估计倾向得分时依照前人的研究（Rosenbaum and Rubin，1985），选择更为灵活的 logit 模型，具体如下：

$$PS(X_{it}) = Pro(LP = 1 \mid X_{it})\frac{\exp(\beta X_{it})}{1 + \exp(\beta X_{it})} \quad (4.4)$$

其中，LP 为二元变量，$LP=1$ 表示企业 i 在时间 t 获得了新增银行贷款，$LP=0$ 表示企业 i 在时间 t 没有获得新增银行贷款。X_{it} 为匹配变量，选择企业的资产规模（Logasset）、年龄（Age）、盈利能力（Roa）、所有者权益比率（Capitalratio）以及资产流动性（Liquidity）作为匹配变量，预测企业信贷的倾向得分值。接着以每年农业企业数据为基准，采用最邻近匹配法按照 1∶1 的比例逐年滚动匹配，找到每年与农业企业新增信贷倾向得分值最接近的非农企业，而后将农业企业及与之匹配的非农企业数据分别代入贷款的外源边际模型、内源边际模型以及贷款的分位数回归模型分别进行实证检验。

其次，计算企业的信贷倾向得分，以资产规模、年龄、盈利能力、所有者权益比率以及资产流动性作为匹配变量计算信贷倾向得分，以农业企业为处理组，按照 1∶1 的比例进行倾向得分匹配，选取与农业企业信贷倾向得分最接近的非农企业作为控制组，在满足平行假设检验后将数据代入模型（4.1）。我国的货币政策主要有两大类，一类是以调控利率、存款准备金率为代表的总量调控型货币政策，另一类是以定向降准为代表的定向调控型货币政策。为避免总量调控型货币政策对定向调控型货币政策的影响，模型首先以存款准备金率（Rate）为控制变量，实证结果如表 4 - 3 列（1）与列（2）所示：定向降准（TEA）以及定向降准与农业企业的交乘项（TEA × Agri）的系数均不显著，说明定向降准对农业与非农企业的贷款外源边际均没有显著影响。这意味着定向降准既不会对新的农业企业或非农企业进入信贷市场产生实质性影响，也不会对已有的农业或非农企业退出信贷市场发挥显著作用。其次，采用一年期贷款基准利率（Interest）作为总量性货币政策的控制变量，实证结果如表 4 - 3 列（3）与列（4）所示。结果同样表明，定向降准不会影响农业企业进出信贷市场的概率。为了避免总量调控型货币政策行业传导的异质性对本书实证结果的影响，我们还分别控制了 Rate 与 Agri 的交乘项以及 Interest 与 Agri 的交乘项分析定向降准对农业企业的影响，结果如表 4 - 3 列（5）~列（8）所示。上述检验结果均表明，定向降准不会影响农业贷款的外源边际，由此证明了假说 4.1 前半部分，定向降准不能缓解银行对农业企业的借款者类型配给。

表 4-3　　定向降准对贷款外源边际的影响

变量	(1)	(2)	(3)	(4)	(5)	(6)	(7)	(8)
	Entry	Exit	Entry	Exit	Entry	Exit	Entry	Exit
TEA	0. 2964 (0. 8407)	0. 0187 (0. 0704)	0. 3000 (0. 8512)	-0. 0313 (-0. 1219)	0. 3004 (0. 8517)	0. 0157 (0. 0593)	0. 2985 (0. 8433)	-0. 0316 (-0. 1228)
TEA × Agri	-14. 9386 (-0. 0107)	-0. 9351 (-0. 8789)	-14. 1930 (-0. 0148)	-0. 9270 (-0. 8710)	-14. 9583 (-0. 0107)	-0. 9499 (-0. 8917)	-13. 1615 (-0. 0176)	-0. 9279 (-0. 8719)
Rate	-0. 0082 (-0. 0602)	-0. 1612 (-1. 4201)			-0. 0150 (-0. 1091)	-0. 1532 (-1. 3466)		
Interest			-0. 1601 (-0. 4000)	-0. 8849 ** (-2. 4299)			-0. 2631 (-0. 6466)	-0. 8819 ** (-2. 4139)
Rate × Agri					0. 0644 (0. 5682)	-0. 0783 (-1. 1628)		
Interest × Agri							1. 2093 * (1. 7361)	-0. 0331 (-0. 1005)
Capitalratio	7. 6716 *** (6. 2995)	3. 2846 *** (4. 5139)	7. 6718 *** (6. 2998)	3. 2840 *** (4. 5126)	7. 6755 *** (6. 2993)	3. 2977 *** (4. 5295)	7. 6491 *** (6. 2520)	3. 2839 *** (4. 5130)
Age	-0. 3987 (-0. 3576)	-0. 9285 (-1. 0369)	-0. 3849 (-0. 3454)	-0. 8999 (-1. 0052)	-0. 4765 (-0. 4267)	-0. 8077 (-0. 8915)	-0. 2794 (-0. 2498)	-0. 9061 (-1. 0098)
Logasset	-0. 5553 ** (-2. 0243)	-0. 6982 *** (-3. 2817)	-0. 5561 ** (-2. 0286)	-0. 7060 *** (-3. 3127)	-0. 5401 ** (-1. 9607)	-0. 7246 *** (-3. 3958)	-0. 5545 ** (-2. 0132)	-0. 7044 *** (-3. 2943)

续表

变量	(1)	(2)	(3)	(4)	(5)	(6)	(7)	(8)
	Entry	Exit	Entry	Exit	Entry	Exit	Entry	Exit
Roa	4.8325 (0.7358)	5.9564 (1.1716)	4.9317 (0.7503)	6.1499 (1.2069)	4.6134 (0.7020)	6.2329 (1.2209)	5.3877 (0.8181)	6.1456 (1.2061)
Liquidity	-0.0027 (-0.0027)	1.2922* (1.7168)	0.0003 (0.0003)	1.3239* (1.7590)	0.0017 (0.0018)	1.2708* (1.6845)	0.1083 (0.1098)	1.3242* (1.7590)
Gdp	-2.9080 (-0.4799)	-8.8105 (-1.6224)	-2.8500 (-0.4725)	-8.9546* (-1.6659)	-2.9591 (-0.4879)	-8.7264 (-1.6096)	-3.3993 (-0.5613)	-8.9427* (-1.6630)
年度固定效应	控制	控制	控制	控制	控制	控制	控制	控制
季度固定效应	控制	控制	控制	控制	控制	控制	控制	控制
行业固定效应	控制	控制	控制	控制	控制	控制	控制	控制
企业固定效应	控制	控制	控制	控制	控制	控制	控制	控制
N	4 438	6 218	4 438	6 218	4 438	6 218	4 438	6 218
pseudo R^2	0.113	0.061	0.113	0.064	0.113	0.062	0.117	0.064

注：括号内为 t 值，* 代表 p 值 <0.1，** 代表 p 值 <0.05，*** 代表 p 值 <0.01。

4.1.4.2 定向降准对贷款内源边际的影响分析

将数据代入模型（4.2），以检验定向降准对农业信贷规模的影响，结果如表4-4列（1）~列（4）所示。定向降准与农业企业交乘项TEA×Agri的系数在5%显著性水平下均显著大于0，说明与非农企业相比较，定向降准政策的颁布有助于提升农业企业的信贷规模，因此假说4.1后半部分成立，即定向降准有助于缓解农业贷款规模配给。定向降准（TEA）的系数为正但不显著，说明定向降准政策的颁布没有显著影响非农企业信贷融资。由此推断：定向降准之后银行并未将信贷资源从非农企业转移投放至农业企业，农业企业信贷水平的增加源于定向降准政策释放的增量资金，而不是信贷资源由非农业企业向农业企业的转移替代所致，因此假说4.2成立。

表4-4　　定向降准对农业企业信贷投放的增量效应检验

变量	(1)	(2)	(3)	(4)
	Loan	Loan	Loan	Loan
TEA×Agri	0.0100** (2.2682)	0.0100** (2.2687)	0.0098** (2.2068)	0.0087** (2.0622)
TEA	0.0004 (0.4047)	0.0002 (0.2374)	0.0005 (0.4266)	0.0004 (0.3420)
Rate	-0.0004 (-0.7257)		-0.0006 (-1.0211)	
Capitalratio	-0.4145*** (-18.8947)	-0.4145*** (-18.8958)	-0.4144*** (-18.9595)	-0.4139*** (-18.8552)
Age	0.0460* (1.8912)	0.0460* (1.8908)	0.0426* (1.7550)	0.0453* (1.8603)
Logasset	0.0284*** (4.5670)	0.0284*** (4.5665)	0.0288*** (4.6340)	0.0285*** (4.5894)
Roa	-0.3507*** (-4.8036)	-0.3505*** (-4.7960)	-0.3519*** (-4.8246)	-0.3511*** (-4.8004)
Liquidity	-0.0697*** (-3.1651)	-0.0697*** (-3.1673)	-0.0688*** (-3.1266)	-0.0700*** (-3.1788)

续表

变量	(1)	(2)	(3)	(4)
	Loan	Loan	Loan	Loan
Gdp	-0.0105 (-0.5628)	-0.0099 (-0.5299)	-0.0101 (-0.5427)	-0.0098 (-0.5263)
Interest		-0.0011 (-0.5952)		-0.0006 (-0.3250)
Rate × Agri			0.0023 ** (2.1064)	
Interest × Agri				-0.0056 (-1.1510)
年度固定效应	控制	控制	控制	控制
季度固定效应	控制	控制	控制	控制
行业固定效应	控制	控制	控制	控制
企业固定效应	控制	控制	控制	控制
_cons	-0.1637 (-1.1882)	-0.1602 (-1.1574)	-0.1683 (-1.2234)	-0.1622 (-1.1718)
N	19 032	19 032	19 032	19 032
adj. R^2	0.422	0.422	0.422	0.422

注：括号内为 t 值，* 代表 p 值 <0.1，** 代表 p 值 <0.05，*** 代表 p 值 <0.01。

此外将表4-4列（1）与列（3）比较发现，在控制了Rate与Agri的交乘项之后，TEA与Agri的交乘项系数降低；同样地比较列（2）与列（4）结果也发现，在控制了Interest与Agri的交乘项之后TEA与Agri的交乘项系数也有所降低，这表明在实施定向降准的同时实施普遍降准，会影响定向降准优惠农业信贷的精准性，削弱定向降准货币政策的效力。列（3）中Rate与Agri显著为正，说明存款准备金率越低，农业企业获得的信贷投放资金反而越小，总量宽松货币政策的红利主要由非农业企业获得，这与以往的研究结论基本保持一致，总量性货币政策对农业的银行贷款信贷传导难以像其他行业一样奏效，通过普通的宽松货币政策难以使农业企业真正受益（Ganley and Salmon，1997；Dedola and Lippi，2005；Peersman and Smets，2005；Boeckx et al.，2014）。

4.1.4.3 不同类型的定向降准政策效果比较分析

为了具体分析不同定向降准货币政策对农业企业的信贷传导，将定向降准分为两种类型："定向到银行"的降准政策（Targettobank）以及"定向到贷款"的降准政策（Targettoloan），如果针对农业类金融机构颁布定向降准政策，则 Targettobank 取 1，否则取 0。类似地，如果针对农业贷款规模达标的银行实施定向降准，则 Targettoloan 取 1，否则取 0。首先进行面板固定效应回归，研究"定向到银行"的降准政策对农业企业信贷资源配置的影响，结果如表 4-5 列（1）所示。实证检验结果表明，与非农企业的信贷融资相比，"定向到银行"的降准政策对农业企业信贷融资具有较强的提升作用。接着研究"定向到贷款"的降准政策对农业企业信贷融资的影响，结果如表 4-5 列（2）所示。"定向到贷款"的降准政策实施以后，农业企业获得的信贷融资较非农企业没有明显的变化。由于"定向到银行"与"定向到贷款"的降准政策可以同时实施，为了避免二者之间效果的互相交叉影响，将它们都纳入实证检验模型，结果发现当控制了两类政策同时实施的影响之后，"定向到银行"的降准政策对农业信贷调控的效果依然显著，农业企业与非农企业相比在该政策之后获得了更多的信贷资源配置，而"定向到贷款"对农业信贷资源的倾斜作用难以发挥。"定向到银行"与"定向到贷款"组合调控的功效并未超过单一政策。

表 4-5　　不同类型定向降准政策投放效果检验

变量	(1)	(2)	(3)
	Loan	Loan	Loan
Targettobank	0.0005 (0.4452)		0.0006 (0.5212)
Targettobank × Agri	0.0117 ** (2.3351)		0.0104 ** (2.2166)
Capitalratio	-0.4144 *** (-18.9574)	-0.4143 *** (-18.9574)	-0.4143 *** (-18.9545)
Age	0.0426 * (1.7546)	0.0425 * (1.7516)	0.0426 * (1.7526)

续表

变量	(1)	(2)	(3)
	Loan	Loan	Loan
Logasset	0. 0288 *** (4. 6346)	0. 0289 *** (4. 6379)	0. 0289 *** (4. 6368)
Roa	-0. 3517 *** (-4. 8215)	-0. 3531 *** (-4. 8383)	-0. 3515 *** (-4. 8193)
Liquidity	-0. 0688 *** (-3. 1251)	-0. 0689 *** (-3. 1314)	-0. 0688 *** (-3. 1256)
Rate	-0. 0004 (-0. 7452)	-0. 0005 (-0. 7991)	-0. 0004 (-0. 7424)
Rate × Agri	0. 0023 ** (2. 1136)	0. 0022 ** (2. 0436)	0. 0022 ** (2. 0780)
Gdp	-0. 0044 (-0. 2607)	-0. 0035 (-0. 1868)	-0. 0047 (-0. 2508)
Targettoloan × Agri		0. 0112 (1. 5796)	0. 0056 (0. 8592)
Targettoloan		-0. 0004 (-0. 2540)	-0. 0005 (-0. 3071)
年度固定效应	控制	控制	控制
季度固定效应	控制	控制	控制
行业固定效应	控制	控制	控制
企业固定效应	控制	控制	控制
_cons	-0. 1695 (-1. 2323)	-0. 1693 (-1. 2302)	-0. 1697 (-1. 2335)
N	19 032	19 032	19 032
adj. R^2	0. 422	0. 422	0. 422

注：括号内为 t 值，* 代表 p 值 <0. 1，** 代表 p 值 <0. 05，*** 代表 p 值 <0. 01。

究其原因，“定向到银行”的降准政策是以支农贷款为主的农业类银行为降准标的，“定向到银行”的降准政策实施以后，指定银行的存款准备金率下调导致银行信贷意愿上升，农业贷款投放力度增大，因此该政策功效得以显现。而对于“定向到贷款”的降准政策而言，“三农”、小微企业贷款规模达到规定比例的银行都可以获得定向降准的政策优惠，因此面对的银行对象就非常广泛，银行可能以农业贷款的名义包装贷款而后投向非农业领域以获取较高的贷款收益，这使得定向降准货币政策的目标偏离理论预期。

4.1.4.4 不同信贷周期下定向降准政策的差异分析

为了测定定向降准政策在不同信贷周期对农业信贷的推动效果差异，首先参照前人的研究（Mendoza and Terrones，2012），选取 1998 ~ 2018 年共二十年金融机构人民币贷款余额计算季度增长率，并从中剔除季节性波动。其次，采用 HP 滤波分析剔除季节性波动之后银行贷款增长的长期平均趋势。最后，计算剔除季节波动的贷款增长率扣减增长平均趋势的差额作为信贷增长偏差值，并据此划分信贷周期。将剔除季节波动之后的信贷增长率在长期平均趋势之上的定义为信贷扩张期，反之为信贷收缩期，代入模型（4.2），检验不同信贷周期下定向降准政策对农业调控的效果差异，实证检验结果如表 4 –6 所示。从中我们发现，在信贷收缩期，定向降准对农业企业信贷投放的倾斜效果较为明显，而在信贷扩张期，定向降准对农业企业融资的扶持效果没有得到有效发挥，这与信贷收缩期农业企业面临着更大的融资困难有一定关系，当农业企业的融资约束越明显的时候定向降准政策的扶持作用就越显著，由此假说 4.4 成立。

表 4 –6　　不同信贷周期下定向降准政策的差异检验

变量	（1）信贷扩张期	（2）信贷收缩期
	Loan	Loan
TEA × Agri	0.0099 (1.5282)	0.0108* (1.8668)
TEA	0.0007 (0.4453)	–0.0009 (–0.5843)
Rate	–0.0021 (–1.2878)	–0.0005 (–0.4609)
Rate × Agri	0.0022** (1.9999)	0.0022* (1.9268)

续表

变量	(1) 信贷扩张期	(2) 信贷收缩期
	Loan	Loan
Capitalratio	-0.4278*** (-18.2451)	-0.4054*** (-18.5455)
Age	0.0471* (1.8869)	0.0391 (1.5671)
Logasset	0.0271*** (3.8982)	0.0302*** (5.0559)
Roa	-0.2579*** (-3.1987)	-0.4560*** (-4.4554)
Liquidity	-0.0734*** (-3.0248)	-0.0658*** (-3.0339)
Gdp	0.1416* (1.9339)	-0.0053 (-0.1466)
年份固定效应	控制	控制
季度固定效应	控制	控制
行业固定效应	控制	控制
企业固定效应	控制	控制
_cons	-0.1286 (-0.8574)	-0.1888 (-1.3972)
N	7 789	11 243
adj. R^2	0.435	0.416

注：括号内为 t 值，* 代表 p 值 <0.1，** 代表 p 值 <0.05，*** 代表 p 值 <0.01。

4.1.4.5 定向降准对不同贷款规模企业信贷融资的影响差异分析

本书根据信贷融资比例（即银行贷款占资产总额的比例）衡量企业的信贷依赖程度，信贷融资比例越高的企业说明对银行贷款的依赖程度越高。通过分位数能全面刻画企业信贷融资的分布状况，以贷款融资比例分布的分位数作为被解释变量，采用分位数回归模型（4.3）研究定向降准对不同信贷融资水平企业的影响差异，分位数回归结果如表 4-7 所示。在此我们根据以往文献选择 5 个最具代表的分位数，即 0.1、0.25、0.5、

0.75、0.9 五个分位，分析定向降准政策对不同贷款规模水平下农业企业与非农企业影响的差异，实证检验结果表明，随着分位数的增加，定向降准与农业企业的交乘项（TEA × Agri）的显著性逐渐增加，说明定向降准对于信贷依赖程度越大的农业企业信贷倾斜更显著，对于信贷依赖程度较小的农业企业其支农效果微乎其微，由此可见银行对陌生的农业企业贷款客户仍存在一定的惜贷情绪，定向降准的推动作用并不是很明显，因此假说 4.5 成立。

表 4-7　　　　定向降准对贷款影响的分位数回归结果

变量	(1) q (10)	(2) q (25)	(3) q (50)	(4) q (75)	(5) q (90)
	Loan	Loan	Loan	Loan	Loan
TEA × Agri	-0.0014 (-0.1475)	0.0014 (0.1663)	0.0160 (1.4186)	0.0147* (1.7748)	0.0148*** (3.0168)
TEA	0.0013 (0.8064)	-0.0001 (-0.0848)	-0.0005 (-0.2180)	0.0021 (0.7483)	0.0025 (0.9102)
Rate	-0.0009*** (-7.3249)	-0.0019*** (-15.2849)	-0.0021*** (-9.6521)	-0.0023*** (-11.2396)	-0.0022*** (-8.7467)
Rate × Agri	0.0013*** (10.1810)	0.0020*** (10.2047)	0.0027*** (16.1452)	0.0029*** (15.1844)	0.0028*** (12.8753)
Capitalratio	-0.1593*** (-29.5167)	-0.3463*** (-80.8857)	-0.4948*** (-95.4189)	-0.5977*** (-1.2e+02)	-0.6652*** (-1.2e+02)
Age	-0.0211*** (-15.7141)	-0.0329*** (-31.7258)	-0.0345*** (-16.3661)	-0.0317*** (-15.3809)	-0.0225*** (-8.7745)
Logasset	0.0039*** (6.8879)	0.0026*** (3.6693)	-0.0016* (-1.6843)	-0.0025*** (-2.5822)	-0.0051*** (-4.7054)
Roa	-0.2857*** (-9.1148)	-0.5027*** (-16.6243)	-0.4995*** (-10.0085)	-0.5426*** (-10.5749)	-0.4854*** (-8.9096)
Liquidity	-0.0818*** (-21.5840)	-0.1524*** (-46.0728)	-0.1586*** (-33.8736)	-0.1581*** (-35.4272)	-0.1323*** (-26.9669)
Gdp	-0.0380*** (-2.6887)	-0.0645** (-2.2464)	-0.0791** (-2.0919)	-0.1488*** (-3.1940)	-0.1094*** (-2.9778)

续表

变量	(1) q (10)	(2) q (25)	(3) q (50)	(4) q (75)	(5) q (90)
	Loan	Loan	Loan	Loan	Loan
_cons	0.1605 *** (11.3677)	0.4467 *** (26.8860)	0.7027 *** (32.3705)	0.8422 *** (39.7997)	0.9497 *** (39.8396)
N	19 032	19 032	19 032	19 032	19 032

注：括号内为 t 值，* 代表 p 值 <0.1，** 代表 p 值 <0.05，*** 代表 p 值 <0.01。

4.1.4.6 定向降准对不同区域企业的信贷传导差异分析

首先，计算 2003 ~2017 年各省份农林牧渔业总产值的中位数，将该省份的农林牧渔生产总值高于该年各省中位数的区域定义为农业发达地区，否则为农业欠发达地区。对企业根据所处省份进行区域划分，代入模型（4.2），结果如表 4 -8 列（1）与列（2）所示。在农业发达地区，定向降准政策实施之后农业企业的信贷水平显著上升，但是在农业欠发达地区，定向降准对农业信贷的倾斜效应并没有显著体现出来。

其次，根据企业所在省份的经济发达程度进行区域划分，使用各省 GDP 度量该省经济发达程度，将 GDP 高于同期各省 GDP 中位数的作为经济发达区域，反之为经济欠发达地区，分别代入模型（4.2），结果如表 4 -8 列（3）与列（4）所示。实证结果表明，定向降准在经济发达区域对农业企业的信贷传导效果较好，而在经济欠发达区域对农业企业的扶持效果则不显著。

表 4 -8　　定向降准对不同农业发展区域企业的信贷传导差异

变量	(1) 农业 发达地区	(2) 农业 欠发达地区	(3) 经济 发达地区	(4) 经济 欠发达地区
	Loan	Loan	Loan	Loan
TEA × Agri	0.0117 ** (2.0225)	0.0053 (0.7612)	0.0102 * (1.8041)	0.0074 (1.0224)
TEA	-0.0003 (-0.2768)	0.0022 (1.0747)	-0.0005 (-0.4382)	0.0039 (1.6563)

续表

变量	(1) 农业 发达地区	(2) 农业 欠发达地区	(3) 经济 发达地区	(4) 经济 欠发达地区
	Loan	Loan	Loan	Loan
Capitalratio	-0.4249*** (-16.5910)	-0.3602*** (-9.4826)	-0.4086*** (-16.7035)	-0.4195*** (-8.2774)
Age	0.0318 (1.0938)	0.0876* (1.9318)	0.0464* (1.7855)	0.1184* (1.7386)
Logasset	0.0267*** (3.5664)	0.0340*** (3.2013)	0.0225*** (3.1472)	0.0533*** (4.2905)
Roa	-0.3858*** (-4.1374)	-0.3167*** (-2.9124)	-0.3635*** (-4.1129)	-0.2950** (-2.5023)
Liquidity	-0.0423 (-1.5562)	-0.1167*** (-3.3897)	-0.0547** (-2.1099)	-0.1000*** (-2.9027)
Rate	-0.0006 (-0.7548)	-0.0009 (-0.8180)	-0.0002 (-0.3216)	-0.0027** (-2.1658)
Rate × Agri	0.0016 (1.5144)	0.0037 (1.6212)	0.0018* (1.7310)	0.0049* (1.9415)
Gdp	-0.0007 (-0.0283)	-0.0359 (-1.1812)	0.0111 (0.5214)	-0.1026** (-2.3707)
_cons	-0.1076 (-0.6419)	-0.3754 (-1.5865)	-0.0668 (-0.4155)	-0.7615** (-2.4896)
年度固定效应	控制	控制	控制	控制
季度固定效应	控制	控制	控制	控制
行业固定效应	控制	控制	控制	控制
企业固定效应	控制	控制	控制	控制
N	13 192	5 720	14 640	4 272
adj. R^2	0.423	0.407	0.405	0.468

注：括号内为 t 值，* 代表 p 值 <0.1，** 代表 p 值 <0.05，*** 代表 p 值 <0.01。

4.1.5 稳健性检验

为了避免选择 A 股上市公司作为研究样本的片面性，本书选取全国中小企业股份转让系统年度数据（新三板公司数据），代入贷款的外源边际模型（4.1），检验定向降准货币政策对农业企业进入和退出信贷市场的边际影响效应。由于针对小微的定向降准货币政策与针对农业的定向降准货币政策在时间颁布时点上具有交叉性，为与前文相呼应，剔除小微企业数据，单纯研究定向降准货币政策对农业企业贷款的影响。小微企业的判定标准依据国家统计局颁布的《关于印发中小企业划型标准规定的通知》，采用逐年滚动的办法判别是否为小微企业。实证检验结果如表4－9所示。列（1）与列（2）为贷款的外源边际模型回归结果，定向降准之后农业企业获取新的银行贷款的概率较非农企业而言没有显著提升，已经获得贷款的农业企业退出信贷市场的概率较非农企业而言也没有显著下降，说明定向降准在农业企业的借款者类型配给上没有显著的缓解作用。

表4－9　　基于新三板数据的外源边际稳健性检验

变量	（1）进入	（2）退出
	Entry	Exit
TEA × Agri	－0.5521 （－0.5954）	－0.6425 （－0.8898）
TEA	43.5702 （0.0182）	44.4131 （0.0122）
Rate	－29.9782 （－0.0188）	－30.0247 （－0.0123）
年份固定效应	控制	控制
季度固定效应	控制	控制
行业固定效应	控制	控制
企业固定效应	控制	控制
N	1 223	8 585
pseudo R^2	0.184	0.698

注：括号内为t值，*代表p值<0.1，**代表p值<0.05，***代表p值<0.01。

接着将新三板公司数据代入贷款的内源边际模型（4.2），检验定向降准政策对农业企业贷款的增量投放效应。表4－10为贷款的内源边际模型实证结果，定向降准之后农业企业的贷款融资比例较非农企业有显著提升，说明定向降准有助于缓解其农业贷款规模配给。非农企业贷款融资比例在定向降准政策颁布后没有显著变化，这再次验证定向降准不具有不同类型贷款的转移替代效应，但是对农业贷款具有增量投放效应。

表4-10　　基于新三板数据的内源边际稳健性检验

变量名	系数	标准差	t 值	$P>\|t\|$
TEA × Agri	0.020723	0.009533	2.17	0.03
TEA	-0.03203	0.035374	-0.91	0.365
Rate	0.067188	0.023708	2.83	0.005
年份固定效应	控制			
季度固定效应	控制			
行业固定效应	控制			
企业固定效应	控制			
N	24 753			
R^2	0.245			

注：括号内为 t 值，* 代表 p 值 <0.1，** 代表 p 值 <0.05，*** 代表 p 值 <0.01。

4.1.6　结论与建议

4.1.6.1　结论

在经济发展的转变阶段，常规宽松货币政策的大水漫灌模式已不再适用，货币政策的调控模式由总量调控模式转向定向、精准的调控模式。定向降准作为定向调控货币政策的显著代表，对农业信贷资源配置的调控效果如何？本节从农业企业贷款的外源边际与内源边际层面论证定向降准货币政策对农业企业信贷融资数量的影响，得出如下结论：

（1）从总体来看，定向降准政策颁布后银行对农业企业的惜贷情绪犹存，定向降准政策不能缓解银行对农业企业的借款者类型配给，但对于农业贷款规模配给的缓解有一定的作用。定向降准政策颁布后银行对农业企业信贷投放的提升主要归因于定向降准政策释放流动性产生的增量效应，而非由于银行信贷投放由非农企业向农业企业的转移替代效应。

（2）不同类型的定向降准政策对农业企业信贷融资的影响不同，其中“定向到银行”的降准政策对农业信贷融资量的增长有显著的激励作用，而“定向到贷款”的降准政策对农业企业信贷融资量的影响则不如“定向到银行”。

（3）定向降准政策对不同类型的农业企业的信贷调控作用也存在差异，随着企业信贷融资比例的提升，定向降准对农业企业的信贷倾斜效应呈现逐步递增的趋势。

（4）在不同时期定向降准政策的惠农功效存在差异，在信贷收缩时期推出定向降准政策对农业信贷投放具有较显著的推动作用；而在信贷扩张期推出定向降准政策则对农业信贷投放不会有明显的促进作用。

（5）在不同区域定向降准政策的惠农功效也存在差异：在农业发达地区，定向降准政策对农业信贷有显著的推动效应；但是在农业欠发达地区，定向降准政策对农业信贷的倾斜效应并没有显著体现出来。同理在经济发达地区，定向降准货币政策对农业的信贷倾斜作用比较明显；而在经济欠发达地区，定向降准政策的惠农功效难以有效地发挥。

（6）定向降准组合调控的效果不佳，在实施定向降准的同时实施普遍降准，会影响定向降准惠农的精准性，削弱定向降准货币政策的效力。

4.1.6.2 启示与建议

基于上述结论得出如下启示与建议：

第一，银行的信贷行为仍属于商业行为，在农业贷款领域定向降准政策无法缓解借款者类型配给，对于信贷融资比例较低且向银行贷款较少的农业企业的优惠倾斜作用不明显。为了提高银行对涉农贷款的参与程度，部分地方政府设立贷款风险补偿专项资金用于补助涉农贷款损失，而“救火式”的事后补贴难免导致银行的道德风险与政府的财政负担。因此，应从银行惜贷的根源即信息不对称剖析定向降准政策难以落实的原因。在大量中小农业企业以及农户征信数据不足甚至零征信的情况下，涉农贷款成为“烫手山芋”。而征信数据的搜集需要大量的成本，涉农贷款征信大数据系统的前期投入具有公共品性质，银行难以单独承担此社会责任，应当由财政部投入资金调查、搜集购买中小农业企业以及农户的信用基础数据，为银行解决信息失真导致坏账的后顾之忧，从而有效推动定向降准政策真正惠及农业。

第二，从信贷融资层面来看，“定向到银行”的降准政策惠农的精准性较高，但是从政策的覆盖面来考虑，“定向到银行”的政策受益对象较狭窄，对银行的激励空间有限，这限制了定向降准货币政策效应作用的范围。“定向到贷款”的降准政策惠及的银行面较广泛，范围的拓宽方能带来更有效的惠农效果，但是要避免“定向到贷款”降准政策惠及的银行将政策释放的资金变相投向房地产、金融等非农高风险行业。因此，须强化银行获得定向降准之后的考核监督，密切监控银行获得定向降准之后的资金流向，对严重违规者给予严厉处罚，防止定向降准资金渗漏至非政策目标领域。

第三，定向降准货币政策在不同时期发挥着不同的惠农功效，在信贷扩张期，信贷资金较充裕，定向降准实施的边际效应较小，而在信贷紧缩期，市场资金较紧缺，定向降准的惠农功效得以充分发挥。因此中央银行宜择机推出定向降准政策，避免在信贷扩张期导致的政策落空风险。

第四，定向降准货币政策在不同区域的惠农功效也不尽相同。在经济或农业发达区域，银行的信贷通常也较活跃，因此定向降准政策的惠农功效得以有效发挥，而对于经济或农业欠发达的区域，建议采取定向补贴等财政政策与定向降准货币政策相配合，以弥补定向降准货币政策难以深入欠发达区域的不足。

第五，不论是定向降准、抵押补充贷款，还是支农、支小再贷款等定向调控的新型货币政策工具，从传导机理而言，这些政策工具都需途经银行间接传导至企业。面对复杂多变的经济运行情况，可以在定向调控货币政策实施的同时发挥定向调控财政政策直接传导的优势，对符合条件的涉农企业实施定向减税，充分发挥各类宏观政策工具的合力作用，促进结构调整目标的实现。

4.2 定向降准对农业企业信贷融资质量的影响研究[①]

我国未来经济建设的发展方向已由“经济大国迈向经济强国”的战略目标转变。在习近平总书记“实现经济高质量发展”的战略部署之下，如何实施货币政策推动经济结构优化调整，实现经济强国梦是当前理论界与实务界急需解决的问题。自从定向降准货币政策颁布以来，其政策执行效果饱受争议。一方面，定向降准货币政策释放的流动性有限，不会引起汇率与通货膨胀率的大幅波动，微刺激的方式可避免大量资产价格泡沫的产生（马理等，2015），其政策执行成本也低于常规货币政策，银行信贷分配轨迹的改变缓解了小微企业融资难问题（魏晓云等，2018）。另一方面，众多学者怀疑定向降准能否使目标领域真正受益，由于定向降准释放资金并非直接投入目标领域，该政策能否取得显著成效还取决于银行的配合程度。信贷市场普遍存在信息不对称，银行对弱势群体的事前甄别与事后监督成本高昂，即使其投资净现值大于零，银行仍可能对其采取信贷配给（Stiglitz and Weiss，1981；Petersen and Rajan，1994）。在经济萧条时期，银行对高代理成本的企业信贷歧视加剧，弱小企业在信贷收缩过程中经济状况雪上加霜，初始的经济波动通过金融加速器机制被放大，这也在一定程度上导致贷款的质量回归（flight to quality），优质企业方能在信贷收缩中立于不败之地（Bernanke et al.，1996）。定向降准政策是在金融危机过后、全球经济增长放缓的背景下推出的，作为理性的经济人，商业银行的管理者是否有趋利避害的动机，将信贷资金投向高质量的政策目标企业，而对于低质量的政策目标企业银行是否继续保持谨慎态度，从而在获取政策红利的同时规避风险？这些问题值得我们深入研究。

4.2.1 理论分析与假说提出

随着货币理论研究的推进，学者们发现货币政策不仅影响着银行信贷

① 本节部分内容发表于《经济管理》2020年第5期。

的数量，而且影响着它的质量（Dell' Ariccia et al.，2017）。当流动性冲击来临时，信贷成本上升，即使借款企业的违约风险与借贷需求没有改变，银行也会将冲击的影响传递给借款企业（Liberti and Sturgess，2018），大幅削减高风险贷款，高危企业在经济萧条时尤其难以获得贷款，从而促进经济的“质量回归”（Bernanke et al.，1996）。银行的信贷资源配置总体而言更倾向于商业行为而非政府行为（孙亮等，2011），信贷配给理论也认为银行的借贷行为会直接影响投资和消费，信贷配给的存在是货币政策信贷传导渠道的微观金融基础。信贷配给主要分为两种情况：一是借款者无法在现有政策制度下顺利获得贷款；二是不同企业在相同政策下申请贷款时，只有一部分企业能够获得贷款，即信贷供给小于信贷需求，出现“麦克米伦缺口”（Macmillan Gap）。这是由于商业银行为减少信贷风险、避免产生不良贷款，设置严苛的资信标准，减少经营风险较大、偿债能力较弱、不符合信贷资信评判标准的企业和产业的信贷额度。由于存在信贷配给，基于银行经营的“三性原则”（安全性、流动性和盈利性），商业银行在选择信贷供给对象时注重对贷款风险的考量。当流动性冲击来临时，信贷成本上升，即使借款企业的违约风险与借贷需求没有改变，银行也会将冲击的影响传递给借款企业（Liberti and Sturgess，2018）。为降低经营的流动性风险、减少不良贷款率，商业银行更倾向于将贷款提供给经营风险较低、偿债能力较强的大中型企业和盈利能力更强的行业，大幅削减高风险贷款，高危企业在经济萧条时尤其难以获得贷款，从而促进经济的“质量回归”（Bernanke et al.，1996）。在定向降准的政府政策引导下，理性的商业银行并不会贸然前进，而是合理评估新增农业信贷而获得央行注入流动性的收益与新增贷款违约产生的风险，并在二者之间取得权衡。因此银行对农业企业的信贷行为仍然是相机的，为避免逆向选择与道德风险削减银行收益，对于那些低质量的农业企业，银行仍然望而却步；而高质量农业企业则成为银行眼中的“香饽饽”。本书从盈利质量与信息质量两个层面剖析企业质量，因为盈利能力低的企业，为偿付利息而冒险的动机就较强，道德风险发生的可能性提高，银行对其信贷配给程度较高；而信息不对称程度越大的企业，代理成本越高（Bernanke et al.，1996），逆向选择的风险更大，信贷配给的程度也更严峻（Kirschenmann，2016），若银行贷款给这两类农业企业将增加坏账成本。反之，若银行贷款给高盈利质量与高信息质量的农业企业，一方面可获得定向降准政策释放的流动性，另一方面与高质量客户建立关系获取未来商机的同时也避免了银行的过度风险承担。由此提出如下假说：

假说4.7：定向降准之后，银行会相机地将信贷资源投向高质量的农业企业，对低质量的农业企业仍保持谨慎，以获得政策红利的同时控制银行风险。

假说4.7a：高盈利质量的农业企业在定向降准后将获得更多的信贷资源，而低盈利质量的农业企业信贷比例较定向降准之前不会有显著的差异，即定向降准政策具有盈利质量回归效应。

假说4.7b：定向降准后信息质量高的农业企业获得银行更多的资源配置，信息质量低的农业企业信贷比例较定向降准之前则不会有显著差异，即定向降准具有信息质量回归效应。

4.2.2 研究设计

为了从盈利质量与信息质量两个层面考察定向降准的政策效应，检验定向降准政策释放的信贷资源在不同质量企业之间的分布状况，将样本分别按照盈利质量与信息质量进行分组，而后代入如下模型：

$$Loan_{it} = \alpha_0 + \alpha_1\ TEA_{t-1} + \alpha_2\ TEA_{t-1} \times Agri_i + \alpha_3\ Control_{it-1} + u_i + \varepsilon_{it} \quad (4.5)$$

选取盈利质量与信息质量这两个角度进行分组的原因在于：信贷配给的根源在于信息不对称，信息不对称导致的问题主要体现在逆向选择与道德风险。高盈利能力的企业为了还本付息而冒险的动机较弱，道德风险发生的可能性较低；而信息不对称程度较低的企业代理成本较低，银行监控成本不高，发生逆向选择与道德风险的概率较小。因此，本书将盈利质量定义为企业的盈利能力，将信息质量界定为企业的信息不对称程度，并且根据（Goddard et al.，2009），采用Roa评价企业盈利能力，将总样本根据Roa进行分组，Roa大于或等于行业Roa均值的归为高盈利能力组，Roa小于行业Roa均值的归为低盈利能力组，将两组数据分别代入模型(4.5)，若高盈利能力组 α_2 显著且大于0，而低盈利能力组 α_2 不显著，则表明定向降准主要在盈利能力强的农业企业中产生作用。其次，将总样本根据信息不对称程度进行分组，参考以往研究（Llorente et al.，2002），将“被分析师关注度”作为信息不对称的代理变量，当该公司存在分析师或团队对其进行过跟踪分析时，归入信息不对称程度较低组，否则纳入信息不对称程度较强组。将两组数据分别代入模型（4.5），若信息不对称程度较弱组 α_2 显著且大于0，而信息不对称程度较强组 α_2 不显著，则表明定向降准后信贷资源主要向信息质量较强的农业企业倾斜。模型涉及的主要变量如表4-11所示。

表4-11　主要变量定义

变量	变量含义	计算方法
Loan	贷款融资比例	(短期借款+长期借款)/总资产
TEA	定向降准政策	当期针对农业实施定向降准政策取1，否则取0
Agri	农业企业	是农业企业取1，否则取0
Rate	存款准备金率	大型金融机构存款准备金率（%）
Gdp	GDP增长率	剔除季节波动的不变价GDP环比增长率
Logasset	资产规模	log（期末总资产）
Age	企业年龄	log（1+企业成立年限）
Roa	盈利能力	净利润/总资产
Capitalratio	所有者权益比率	所有者权益/总资产
Liquidity	资产流动性	流动资产/总资产

4.2.3　实证结果分析

4.2.3.1　定向降准的盈利质量回归检验

为了分析定向降准对不同质量企业的影响差异，首先根据盈利质量分组，将Roa大于或等于行业Roa均值的归为高盈利能力组，反之为低盈利能力组，将两组数据分别代入模型（4.5），结果如表4-12列（1）与列（2）所示。在列（1）中，TEA与Agri的交乘项系数显著大于0，说明在高盈利的企业中，定向降准政策对农业信贷发挥了正面引导作用。与表4-4比较，该交乘项系数明显增大，说明银行在定向降准政策红利的诱使下相机地将信贷资源投向高盈利质量的农业企业，盈利能力较高的农业企业在定向降准后获得高于均值的信贷资源。TEA的系数为正，但是显著性不高，这说明定向降准货币政策实施之后有部分政策释放的资金渗漏至高盈利的非农业企业，但是规模不是很大，效果不是很明显。表4-12列（2）的结果说明，不论是定向降准还是定向降准与农业企业交乘项系数均不显著，说明定向降准货币政策不会对低盈利能力公司的信贷供给产生作用，定向降准对信贷资源的分配是以盈利质量为导向的，上述结果验证了假说4.7a。

表4-12　　　　定向降准的盈利质量回归效果检验

变量	（1）高盈利能力	（2）低盈利能力	（3）高盈利能力	（4）低盈利能力
	Loan	Loan	Loan	Loan
TEA × Agri	0.0165*** (2.6408)	0.0008 (0.1052)	0.0137** (2.3837)	0.0050 (0.6549)
TEA	0.0039* (1.9028)	-0.0003 (-0.1904)	0.0007 (0.3655)	0.0004 (0.2141)
Rate	-0.0004 (-0.3603)	0.0001 (0.0707)	-0.0006 (-0.6295)	-0.0007 (-0.7252)
Rate × Agri	0.0014 (1.1171)	0.0024* (1.8706)	0.0013 (1.0257)	0.0024* (1.8738)
Capitalratio	-0.3851*** (-16.9826)	-0.4306*** (-17.5308)	-0.3845*** (-15.8660)	-0.4231*** (-15.4305)
Age	0.0350 (1.5289)	0.0651* (1.8977)	0.0316 (1.2066)	0.0671* (1.9329)
Logasset	0.0252*** (4.0367)	0.0280*** (3.7982)	0.0228*** (3.3098)	0.0341*** (4.3459)
Roa	-0.3384*** (-3.5002)	-0.2365*** (-3.4031)	-0.2765*** (-2.8793)	-0.2141*** (-3.0794)
Liquidity	-0.0806*** (-3.7249)	-0.0625** (-2.4192)	-0.0744*** (-3.2585)	-0.0672** (-2.4808)

续表

变量	（1）高盈利能力	（2）低盈利能力	（3）高盈利能力	（4）低盈利能力
	Loan	Loan	Loan	Loan
Gdp	-0.0496 (-1.4921)	0.0099 (0.3268)	-0.0101 (-0.3023)	-0.0112 (-0.3348)
年份固定效应	控制	控制	控制	控制
季度固定效应	控制	控制	控制	控制
行业固定效应	控制	控制	控制	控制
企业固定效应	控制	控制	控制	控制
_cons	-0.1096 (-0.8045)	-0.1744 (-1.0454)	-0.0583 (-0.3754)	-0.3034* (-1.6734)
N	8 824	10 208	9 537	9 495
adj. R^2	0.393	0.431	0.386	0.425

注：括号内为 t 值，* 代表 p 值 <0.1，** 代表 p 值 <0.05，*** 代表 p 值 <0.01。

为避免非经常损益对盈利质量的影响，本书转变盈利质量的度量方式，采用总资产经营利润率（经营利润除以总资产）度量企业盈利能力，将总资产利润率大于或等于同期行业均值的列为高盈利企业，反之为低盈利企业。将两组企业数据分别代入模型（4.5），考察定向降准质量回归结论的稳健性，结果如表 4-12 列（3）与列（4）所示。在高盈利企业中，农业企业相对非农企业获得了更多的信贷资源，这说明银行在定向降准后对高盈利的农业信贷倾斜较明显，而对于低盈利农业企业，定向降准没有明显的政策引导作用。这再次印证了前文定向降准的盈利质量回归结论。

4.2.3.2 定向降准的信息质量回归检验

接着按照信息质量对企业加以分组，首先以信息不对称程度来评价企业的信息质量，根据以往研究（Llorente et al.，2002）将“被分析师关注度”作为信息不对称的代理变量，信息不对称程度较低组指的是存在分析师或团队对其进行跟踪分析的公司，其信息质量较高；而信息不对称程度较强组指的是不存在分析师或团队对其进行跟踪分析的公司，其信息质量较低。两组数据分别代入模型（4.5），结果如表 4-13 列（1）与列（2）

所示。实证结果表明定向降准后，信息质量较高的非农企业受定向降准影响不大，而信息质量较高的农业企业较非农企业信贷水平有显著提升。与表4-4的交乘项系数相比，定向降准后高信息质量的农业企业较普通农业企业获得了更多的信贷资源。相反，在低信息质量组内，不论是农业企业，还是非农企业，其信贷水平受定向降准的影响都不大。由此说明定向降准后银行更青睐信息质量高的农业企业，而信息质量低的农业企业没有获得定向降准政策红利，由此假说4.7b成立。

表4-13　　　　定向降准的信息质量回归效果检验

变量	（1）高信息质量	（2）低信息质量	（3）高信息质量	（4）低信息质量
	Loan	Loan	Loan	Loan
TEA × Agri	0.0142** (2.3522)	0.0012 (0.1660)	0.0133** (2.2673)	0.0079 (1.4461)
TEA	0.0002 (0.1660)	0.0004 (0.1917)	-0.0025 (-1.4101)	0.0027* (1.7797)
Rate	-0.0005 (-0.7264)	-0.0006 (-0.6410)	0.0004 (0.4231)	-0.0010 (-1.1270)
Rate × Agri	0.0009 (0.6722)	0.0014 (0.9074)	0.0023 (1.3271)	0.0022** (1.9704)
Capitalratio	-0.4152*** (-17.5726)	-0.3814*** (-11.4166)	-0.4261*** (-15.5425)	-0.4051*** (-16.1534)
Age	0.0420* (1.6774)	0.0962** (2.1623)	0.0211 (0.6292)	0.0430 (1.6351)
Logasset	0.0198*** (3.1688)	0.0508*** (5.0744)	0.0246*** (3.4687)	0.0334*** (4.7734)
Roa	-0.4630*** (-5.5029)	-0.1921** (-2.0664)	-0.3746*** (-4.0167)	-0.2933*** (-3.4799)
Liquidity	-0.0785*** (-3.2558)	-0.0495 (-1.5436)	-0.0431 (-1.6316)	-0.0808*** (-3.6976)
Gdp	-0.0240 (-1.0712)	0.0074 (0.2130)	-0.0253 (-0.8410)	-0.0087 (-0.3351)
年份固定效应	控制	控制	控制	控制

续表

变量	(1) 高信息质量	(2) 低信息质量	(3) 高信息质量	(4) 低信息质量
	Loan	Loan	Loan	Loan
季度固定效应	控制	控制	控制	控制
行业固定效应	控制	控制	控制	控制
企业固定效应	控制	控制	控制	控制
_cons	0.0065 (0.0522)	-0.7542*** (-3.0659)	-0.0593 (-0.3609)	-0.2569 (-1.5915)
N	12 538	6 494	9 412	9 620
adj. R^2	0.400	0.428	0.385	0.442

注：括号内为 t 值，* 代表 p 值 <0.1，** 代表 p 值 <0.05，*** 代表 p 值 <0.01。

在信贷市场中，代理成本通常伴随着信息不对称而产生，对于代理成本高昂的企业而言，即使其拥有盈利性的机会，依然难以获得银行的青睐（Stiglitz and Weiss，1981；Petersen and Rajan，1994）。本书根据以往研究（Singh and Davidson Ⅲ，2003；Banker et al.，2011），用销售与管理费用除以营业收入度量代理成本，将代理成本低于行业均值的定义为高信息质量组，将代理成本高于行业均值的定义为低信息质量组，实证检验结果如表4－13列（3）与列（4）所示。农业企业代理成本越低，管理层出现松懈的可能性就越小，信息质量越高，定向降准实施后银行将信贷资源往农业倾斜越明显，而对于信息质量低的农业企业在定向降准之后银行对其信贷偏好没有显著变化。

4.2.4 稳健性检验

为了避免主板数据对本书研究结论的差异，采用新三板数据将企业分组后代入模型（4.5），再次检验定向降准政策对不同质量农业企业信贷的影响差异。根据总资产净利率 Roa 对新三板上市公司进行分组，总资产净利率高于行业均值的将其纳入高盈利企业组，反之则为低盈利企业组，表4－14列（1）与列（2）为新三板企业高盈利能力样本组的回归结果，列（1）的回归结果表明定向降准政策实施之后，高盈利能力的农业企业得到了更多的信贷资源；列（2）的实证检验结果则表明，低盈利能力的农业企业在定向降准政策实施之后难以获得商业银行的青睐，由此推出定向降准货币政策将导致商业银行会相机地选择高盈利能力的农业企业，而对于低盈利能力的农业企业仍保持谨慎，即定向降准存在质量回归效应，这再次验证了假说4.7。

表 4－14　　定向降准的质量回归效果稳健性检验

变量	（1）高盈利	（2）低盈利
	Loan	Loan
TEA × Agri	0.0332*** （2.9341）	0.0183 （0.8534）
TEA	－0.0109 （－0.2264）	－0.2068** （－2.1029）
Rate	0.0458 （1.4138）	0.1996*** （3.0309）
_cons	－0.7429 （－1.3479）	－3.3550*** （－2.9950）
年份固定效应	控制	控制
季度固定效应	控制	控制
行业固定效应	控制	控制
企业固定效应	控制	控制
N	17 491	7 262
R^2	0.231	0.294

注：括号内为 t 值，* 代表 p 值 <0.1，** 代表 p 值 <0.05，*** 代表 p 值 <0.01。

4.2.5　结论与建议

4.2.5.1　结论

党的十九大报告强调，我国经济已由高速增长向高质量发展阶段转变。在此转变发展方式、优化经济结构的攻关期，定向降准政策能否推动信贷资源配置于高质量农业企业，促进实体经济的高质量健康发展尚未得证。本书从农业企业信贷层面论证定向降准是否存在质量回归效应，实证结果表明：定向降准政策实施之后，商业银行为了获得政策红利的同时优化银行信贷质量、控制银行信贷风险，相机地将信贷资源投向高质量的农业企业，对低质量的农业企业仍保持谨慎，从而导致盈利能力强的农业企业较非农企业获得了更多的信贷资源，而盈利能力弱的农业企业较非农企业的信贷融资比例没有显著差异，即定向降准具有盈利质量回归效应。此外在信息质量层面的实证结果表明，定向降准之后信息质量高的农业企业较非农企业获得了更多的信贷资源配置，而信息质量低的农业企业信贷融资比例较非农企业则不会有显著差异，即定向降准具有信息质量回归效应。

4.2.5.2 启示与建议

基于上述结论，提出如下对策建议：

（1）加强财政与货币政策之间的配合，促进协同发力。定向降准对产业结构调整发挥了一定的调控功效，定向降准之后银行相机地将信贷资源向低风险的农业企业倾斜，这一方面降低了银行的信贷风险，缓解了系统性风险爆发的担忧；但另一方面对于高风险的农业企业比如高科技创新型农业企业，其在发展初期研发成本往往难以快速回收，盈利性通常不高，技术创新的不确定性也增加了获得银行贷款的难度，因此需要配套财政政策扶持其健康发展。现如今财政与货币两大政策由财政部与中国人民银行分别制定，为避免财政政策与货币政策各自为政，须明确两大政策各自的政策边界与协同的领域，加强财政与金融部门的信息共享，在定向降准难以惠及的领域实施定向减税等结构性财政政策予以补充，从而实现财政政策与货币政策协同发力，共同谱写经济繁荣大篇章。

（2）搭建大数据征信信息平台，缓解银行后顾之忧。定向降准难以改变银行的信贷偏好，信息质量较低即信息不对称程度较高的企业仍然难以获得银行青睐，这大大缩小了定向降准的政策效应。如何消除银行的顾虑，使定向降准的政策效应落实到“最后一公里”？部分地方政府为了缓解银行的信贷歧视，专门设立了贷款风险补偿专项基金用于补助涉农企业、小微企业贷款损失，而这种“救火式”的事后补贴难免造成银行的道德风险与政府的财政负担。因此，须从定向降准难以有效贯彻落实到位的根源即信息不对称角度剖析原因，在大量农户、小微企业征信数据不足甚至零征信的情况下，支农、支小贷款成为“烫手山芋”。征信数据的收集与整合需要投入大量的前期成本，跨越不同的部门壁垒，因此很难由商业银行独立完成，这需要由政府部门牵头，联合中央银行、银监会、商业银行以及互联网金融机构等各大部门，共同调查、搜集以及购买中小农业企业的信用基础数据，搭建大数据征信信息平台，为银行发放农业贷款提供信息支持，促使银行对贷款风险进行合理的定价，缓解银行对弱势群体的信贷歧视，解决金融资源分配不均衡的问题。

4.3 定向降准对农业企业融资约束的影响研究①

农业企业作为农业现代化的主力军，是经济发展的基石。农业企业的发展关乎农村经济发展、乡村振兴以及农民增收，而一个企业要发展必然离不开资金的支持，企业的研发、生产、投资等各项活动的展开都要求企业具备足够的资金实力及融资能力。但是，农业的弱质性特点决定了农业企业在借贷关系中常处于劣势地位，由于缺乏可抵押品，银行贷款的门槛高，使得农业企业很难从正规金融机构获得资金支持，而民间借贷利率显著高于银行利率，更进一步地加大了农业企业融资风险，导致农业发展受阻，融资约束问题尤为显著。“三农”是经济发展的短板，而农业企业作为农业现代化、产业化的微观基础，农业企业的成长、壮大对有效解决“三农”问题、促进农村经济发展具有重要意义。于是，如何有效缓解农业企业融资约束，助力农业企业的成长、壮大引起了广泛的关注。对于处于弱势的农业企业，其发展离不开政策的引导与支持，然而，传统的总量调控政策实施成本较高，定向宽松货币政策通过对贷款达标的金融机构降低法定存款准备金，增加基础货币和银行乘数扩大效应，释放流动性，对农业和小微企业等薄弱企业提供信贷支持，进而发挥缓解弱势企业融资约束的效果，同时也在某种程度上起到调结构的作用。

---

① 本节部分观点发表于《中国农村观察》2020 年第 6 期。

关于定向宽松类货币政策的研究，学者主要从信贷传导角度考察定向降准的调控效果，本书从企业融资约束角度研究定向降准之后农业企业融资约束程度的变化，意义在于：第一，探讨了解决农业企业融资约束的另一政策路径——定向降准政策，为实际性解决农业企业融资约束问题提供新思路。发挥定向降准政策在拓宽农业企业资金获取渠道方面的作用，助力农业企业扩大研发、投资与生产，发挥农业企业在促进农业现代化、农村经济发展方面的支持作用。第二，考察定向降准政策实施后农业企业投资现金流敏感性的变化，验证了定向降准货币政策对缓解农业企业融资约束的作用，为定向降准货币政策的实施提供理论支撑。第三，依据代理成本、信息不对称程度、会计稳健性三个标准，将农业企业分组，通过分析定向降准对不同类型农业企业融资约束的影响差异，考察影响定向降准政策实施效果的具体因素，为货币当局更好地贯彻定向降准政策提供改进方向。第四，从企业角度考察影响定向降准政策实施效果的具体因素，分析阻碍企业享受定向降准政策福利的因素，以充分发挥农业企业自身主观能动性，更好地缓解农业企业融资约束问题。

4.3.1 文献回顾

4.3.1.1 农业企业融资约束成因

在现实环境中，企业普遍面临着融资约束的困扰，尤其是对农业企业来说，其面临着更为严重的融资约束。当前我国绝大多数的农业企业均处在发展扩张阶段，需要大量的资金支持，因而农业企业有较为迫切的融资需求。然而，由于农业企业自身的限制，难以从正规渠道获得资金，在发展中大多只能依靠自有资金和民间借贷资金，使得农业企业融资问题突出（郝丽霞，2011）。葛永波等（2008）对我国上市农业公司的融资偏好进行考察，研究发现我国农业企业融资问题突出，由于外部融资渠道的不畅通，农业企业的融资偏好难以得到有效满足，当农业企业有融资需求时，只能被动地选择内部融资。方行明等（2011）也提到在我国中小企业普遍融资难的态势下，农业企业融资要更为艰难。农业企业为何会面临融资约束困境，学者从不同视角对其进行了研究。首先，从信息不对称角度，部分学者认为信息不对称问题是造成农业企业融资难的主要原因。廖国民等（2009）认为由于信息的非对称，商业银行在发放贷款时更倾向于向大企业投放信贷资金，而农业企业则难以得到银行贷款。黄晓梅（2013）提到银行贷款是中小农业企业进行融资的重要渠道，然而由于信息不对称的存在，银行无法判断农业企业的发展情况，银行“惜贷”和“慎贷”的现象时常出现，使得大多数农业中小企业难以从银行获取信贷资金。其次，从农业企业自身状况出发，周月书等（2009）通过对江苏的吴江和常熟两地的农业企业进行实地考察研究，发现由于农业企业自身规模较小、盈利能力不足、管理水平不高等因素造成企业难以获取外部融资。黄祖辉等（2010）认为农业龙头企业作为新型农业经营主体的代表，对农业现代化、农业经济发展具有重要支撑作用，但是在其发展过程中由于农业生产资料难以成为抵押品、农业企业担保困难等原因，这些农业龙头企业常面临资金短缺的困境。最后，还有部分学者从行业特性角度入手，认为由于农业自身的弱质性、高风险性，融资难问题成为农业企业发展过程中面临的主要障碍（董影等，2013）。许月丽（2010）提出由于气候的不确定性导致农业产业的弱质性，农业企业通常会面临信贷资源分配不公的情况，即一般来说，相较于其他类型企业，农业企业无法在银行的信贷配给中占据到优势地位。

鉴于上述分析可知，农业企业普遍遭受融资约束的困扰，学者关于农业企业融资约束成因的观点主要为以下几点。从信息不对称角度看，研究认为信息不对称是造成农业企业融资约束主要原因。由于银行难以把握农业企业的具体情况，贷款给中小企业会使银行面临更大风险，这些决定了农业企业在银行信贷中的弱势地位。农业企业一般规模较小、盈利能力不足、管理水平不高且缺乏抵押物，银行面向企业放贷时存在着偏好，农业企业自身的特质导致银行对农业企业的歧视，银行常常不愿意贷款给农业企业，使得农业企业普遍面临融资约束的制约。从农业的行业特性角度看，农业企业的生产经营对自然依赖性强，在农业企业先天弱质性的制约下，农业企业融资更加艰难。

4.3.1.2 农业企业融资约束的负面影响

农业企业面临的融资约束给农业企业自身乃至农村经济的发展带来负

面影响。首先从微观角度来看，融资约束影响农业企业的投资行为，进而不利于农业企业的发展。王玉春等（2006）对我国农业上市公司进行研究，发现由于缺乏足够的资本，农业企业的可持续增长能力不足。同时，资金的缺乏还影响着农业企业对于农业技术的使用以及农业服务体系的完善，制约农业企业的发展（黄祖辉等，2010）。姚文韵等（2011）发现外部融资显著影响着农业企业的投资活动，农业企业若能扩大外部融资渠道，便会增加投资，但由于农业企业在外源融资上处于弱势地位，因此其投资活动常受到抑制。其次，融资约束制约农业企业的研发创新活动。对于农业高新技术企业来说，企业发展的基石就是农业技术的研发，这更事关农业高新技术企业的生存及市场竞争力，然而外部融资约束、研发资金的匮乏，抑制了企业技术研发活动，严重阻碍了农业高新技术企业的生存、发展（桑晓靖，2008）。农业技术的研发、创新对于提高农业企业竞争力，推动农业产业化发展、现代化建设具有重要意义。

其次，从宏观视角分析，农业企业发展对于助力农业经济增长，拉动就业具有重要意义（唐欣等，2013），而农业企业面临的融资约束问题将影响农业企业对整个宏观经济正向作用的发挥。张庆亮（2014）认为小微农业企业面临的融资难问题将成为制约我国农业经济发展的一大障碍。刘星海（2016）提到中小农业企业在推动农村经济发展、缓解农村就业问题和解决“三农”问题上占据重要地位，然而，受农村地区金融抑制问题的困扰，涉农企业往往难以取得信贷资金支持，资金的匮乏严重抑制了中小农业企业的发展，进而制约农村地区的经济发展。

综上可知，农业企业的融资约束困境在微观层面会抑制企业生产、投资及研发等活动，阻碍农业企业的成长壮大，尤其是处于发展阶段的农业企业，在宏观层面会对农村地区的社会就业、经济发展产生负面影响。

4.3.1.3 货币政策对农业企业融资约束的缓解作用

基于农业企业的弱质性，大多学者认为农业企业的融资难题需要借助政府的力量。在前期，学者关注财政政策在缓解农业企业融资约束方面的作用，但研究发现财政补贴对农业企业的激励作用不明显，甚至还会使一些农业企业出现不努力经营的情况，加剧了农业企业在外部融资上的不利状况（王永华等，2017）。随后，学者通过研究发现货币政策在缓解中小企业融资约束问题上具有较为显著的效果，主要是由于企业现金流的波动性受到总体经济活动周期的影响，因此宏观货币政策对企业融资约束会产生一定的影响（Fazzari et al.，1987）。研究发现，宽松的货币政策具有缓解企业融资约束状况的作用，而紧缩性的货币政策会使企业的外部融资状况恶化（龚光明等，2012）。黄志忠等（2013）从货币政策传导机制的微观层面展开研究，发现宽松的货币政策下企业投资水平上升，投资现金流敏感性降低，融资约束与融资成本压力减弱。

于是，许多研究探讨了货币政策在缓解农业企业融资约束的作用，大多学者主要集中从信贷渠道、利率渠道以及金融环境三个方面研究货币政策对农业企业融资约束产生影响。首先，关于信贷资源渠道方面，学者们认为在缓解农业中小企业融资约束上，信贷渠道能够发挥重要作用（周英章等，2002）。货币政策能够通过信贷渠道影响农业企业的信贷资源的分配与获取（蒋瑛琨等，2005）。姜长云等（2010）认为增强信贷支持的措施，对解决农业企业的资金获取问题具有重要意义。邢道均等（2011）提出农村小额信贷能够有效拓宽农业企业的融资渠道，缓解农业企业的融资约束。因此，货币政策能够通过对农村小额信贷的发展给予支持，进而帮助农业企业解决资金的获取问题。周月书等（2013）通过研究进一步证实了农村小额信贷确实能够在缓解农业企业融资约束方面发挥作用。王遥等（2019）在研究绿色信贷激励政策时发现，定向降准政策的实施有效扩大了金融机构的绿色信贷量。因此，货币政策具有扩大信贷总量以及促进信贷资源合理配置的作用，而信贷量的扩大以及信贷分配不均状况的改善有助于缓解企业的融资约束。同时，货币政策还可以通过影响商业银行的放贷行为，促进信贷资源合理配置。叶康涛等（2009）研究发现货币政策影响着银行的贷款行为，紧缩性货币政策下，银行放贷数量下降，企业不容易获得贷款，特别是对中小企业来说，更是难上加难。由于银行与中小企业间存在信息不对称问题，银行对中小企业贷款往往需要承担更大风险，因而银行往往更倾向于大企业贷款业务。张雪兰等（2012）研究发现货币政策能够影响银行的风险承担水平，增加银行对中小企业贷款的概率，通过这一渠道发挥缓解中小企业融资约束的作用。郭晔等（2019）提出定向降准货币政策下能够改善农业企业在银行信贷中的弱势地位，增强商业银行对农业企业的贷款倾向，缓解农业企业的融资约束困境。

其次，在利率渠道方面，学者们认为货币政策也能够通过利率渠道发挥缓解农业企业融资约束困境的作用。刘金全（2002）提出调控货币政策能够通过市场利率影响银行对农业企业的贷款意愿，过高的市场利率会使银行惜贷，不愿意把贷款发放给风险较高的中小农业企业，因此可以通过宽松货币政策，放松银行的贷款约束。姜长云等（2010）认为可以通过实行优惠利率，改善农业企业的资金获取难题。马理等（2015）提出定向降准政策在一定程度上能起到调整信贷资源分配的作用，若与农业可贷利率区间调控相结合，对扩大农业信贷的效果更加显著。王吉鹏等（2018）提出，合理的利率水平能够降低新型农业经营主体融资成本，解决农业龙头企业融资难的问题。

最后，关于货币政策通过改善金融环境调节企业融资约束的研究中，朱红军等（2006）发现金融的发展能够拓宽企业融资渠道，降低资金获取成本，减轻投资行为对内部资金状况的依赖程度。因此，学者认为货币政策能够对企业的金融环境施以影响，进而缓解企业的融资约束状况。何志雄等（2015）提出农业政策性金融供给水平的提高有助于提升金融服务于农业企业的能力，为农业企业的发展提供支持。此外，有的学者认为可以利用货币政策支持非正规金融的发展，由此来拓宽农业企业融资渠道，改善农业企业所处的金融生态环境。林毅夫等（2005）提出非正规金融在有效克服信息不对称问题上具有优势，通过非正规金融渠道能够降低企业获取资金的成本，农村非正规金融的发展增加了农业企业取得贷款的途径、机会，有利于解决农业中小企业的资金获取问题。许月丽等（2020）认为正规金融在应对农村严重信息不对称问题方面有局限性，而非正规金融掌握更多农业中小企业信息，能够在一定程度上克服信息不对称问题，因此，非正规金融的发展可以有效扩展农业企业的融资渠道。马鑫媛等（2016）通过构建 DSGE 模型，发现价格型货币政策工具能够对非正规金融产生显著影响。

鉴于上述分析，在货币政策对企业融资约束的影响上，学者认为货币政策可通过调节信贷总量、改善信贷资源分配，调控利率以及支持金融发展三种方式，间接对农业企业的融资约束程度产生影响。首先，研究认为可通过信贷渠道，改善农业企业原先处于金融中的弱势地位，拓宽农业企业获取资金的途径。货币当局通过影响金融机构的放贷选择，增强对农业企业的信贷支持，改善信贷资源分配不均的状况，促进银行信贷资源流向农业企业。其次，有研究认为可利用利率渠道，刺激银行向农业企业放贷，或是调低农业企业贷款利率，降低农业企业融资成本。最后，有些学者认为可以利用货币政策为金融提供的支持，改善农业企业的金融生态环境，拓宽农业企业融资渠道，为农业企业提供更多金融服务支持。

4.3.2 理论分析与假说提出

大部分研究认为，由于信息不对称的存在，农业企业通过外部融资时，不可避免地要付出更高昂的成本，这使得农业企业常会面临融资约束问题。由于大部分农业企业的财务透明度低，银行与农业企业之间往往存在着严重的信息不对称问题。信息不对称提高了银行与农业企业的交易成本，削弱了银行向农业企业的贷款意愿。此外，农业企业自身的弱质性使得其在借贷市场中处于弱势地位，这进一步加剧了农业企业的融资约束。许月丽（2010）研究发现农业企业对自然依赖性大，农业企业存在天然的弱质性，银行往往不愿意贷款给农业企业。黄祖辉等（2010）发现农业企业由于农业生产资料难以成为抵押品的问题，难以进行抵押担保贷款，这同样也阻碍了农业企业的资金获取。

融资约束的存在，会在很大程度上抑制企业开展投资活动。由于企业做出投资决策时，不得不考虑外部融资的高成本问题。于是当企业无法负担来自外部融资的高成本时，其投资行为将更加依赖于企业内部现金流的状况。葛永波等（2008）对我国上市农业公司的融资方式偏好选择进行考察，发现由于农业企业常面临外部融资约束，不得不选择内部融资，此时，企业的投资行为将很大程度上取决于企业内部资金状况是否良好。学者认为企业的融资约束与投资现金流之间存在密切关系，朱红军等（2006）研究发现当企业的融资约束得到缓解时，投资行为对内部资金状况的依赖程度将会下降。曾爱民等（2013）通过比较不同融资约束程度企业的投资——现金流敏感性，发现高融资约束的企业具有更高的投资——现金流敏感性，同时，随着外部融资约束的进一步增大，投资——现金流敏感性呈上升趋势。研究发现在宽松的货币政策实施后，企业投资水平上升，投资现金流敏感性降低，融资约束也随之得到缓解。于是，学者常通过投资——现金流敏感性来考察企业的融资约束状况。

鉴于以上分析，本书把企业的投资现金流敏感性作为企业融资约束的衡量标准，当企业的投资现金流敏感性上升时，表明企业的融资约束趋紧，当企业的投资现金流敏感性下降时，表明企业的融资约束得到缓解。通过研究定向降准政策的实施是否能够有效降低农业企业的投资现金流敏感性，来判断定向降准政策在缓解农业企业融资约束的效果。而定向降准政策有利于增加金融机构向农业企业贷款的意愿，促进信贷资源向农业企业流动，有助于降低企业的投资活动对内部现金流的敏感性。

融资约束的存在，增大了企业投资行为对内部现金流的敏感性，而企业的融资约束问题主要来自信息的不对称，再考虑到农业企业本身的弱质性，金融机构往往不愿意贷款给农业企业，农业企业在金融市场上常处于弱势地位。通过实施定向降准货币政策，对农业贷款达到一定比例的金融机构降低法其法定存款准备金，可以增强金融机构向农业企业贷款的意愿，改善信贷资源分配不均的状况，拓宽了农业企业的融资渠道，农业企业的投资对其内部现金流的敏感程度下降，农业企业的融资约束得到缓解。于是，可以推断出定向降准政策颁布后，会增大金融机构向农业企业贷款的倾向，改善农业企业的外部融资环境，农业企业的投资不必再过度依赖于内部现金流状况，农业的融资约束得到显著改善。因此，根据上述分析，提出如下假说：

假说4.8：定向降准政策颁布后，农业企业的投资现金流敏感性显著降低，融资约束问题有所缓解。

定向降准政策在实施的过程中，其实施效果受到多方面的影响，定向降准政策直接影响到金融机构的放贷选择，而在影响金融机构放贷对象的选择上，企业的代理成本、会计稳健性以及信息不对称程度都会成为银行判断是否给企业贷款的标准，银行在对不同类型的农业企业放贷时具备不同偏好，因此造成不同农业企业受益程度的不同，即定向降准货币政策实施效果上的非对称性。

首先，考虑到企业的代理成本，企业代理成本的高低影响企业的成长性。企业的代理问题主要分为两类：一类是股东与高管之间的代理问题，另一类是大股东与小股东之间的代理问题，其中股东与高管之间的矛盾更为突出。股东与高管的矛盾根源于二者诉求不一致，高管的诉求是获得更高的薪酬，而股东则追求更高的投资回报。由于股东并不参与日常经营活动，高管在企业经营方面有信息优势，高管为了追求私人利益，会做出损害股东利益的行为。例如，王克敏等（2007）提出高管会通过盈余管理活动追求更高的报酬，实现自身利益最大化。此外，高管还会尽可能地增加投资来获取更高薪酬（李丹，2020），过度的投资行为可能会使企业面临风险，不利于企业的发展。因此，学者认为企业的代理成本与企业成长性呈负相关关系，王宇等（2019）提出代理问题抑制了企业的成长性，企业变得更为保守。定向降准货币政策的颁布后，金融机构会更多地考虑向农业企业贷款，但是在对所贷款的农业企业的选择上，面对代理成本不同的农业企业，金融机构会更加倾向低代理成本的农业企业，于是，在定向降准货币政策颁布之后，金融机构会增加对低代理成本农业企业的信贷，低代理成本的农业企业的受益程度比高代理成本的农业企业要高。

代理成本高不利于企业进一步发展，使其成长性受到抑制，即便是在定向降准货币政策下，金融机构对贷款对象还是要进行评估、审核，对于高代理成本与低代理成本的企业，金融机构会将企业未来的发展状况纳入考量范围，因为这关系到企业在未来能否按时还贷。于是，定向降准货币政策下，金融机构会倾向于贷款给低代理成本的农业企业，低代理成本农业企业在信贷中占据优势，因此更容易获得贷款，低代理成本农业企业的融资约束得到更显著缓解。而考虑到高代理成本农业企业坏账损失成本可能超过定向降准政策红利，银行通常对其保持谨慎态度，据此提出如下假说：

假说4.9：定向降准货币政策对代理成本低的农业企业融资约束的缓解效果较显著，而对于高代理成本农业企业融资约束的影响程度不大。

接着，考虑到农业企业的信息不对称程度。信息不对称是农业企业陷入融资约束困境的一大成因，由于信息不对称的存在，金融机构无法获取足够的农业企业信息，金融机构一般不愿意贷款给信息不全面的企业，因为金融机构认为这一类企业更容易发生逆向选择与道德问题（李志赟，2002）。由信息不对称引发的企业信用问题进一步加剧了企业的融资约束，信用等级是金融机构决定是否贷款给企业的一大重要指标，由于金融机构对企业不了解，企业自然无法获得较高的信用等级，进而难以得到金融机构的贷款（罗党论等，2008）。在定向降准货币政策下，金融机构在考虑对信息不对称程度不同的农业企业进行放贷时，会更倾向于选择信息不对称程度低的农业企业。若是将款项贷给信息不对称程度高的农业企业，就有可能面临道德风险与逆向选择问题，而为了尽可能避免上述问题，金融机构必然要付出更多的努力去搜寻农业企业的信息，这提高了金融机构的交易成本。在这种情况下，金融机构更多地增加对信息不对称程度低的农业企业的贷款，在定向降准货币政策下，信息不对称程度低的农业企业的贷款受益更多。

在定向降准货币政策实施后，金融机构会增加对农业企业的贷款，以享受政策的优惠，但金融机构仍旧会在其享有的政策优惠与放贷风险之间进行权衡，面对信息不对称程度高低不同的农业企业，金融机构会倾向于选择信息不对称程度低的农业企业，因为金融机构掌握了较多农业企业的信息，不论是在放贷风险还是交易成本上均有优势，于是农业企业的信息不对称程度越低，农业企业在信贷市场中越有利，更有机会得到金融机构的贷款，从而发挥定向降准货币政策缓解农业企业融资约束的作用。于是提出如下假说：

假说 4. 10：定向降准货币政策对信息不对称程度低的农业企业融资约束缓解的效果更显著，而对于信息不对称程度高的农业企业融资约束的影响则不显著。

此外，会计稳健性也影响着定向降准货币政策对农业企业融资约束的缓解效果。会计稳健性反映企业在面对利好消息时，是否能保持谨慎，以及对于不利因素能否第一时间引起注意（张悦玫等，2017）。杨华军（2007）认为会计稳健性会对企业的投资产生影响，在会计稳健性要求下，企业会及时停止负净现值的项目，把资源分配在更具盈利能力的投资上。张敦力等（2011）提出会计稳健性有助于股东及董事及时发现不当的投资并采取相应措施，抑制了管理者隐瞒不利投资的行为，这也说明了可以通过会计稳健性判断企业的成长性及盈利能力。会计稳健性越高，会计信息越能反映企业的状况，张金鑫等（2013）认为会计稳健性在一定程度上反映着一个企业的健康状况，因此，外部投资者在考虑是否给企业提供资金时，会计稳健性也成为一个重要衡量指标。会计稳健性高的农业企业成为金融机构放贷的优先考虑对象。在定向降准货币政策下，金融机构面对会计稳健性不同的农业企业，若选择会计稳健性高的农业企业放贷则减少了企业贷后发生道德风险的可能性，若选择会计稳健性低的农业企业则增加了银行的信贷风险隐患。因此，定向降准货币政策的实施更有助于缓解会计稳健性高的农业企业的融资约束，据此提出以下假说：

假说4.11：定向降准货币政策对会计稳健性高的农业企业融资约束的缓解效果更显著，而对于会计稳健性低的农业企业融资约束的缓解作用并不明显。

4.3.3 模型设计与变量选择

本书借鉴了（Erel et al.，2015）、张新民等（2017）、法扎里（Fazzari et al.，1988）的观点，采用投资现金流敏感性模型考察货币政策实施对农业企业融资约束缓解程度。现有研究认为，融资约束越强的企业具有更高的投资现金流敏感性（屈文洲等，2011；朱红军等，2006；曾爱民等，2013），模型构建如下：

$$Invest_{i,t} = \beta_0 + \beta_1 Cfo_{i,t-1} + \beta_2 TEA_{t-1} + \beta_3 TEA_{t-1} \times Cfo_{i,t-1} + \sum_{j=1}^{J} \varphi_j Control_{i,t-1} + u_i + \varepsilon_{i,t} \quad (4.6)$$

其中，*Invest* 为企业投资规模，*Cfo* 为企业现金流量，*TEA* 为是否实施定向降准政策，同时选取 *Liquidity*（企业流动性）、*Leverage*（杠杆比率）、*Age*（企业成熟度）、*Growth*（企业成长性）、*Logasset*（企业规模）、*Sk*（固定资产周转率）作为控制变量，考虑到总量调控与定向调控货币政策的交叉影响，还增加了 *Rate*（存款准备金率）控制变量，为了避免企业融资约束的内生性问题（Whited，1992），本书将控制变量滞后一期。主要变量定义如表 4 – 15 所示。

表 4 – 15　　主要变量定义

变量	变量含义	计算方法
Invest	投资规模	当期购建固定资产、无形资产和其他资产支付的现金/上一期固定资产余额
Cfo	现金流量	经营活动现金流量净额/上一期固定资产余额
TEA	是否针对农业实施定向降准	当期针对农业实施定向降准则取 1，否则取 0
Age	企业成熟度	企业成立年限
Logasset	企业规模	log（期末总资产余额）
Growth	成长性	(本期资产余额 – 上期资产余额)/上期资产余额
Sk	固定资产周转率	营业收入/上一期固定资产余额
Liquidity	企业流动性	流动资产余额/总资产余额
Leverage	杠杆比率	负债余额/总资产余额
Rate	存款准备金率	大型金融机构存款准备金率（%）

4.3.4　实证结果与分析

4.3.4.1　定向降准对农业企业融资约束的总体影响

首先，考察定向降准货币政策的颁布对所有样本企业融资约束的影响。结果如表 4 – 16 列（1）所示，在定向降准货币政策颁布后，全样本企业的投资现金流敏感性没有显著变化，这表明定向降准政策对全体企业的融资约束没有显著的缓解作用。接着将样本根据农业企业和非农业企业进行分组，分别分析定向降准货币政策对农业企业与非农业企业融资约束的影响，结果如表 4 – 16 列（2）与列（3）所示。根据列（2）回归结果可得出定向降准货币政策与农业企业现金流量的交乘项（TEA × Cfo）显著为负，这表明在定向降准货币政策实施之后，农业企业的投资现金流敏感性显著降低，农业企业融资约束状况得到明显的缓解。定向降准货币政策的实施增强了金融机构对农业企业的贷款意愿，改善农业企业在信贷中的弱势地位，扩大农业企业外部融资来源，缓解农业企业的融资约束问题。而通过对表4-16列（3）回归结果进行分析发现，非农企业的现金流量与定向降准货币政策的交乘项系数并不显著，这说明在定向降准货币政策实施之后，非农企业的投资现金流敏感性没有发生显著变化，进而可得非农企业的融资约束程度受定向降准货币政策的影响不大。这与定向降准货币政策的导向相吻合，定向降准政策主要向农业企业倾斜，而非农企业并非定向降准政策的实施对象。因此，假说4.8成立，即定向降准货币政策能够显著降低农业企业的投资现金流敏感性，进而缓解农业企业的融资约束状况。

表4-16　　定向降准对企业融资约束的影响检验

变量	（1）总样本	（2）农业企业	（3）非农业企业
	Invest	Invest	Invest
Cfo	-0.0026*** (-2.6661)	0.0032 (0.6278)	-0.0028*** (-2.8450)
TEA×Cfo	-0.0012 (-0.5546)	-0.0431*** (-3.7711)	0.0001 (0.0202)
TEA	0.0013 (0.3946)	0.0183* (1.8890)	-0.0001 (-0.0154)
Rate	-0.0025 (-1.4801)	0.0030 (0.5824)	-0.0030* (-1.6501)
Liquidity	0.0711*** (6.2752)	0.1817*** (4.3892)	0.0631*** (5.3454)
Leverage	0.1233*** (6.1822)	0.1096 (1.5245)	0.1255*** (6.0326)
Age	-0.1104*** (-7.7856)	-0.2587*** (-4.7439)	-0.0985*** (-6.6042)
Growth	-0.0141*** (-8.0143)	-0.0114*** (-3.2292)	-0.0146*** (-7.2814)
Logasset	-0.0097*** (-3.6925)	-0.0217* (-1.9424)	-0.0097*** (-3.5325)
Sk	0.0200*** (28.4222)	0.0187*** (6.0961)	0.0203*** (27.5921)

续表

变量	(1) 总样本	(2) 农业企业	(3) 非农业企业
	Invest	Invest	Invest
年份固定效应	控制	控制	控制
季度固定效应	控制	控制	控制
行业固定效应	控制	控制	控制
企业固定效应	控制	控制	控制
_cons	0.4346*** (7.2051)	0.7949*** (3.3232)	0.4189*** (6.6855)
N	17 116	1 463	15 653
R^2	0.093	0.156	0.092

注：括号内为 t 值，* 代表 p 值 <0.1，** 代表 p 值 <0.05，*** 代表 p 值 <0.01。

4.3.4.2 定向降准对农业企业融资约束影响的异质性

不同农业企业的具体特征必然不同，农业企业的特征差异会影响定向降准政策在缓解农业企业融资约束方面的政策效果，造成政策效果的非对称性。以下通过考察各农业企业在代理成本、信息不对称程度以及会计稳健性的特征差异，根据这三类特征将农业企业分成不同样本组，进一步考察定向降准货币政策对不同类型农业企业融资约束影响的差异。

首先，考察定向降准货币政策对代理成本不同的农业企业融资约束影响的差异，本书采用（销售费用+管理费用）/营业收入来度量农业企业代理成本，当农业企业的代理成本高于同行业代理成本中位数时，归入高代理成本组，否则为低代理成本组。回归结果如表 4-17 列（1）、列（2）显示，当代理成本较低时，定向降准货币政策与农业企业现金流量的交乘项系数（TEA×Cfo）显著为负，表明实施定向降准货币政策之后，代理成本较低的农业企业融资约束得到缓解。而高代理成本的农业企业在定向降准货币政策颁布后投资现金流敏感性并没有什么显著变化。这主要是由于代理成本与企业的成长性挂钩，代理成本的高低是影响金融机构贷款选择的因素之一，低代理成本农业企业更受金融机构的青睐，在信贷中更占据优势，更容易获得贷款。于是，定向降准货币政策下，金融机构会倾向于贷款给低代理成本的农业企业，其融资约束得到更显著的缓解。

表 4－17　　定向降准对不同代理成本农业企业融资约束影响的差异检验

变量	（1）低代理成本农业企业	（2）高代理成本农业企业
	Invest	Invest
Cfo	－0. 0041 （－0. 3406）	0. 0117 ** （1. 9964）
TEA × Cfo	－0. 1342 *** （－6. 0786）	0. 0006 （0. 0411）
TEA	0. 0276 * （1. 9393）	0. 0073 （0. 5550）
Rate	0. 0084 （1. 0806）	－0. 0011 （－0. 1528）
Liquidity	0. 0860 （1. 3788）	0. 2592 *** （4. 3933）
Leverage	0. 0317 （0. 2848）	0. 1298 （1. 3117）
Age	－0. 2405 *** （－2. 9324）	－0. 2379 *** （－3. 0134）
Growth	－0. 0082 （－1. 5064）	－0. 0142 *** （－2. 9988）
Logasset	－0. 0403 ** （－2. 4169）	－0. 0026 （－0. 1532）
Sk	0. 0094 ** （2. 1781）	0. 0208 *** （4. 3937）
年份固定效应	控制	控制
季度固定效应	控制	控制
行业固定效应	控制	控制
企业固定效应	控制	控制
_cons	1. 2456 *** （3. 4248）	0. 3316 （0. 9258）
N	656	807
R^2	0. 227	0. 174

注：括号内为 t 值，* 代表 p 值 <0. 1，** 代表 p 值 <0. 05，*** 代表 p 值 <0. 01。

上述结果表明，代理成本的存在会减弱定向降准货币政策对于缓解农业企业融资约束的效果，定向降准货币政策对于缓解较低代理成本农业企业融资约束的效果更显著，而对于高代理成本的农业企业则不然，由此验证了假说4.9。

其次，考察各农业企业的信息不对称程度，分析信息不对称程度不同的农业企业在定向降准货币政策之后融资约束的变化差异。本节采用是否有分析师关注来度量农业企业的信息不对称程度，将有分析师关注的农业企业归入信息不对称程度较低的样本组，而没有分析师关注的农业企业归入信息不对称程度较高的样本组。依据表4－18列（1）与列（2）所示，信息不对称程度低的农业企业，其现金流量与定向降准货币政策的交乘项系数（TEA×Cfo）显著为负，表明信息不对称程度低的农业企业在实施定向降准货币政策之后融资约束得到了有效缓解，但定向降准货币政策的实施在缓解信息不对称程度高的农业企业融资约束问题上并没有什么作用。这与李志赟（2002）及罗党论等（2008）提到由信息不对称引发的企业信用问题将加剧企业的融资约束观点相一致。此外，由于信息不对称还会增加银行对农业企业的信息搜寻成本，进一步降低银行对信息不对称程度较高的农业企业的贷款倾向，信息不对称程度较低的农业企业能够享有更多的政策优惠，自身的融资约束状况得到一定缓解。因此，定向降准货币政策实施之后可以有效缓解信息不对称程度较低的农业企业融资约束状况，但对于信息不对称程度较高的农业企业则没什么影响，验证了假说4.10。

表4－18　定向降准对不同信息不对称程度农业企业融资约束影响的差异检验

变量	（1）信息不对称程度低的农业企业	（2）信息不对称程度高的农业企业
	Invest	Invest
Cfo	0.0144* （1.8785）	0.0085 （1.1523）
TEA×Cfo	－0.1023*** （－6.7060）	0.0201 （1.0624）
TEA	0.0261** （2.3531）	0.0117 （0.6606）

续表

变量	（1）信息不对称程度低的农业企业	（2）信息不对称程度高的农业企业
	Invest	Invest
Rate	0.0000 (0.0048)	0.0079 (0.7573)
Liquidity	0.2118*** (3.8707)	0.2820*** (3.2137)
Leverage	0.0611 (0.6975)	0.0684 (0.4830)
Age	-0.2034*** (-3.0509)	-0.3962*** (-2.9455)
Growth	-0.0032 (-0.7293)	-0.0161*** (-2.7066)
Logasset	-0.0444*** (-3.0201)	-0.0207 (-0.7725)
Sk	0.0161*** (4.1274)	0.0230*** (4.1386)
年份固定效应	控制	控制
季度固定效应	控制	控制
行业固定效应	控制	控制
企业固定效应	控制	控制
_cons	1.1771*** (3.9632)	0.9348 (1.3691)
N	984	479
R^2	0.218	0.210

注：括号内为 t 值，* 代表 p 值 <0.1，** 代表 p 值 <0.05，*** 代表 p 值 <0.01。

接着考察不同会计稳健性的农业企业，根据会计稳健性分组，当 C_score大于行业 C_score 的中位数时为会计稳健性较高的样本组，否则为会计稳健性较低的样本组。分样本回归结果如表 4-19 列（1）与列（2）所示，会计稳健性高的农业企业，其企业现金流量与定向降准货币政策的交乘项系数（TEA × Cfo）显著为负，表明在定向降准货币政策实施后，会计稳健性高的农业企业融资约束得到了缓解，但定向降准货币政策的实施对于会计稳健性低的农业企业影响甚微。这是由于会计稳健性反映企业的健康状况，金融机构能够根据企业会计稳健性来判断其成长性、盈利能力等相关数据的可靠性，定向降准货币政策下，金融机构更倾向于将会计稳健性较高的农业企业纳入贷款对象。于是，相较于会计稳健性低的农业企业，会计稳健性高的农业企业在定向降准货币政策颁布后，更容易获得金融机构的贷款。因此在定向降准政策实施后，会计稳健性高的农业企业融资约束缓解程度更明显，假说 4.11 成立。

表 4－19　定向降准对不同会计稳健性农业企业融资约束影响的差异检验

变量	（1）会计稳健性较高的农业企业	（2）会计稳健性较低的农业企业
	Invest	Invest
Cfo	0.0027 (0.5461)	0.0057 (0.3006)
TEA × Cfo	－0.0374 *** (－3.3615)	－0.0667 (－1.4619)
TEA	0.0167 (1.3891)	－0.0001 (－0.0081)
Rate	0.0053 (0.8770)	－0.0048 (－0.5817)
Liquidity	0.1511 *** (3.0963)	0.4129 *** (4.4954)
Leverage	0.1259 (1.3376)	－0.1722 (－1.3032)
Age	－0.2158 * (－1.7833)	－0.1244 (－1.3321)
Growth	－0.0145 *** (－3.5779)	－0.0005 (－0.0794)
Logasset	－0.0002 (－0.0121)	－0.1204 *** (－4.8782)
Sk	0.0206 *** (5.9328)	0.0087 (1.1403)

续表

变量	（1）会计稳健性较高的农业企业	（2）会计稳健性较低的农业企业
	Invest	Invest
年份固定效应	控制	控制
季度固定效应	控制	控制
行业固定效应	控制	控制
企业固定效应	控制	控制
_cons	0.3886 (1.0314)	2.7600*** (5.7840)
N	806	508
R^2	0.170	0.236

注：括号内为 t 值，* 代表 p 值 <0.1，** 代表 p 值 <0.05，*** 代表 p 值 <0.01。

4.3.4.3 稳健性检验

为了控制普遍降准对企业融资约束的影响，并进一步将定向降准货币政策的效果与普遍降准货币政策在缓解融资约束过程的效果相比较，在实证检验的模型中加入 Drate（普遍降准的幅度）以及普遍降准与现金流量的交乘项（Drate × Cfo）。根据回归结果所示，所有样本企业的投资现金流敏感性在定向降准之后仍然没有发生显著变化。

之后，再将样本分为农业企业与非农业企业，分析定向降准及普遍降准是否有缓解其融资约束的效果。根据表4－20列（2）所示，农业企业现金流量与定向降准货币政策的交乘项系数（TEA × Cfo）显著为负，说明在定向降准货币政策实施之后，农业企业的投资现金流敏感性显著降低，定向降准货币政策能够有效缓解农业企业的融资约束；而农业企业现金流量与普遍降准货币政策的交乘项系数（Drate × Cfo）却显著为正，这表明普遍降准货币政策不仅不能降低农业企业的投资现金流敏感性，反而会使得农业企业的融资约束程度有所上升。这归结于普遍降准货币政策没有规定银行贷款所需支持的具体对象，而与非农企业相比，由于农业企业具有先天的弱质性特征，加上经营水平不高、农业生产资料难以成为抵押物等问题，农业企业在信贷市场中处于劣势地位。普遍降准政策下，金融机构扩大信贷量，但却更倾向于非农企业，于是造成农业企业的信贷资源更加紧张，融资约束趋紧。

表 4-20　　定向降准与普遍降准在缓解企业融资约束的效果比较

变量	(1) 全样本	(2) 农业	(3) 非农业
	Invest	Invest	Invest
Cfo	-0.0029*** (-2.8839)	0.0078 (1.4075)	-0.0032*** (-3.1170)
TEA × Cfo	-0.0003 (-0.1418)	-0.0521*** (-4.2802)	0.0011 (0.4923)
TEA	-0.0002 (-0.0700)	0.0183* (1.8729)	-0.0016 (-0.4886)
Drate	0.0017 (0.6561)	0.0015 (0.1808)	0.0015 (0.5527)
Drate × Cfo	-0.0019 (-1.5000)	0.0126** (2.1299)	-0.0024* (-1.8191)
Liquidity	0.0710*** (6.2683)	0.1853*** (4.4780)	0.0631*** (5.3446)
Leverage	0.1241*** (6.2193)	0.1102 (1.5350)	0.1265*** (6.0772)
Age	-0.1107*** (-7.8047)	-0.2531*** (-4.6380)	-0.0990*** (-6.6367)
Growth	-0.0140*** (-7.9664)	-0.0113*** (-3.2085)	-0.0145*** (-7.2299)
Logasset	-0.0098*** (-3.7115)	-0.0205* (-1.8372)	-0.0098*** (-3.5501)
Sk	0.0200*** (28.3255)	0.0168*** (5.2235)	0.0202*** (27.4382)
年份固定效应	控制	控制	控制
季度固定效应	控制	控制	控制
行业固定效应	控制	控制	控制
企业固定效应	控制	控制	控制
_cons	0.4222*** (7.0944)	0.7804*** (3.3002)	0.4042*** (6.5385)
N	17 116	1 463	15 653
R^2	0.093	0.158	0.092

注：括号内为 t 值，* 代表 p 值 <0.1，** 代表 p 值 <0.05，*** 代表 p 值 <0.01。

再观察表 4 – 20 列（3）回归结果，非农业企业现金流量与定向降准货币政策的交乘项系数（TEA × Cfo）不显著，说明对于非农业企业而言，定向降准货币政策对其并没有什么影响，因为定向降准货币政策具体针对的是农业类企业，对非农企业影响甚微。而普遍降准货币政策却对非农企业的投资现金流敏感性有一定的负向影响，普遍降准货币政策刺激金融机构扩大信贷，面对农业企业与非农企业，由于农业企业的弱质性，金融机构更愿意选择条件较为优越的非农企业，于是，普遍降准货币政策降低了非农企业的投资现金流敏感性，缓解其融资约束状况。上述情况恰恰与定向降准货币政策的设置初衷相吻合，即定向降准通过定向引导的方式实现了对农业企业的定向扶持效应。

4.3.5 结论与建议

通过研究定向降准货币政策对农业企业融资约束的影响，证实了定向降准政策的实施缓解了农业企业的融资约束状况。同时，研究发现农业企业的代理成本高低、信息不对称程度差异以及会计稳健性的不同均会影响定向降准政策对农业企业融资约束的缓解效果：代理成本越低、信息不对称程度越低、会计稳健性越高的农业企业，能够享受到更多来自定向降准货币政策的积极效应，进而带动这一系列特征农业企业的发展。总而言之，对于定向降准货币政策我们应该肯定其积极的一面，它增加了金融机构对农业企业的供给，缓解了农业企业的融资约束，特别是对于代理成本较低、信息不对称程度较低以及会计稳健性较高的农业企业，定向降准政策对融资约束的缓解效果更为显著。融资约束的缓解，激励了企业的投资、研发活动的展开，进而提高了农业企业的经营水平与竞争力，带动了农业企业的成长，因此，定向降准政策对于打通金融服务农业的信贷环节、建立金融服务农业的激励约束机制以及优化经济结构，具有特殊重要的意义。为了更好地发挥定向降准政策在缓解农业企业融资约束上的作用，本书提出以下建议：

第一，在定向降准政策下，代理成本低、信息不对称程度低以及会计稳健性高的农业企业在信贷中更占优势，更容易获得金融机构贷款，这些农业企业的融资约束得到更显著的缓解。而与之相对的，在信贷中处于不利地位的农业企业融资约束问题还是没能得到解决，可见，定向降准政策并不能惠及所有类型的农业企业，政府在缓解农业企业融资约束上，还应与其他政策工具相结合，通过对处于弱势地位的农业企业进行补贴、实施优惠政策，缓解这些农业企业的融资约束，从而促进全体农业企业的发展。

第二，代理成本高、信息不对称程度高以及会计稳健性低的农业企业，应发挥主观能动性，积极采取针对性措施，争取在信贷中占据优势地位。对于代理成本高的农业企业，应关注企业的内部管控及监督，尤其要注意处理由于股东与高管之间的代理问题，通过合理的薪酬机制、股权激励方式，缓解企业代理问题，进一步促进企业成长。对于信息不对称程度高的农业企业，可以充分利用非正规金融这一融资渠道，扩展企业的资金来源。而会计稳健性低的农业企业，要重视会计信息的稳健性，借助会计稳健性提升企业投资效率，促进企业发展。反之，对于代理成本低、信息不对称程度低以及会计稳健性高的农业企业，要充分利用企业自身优势，在信贷市场中获得金融机构的青睐，成功取得外部融资。

4.4　定向降准对农业企业融资成本的影响研究

债务融资是我国企业融资的主要方式，农业企业存在着经营资质较弱、经营风险较高、缺少优质抵押品等先天的弱质性（卜振兴等，2019），使得以经营性、盈利性和安全性为三大原则的商业银行对农业信贷有所“歧视”，导致农业企业从银行获取贷款的门槛较高，融资成本较大，加剧了经济发展中的结构不平衡问题。王吉鹏等（2018）在对我国六省 131 家新型农业经营主体融资情况的调研中发现，131 家新型农业经营主体平均融资成本约为 7.38%，超过央行公布的全社会企业融资成本 37 个基点，且其他资质不如这 131 家新型农业经营主体的农业类企业的融资成本则更高。毕锡萼等（2015）研究发现，农业、农村、农民的融资难度大而且成本高的问题非一日之寒。鉴于农业经营主体在我国经济运行中占据着非常重要的地位，农业企业的发展壮大有利于促进现代化农业生产体系的构建，在经济结构转型发展、经济基本面承压的大环境下，加大对农业企业的支持力度，有利于增强经济发展的活力，激励银行业相关金融机构增加农业信贷，促进农村金融服务业的发展，对优化提高我国经济效率有显著意义。但是，采用常规货币政策工具很难解决农业与非农业结构发展不平衡的问题。定向降准货币政策作为存款准备金率工具运用的创新，从传导路径上是通过降低法定准备金率要求使得商业银行的超额准备增加，商业银行可将超额准备资金投入“三农”企业或者小微企业以满足定向降准政策考核的要求。从理论上推测定向降准政策释放的流动性可以流入目标企业，实现定向降准的针对性和具体性目标，也可以在某种程度上优化信贷结构，稳增长和调结构。但是定向降准政策在学术界却引起了较大的争论：易宪容（2014）认为定向降准政策更多的是针对特定金融机构释放流动性，而该类金融机构的信贷数量是有限的，即使这些特定金融机构获得了额外的可贷资金，由于农业企业的弱质性和小微企业的信用下滑的趋势，以营利为目的的银行不可能将所有增加的资金全部留给目标企业，而是将部分资金投到利润更高的行业，同样地，目标企业获得了成本较低的资金，不一定会增加对自己获利较低经营的投资，反而会选择收益率更高的房地产行业或是其他行业，这样的问题导致很难确保定向降准释放的资金真正流入到目标企业，实现资金的定向配给。实际上，我国农业融资困难不是因为银行资金不宽裕，而是因为资源配置使得资金流向回报高的领域，定向降准支持的企业本身盈利低，经营风险较大，以经营性、盈利性和安全性为三大原则的银行对这些企业有偏见。再加之，银行受到严格的存贷比、贷款规模和资本充足率的限定，很难再有灵活的空间对薄弱企业放贷（金言，2014）。也有部分学者认为我国的定向降准政策相比以美国为代表的西方量化宽松政策可以发挥更好的优势，实现资金的定向流动（李欢丽等，2015）。张景智（2016）将定向降准与“全面降准”相比，提出“三农”和小微企业为靶向的定向降准政策更加具有指向性，有利于优化资金流动到“三农”、小微企业环节，进而促使经济结构的优化调整。但是在融资成本方面，定向降准政策的颁布能否使得农业企业获得债务融资成本的政策红利尚未成定论。

从理论上分析，定向降准对农业企业融资成本的研究源于货币政策成本渠道理论，早在1844年托马斯·图克（Thomas Tooke）在《通货原理研究》中提到利率和通货膨胀的关系。他认为，利率与商品价格的变动方向是一致的，由于利息影响着商品的成本，因此利率的降低会对企业的生产成本产生压制作用，这导致了企业外部融资需求以及投资意愿的上升，因此生产规模随之扩张。企业的普遍扩张会引发供给总量的上涨，进而加剧企业的竞争激烈度，最终诱使企业降低产品的销售价格，因此，宽松的利率政策可能促使生产成本以及物价水平的下降。继托马斯·图克之后，不少学者将利率水平、企业生产成本以及通货膨胀放置于同一框架中进行研究。希克斯（Hicks，1979）认为在考虑货币时间价值以及产出跨期效应因素之后，短期利率会影响产品价格的走势。西丽格（Seelig，1974）认为利率会影响生产的成本，提高利率不仅无法降低通货膨胀，反而会助长通货膨胀。盖奥蒂（Gaiotti and Secchi，2006）研究发现了货币政策传导的成本渠道的存在性，可以通过货币政策操作来消除利息支出对边际生产成本的影响。呼斯威格等（Hulsewig et al.，2009）认为实际边际成本反应迟缓，实际边际成本是伴随着利率同向变化。因此货币政策可以通过调整利率，进而影响产出再作用到成本。斯文森（Svensson，2017）提出了一个法律成本效益分析框架，认为法律成本大大超过了收益，原因在于经验政策利率对危机发生概率和规模的影响太小，无法使法律的收益与成本相匹配。

在货币政策对融资成本的影响方面，古哈特（Goodhart，1986）研究发现利息通过改变企业的外部融资成本来影响企业的营运资本成本，进而又会影响企业的生产成本。阿布卡等（Abuka et al.，2019）发现紧缩性货币政策减少了银行对企业的信贷供应，增加了贷款申请拒绝率，收紧了贷款量和利率，抑制了经济活动。但是在一些特殊情况下，货币政策对融资成本的影响也会出现异常。2008年金融危机后，美国大力执行宽松的货币政策，大幅下调联邦基金利率和国债利率，但家庭和企业的信贷成本普遍上升（Mishkin，2009）。那么定向降准政策是否真正达到预期目标，能否缓解农业企业的融资贵问题呢？本书从企业财务角度探究定向降准这一宏观政策对微观企业融资成本的影响，测度宏观政策成本调控的微观效应，其贡献在于：（1）以现有的常规货币政策文献为基础，研究以定向降准为代表的结构性货币政策对农业企业与非农企业债务融资成本影响的差异，有助于深化货币政策的成本渠道理论；（2）分析定向降准对债务融资成本影响的异质性，有助于了解不同类型企业对定向降准政策做出反应的差异性。

4.4.1 理论分析与假说提出

4.4.1.1 定向降准与债务融资成本

定向降准货币政策并不是直接向“三农”、小微企业释放信贷资金，而是通过增加商业银行的流动性再进入到这些特定的行业和领域（林朝颖等，2016）。向志容等（2020）认为，定向降准货币政策从以下三个渠道影响了企业的债务融资水平：一是通过信贷传导渠道。对于“定向到银行”的定向降准货币政策而言，政策降低了目标商业银行的存款准备金率，使银行的资金存量增加。同时，商业银行的货币乘数得到提高，增强了其信用创造能力，致使商业银行的贷款总量增加。对于“定向到贷款”的货币政策而言，商业银行为了获得政策红利，会增加对“三农”、小微企业的贷款提供，这就增加了“三农”、小微企业所获得的信贷资源。二是融资成本渠道。中央银行通过定向降准货币政策引导商业银行等金融机构加大对“三农”贷款的投放力度，从政策层面提高了“三农”领域在信贷市场的竞争水平，大大提升了农业企业在贷款定价时的话语权，降低其贷款成本。三是银企信息渠道。定向降准货币政策使商业银行与农业企业之间的沟通加强，极大地降低了银企之间的信息不对称性，减少了银企之间的道德风险和逆向选择，进而使得农业企业的融资渠道更加通畅，融资成本也得到了降低。因此，当定向降准货币政策的实施为商业银行注入流动性之后，农业企业的债务融资成本会相对得到降低。由此提出如下假说：

假说 4.12：相对于非农业企业而言，定向降准货币政策会降低农业企业的债务融资成本。

4.4.1.2 定向降准、企业盈利水平与债务融资成本

首先，陈艳霞等（2019）认为，盈利能力反映了企业在一段时间内赚取利润的能力，这直接关系到企业的股东或企业投资者的利益，而企业作

为理性经济人，首要目标便是追求公司利润的最大化，因此，盈利水平高的企业能吸引较多的投资来源。其次，盈利能力影响着企业的偿债能力。企业所获得的利润是偿还公司债务，特别是长期债务的重要保障。对于作为企业债权人的商业银行而言，企业的盈利水平越高，偿债能力越强，其按时偿还债务本金和利息的可能性就越高，贷款收回的风险就越低，商业银行对企业还款的信心就越高，那么企业所获得的信贷资源就越多，融资成本也相对越低。再次，融资顺序理论指出，理性的企业发展所需资金会优先选择内源融资，即从公司盈余的留存收益中先提取。因而，那些盈利能力强且负债率较低的企业更能吸引商业银行等金融机构的关注，并获得更多的信贷资金或者更优惠的融资成本。最后，盈利能力还是企业经营能力的重要体现，盈利能力越强的企业越不会出现倒闭或停业的现象，因而可以获得较高的信用评级，同时也能驱使较多的投资者为获利而提供更多或者更低成本的信贷资金（崔杰等，2014）。因此，当定向降准货币政策的颁布为商业银行注入更多的流动性之后，银行为了保障借贷资金的安全性，最大限度地确保借贷资金的收回，会更倾向于把资金投向盈利水平较高的农业企业，或者向盈利水平较高的农业企业收取较低的成本。由此提出如下假说：

假说 4. 13：对于高盈利能力的企业而言，定向降准货币政策颁布后农业企业的债务融资成本较之非农业企业下降的幅度更大。而对于低盈利能力的企业而言，定向降准对农业企业的债务融资成本红利难以体现。

4.4.1.3 定向降准、信息披露质量与债务融资成本

李志军等（2011）认为，银行基于信贷的一般原则，会全面保障资金的安全性以及避免损失。当资金贷出后，银行并不能左右企业对信贷资金的使用与投向，企业需要释放信号以显示使用信贷资金的合规性和偿还信贷的可靠性，银行通过信号识别来判断企业是否稳健。企业通过披露财务信息与非财务信息来反映自身的财务状况和经营成果，较高的信息披露质量有助于降低银行与企业的信息不对称，从而降低银行进行信贷的相关监督成本与执行成本（戴荣波等，2014）。因此，如果企业的信息披露质量较差，银企之间就会存在着较高的信息不对称性，银行便难以了解企业的

信贷需求动机，也会对企业的信贷资金偿还能力存疑，相关的融资成本便会上升；相反，若企业的信息披露质量较好，银企之间的信息不对称程度较低，银行便会较为容易地对企业信贷资金的投向做出判断，并较容易地预估企业的还款能力，相关的融资成本便会降低。当货币政策的调整导致银行对未来经济形势不确定时，对企业的收益和还款能力也难以把控，为了保障借贷资金的安全性，最大限度地确保资金的收回，银行更有可能把资金投向信息披露质量好的企业，或者对信息披露质量较差的企业收取更高的利息。由此提出如下假说：

假说4.14：定向降准货币政策颁布后高信息披露质量的农业企业较之非农业企业的债务融资成本有所下降；而对于低信息披露质量的农业企业而言，定向降准货币政策前后债务融资成本变化不大。

4.4.2 研究设计

4.4.2.1 模型设计与变量定义

本书首先研究定向降准货币政策的实施对农业企业债务融资成本的影响，其次根据企业当年的ROA是否大于行业中位数将企业分为盈利水平高的企业与盈利水平低的企业，考察定向降准对不同盈利水平农业企业债务融资成本的影响差异，再次参考（李春涛等，2018）的研究方法，根据企业股票收益率对成交量的斜率将企业划分为信息披露质量好的企业与信息披露质量差的企业，以此比较定向降准货币政策的颁布对这两类农业企业债务融资成本的调控差异。在稳健性检验中，选择定向降准货币政策颁布之前的样本数据进行回归，检验单纯存款准备金率的变动是否会对农业企业的债务融资成本产生影响。最后将定向降准变量滞后两期进行回归，考察定向降准政策对农业企业债务融资成本的影响是否存在长期效应。

本节使用面板固定效应模型研究定向降准货币政策对农业企业债务融资成本的影响，构建如下实证模型：

$$Cost_{it} = \alpha_0 + \alpha_1 TEA_{t-1} + \alpha_2 TEA_{t-1} \times Agri_i + \alpha_3 Control_{it-1} + u_i + \varepsilon_{it} \quad (4.7)$$

模型中的 $Cost$ 表示企业的债务融资成本，参考张伟华等（2018），用利息费用除以总资产来衡量企业的债务融资成本。二元变量 TEA 表示是否针对农业颁布定向降准货币政策，当期有颁布取 1，未颁布取 0。*Agri* 为二元变量，等于 1 表示农业企业，等于 0 表示非农企业。本模型的控制变量 *Controls* 包含：存款准备金率（*Rate*）、所有权性质（*State*）、盈利能力（*Roa*）、市净率（*MB*）、销售增长率（*Growth*）、资产流动性（*Liquidity*）、负债水平（*Leverage*）、资产规模（*Logasset*）、资产有形性（*Tangibility*）、违约风险（*Z*）、公司成立时间（*Age*）。此外，本书还控制了企业层面以及行业层面的固定效应。因为货币政策的实施对微观企业的影响具有滞后性，因此本书对模型（4.7）中对 TEA 滞后一期。另外，为了避免内生性问题，除了 AGRI 虚拟变量以外的所有微观连续变量滞后一期，ε 是随机项。具体变量的定义见表 4-21。

表 4-21　变量定义

变量名称	变量代码	变量定义
债务融资成本	Debtcost	利息费用除以总资产
定向降准	TEA	当期针对农业的定向下调存款准备金率的幅度
农业	Agri	虚拟变量，1 是农业，0 是非农业
存款准备金率	Rate	大型金融机构的存款准备金率
所有权性质	State	虚拟变量，1 是国有企业，0 是非国有企业
盈利能力	Roa	净利润/总资产
市净率	MB	公司股票市值除以所有者权益
销售增长率	Growth	本年营业收入与上年营业收入的差值除以上年营业收入
资产流动性	Liquidity	流动资产除以流动负债
负债水平	Leverage	资产负债率
资产规模	Logasset	公司资产的自然对数
资产有形性	Tangibility	固定资产除以总资产
违约风险	Z	altman z score
公司成立时间	Age	log（1 + 公司成立年限）

4.4.2.2 样本选取及数据来源

由于利息费用属于财务费用项目的报表附注披露事项，中期报告没有披露，因此选取前文倾向得分匹配后筛选出样本的年度数据，作为本节的研究样本观测值。本节采用的企业数据主要来自国泰安数据库，存款准备金率等宏观变量来自 Wind 数据库。为消除极端值对模型估计结果的影响，对所有微观连续变量进行了上下 0.5% 的 Winsorize 处理。

4.4.2.3 描述性统计

本书分别对农业企业的各特征变量和定向降准等宏观变量进行了描述性统计，具体结果如表 4－22 所示。通过对农业企业与非农业企业债务融资成本均值的简单比较可以看出，农业企业的债务融资成本相对高于非农业企业。描述性统计的结果说明农业企业在信贷融资中从商业银行获取贷款的门槛较高，融资成本相对较大，存在着“融资难、融资贵”的现象。但这一结果只是通过简单的均值比较，还未对其他相关变量进行控制，因此还需通过模型进行进一步检验定向降准货币政策是否有助于农业企业降低债务融资成本。

表 4－22 变量的描述性统计

变量	农业企业				非农业企业			
	均值	标准差	最小值	最大值	均值	标准差	最小值	最大值
Debtcost	0.0130	0.0083	0.0000	0.0411	0.0113	0.0095	0.0000	0.0411
Rate	16.5636	4.1243	7.0000	21.0000	16.0209	4.4746	7.0000	21.0000
TEA	0.1487	0.3562	0.0000	1.0000	0.1423	0.3494	0.0000	1.0000
State	0.0719	0.2587	0.0000	1.0000	0.1011	0.3015	0.0000	1.0000
Roa	0.0087	0.0280	-0.0525	0.0677	0.0096	0.0217	-0.0525	0.0677
MB	3.8921	2.6071	0.8392	21.8399	3.7297	3.2480	0.8208	21.8399
Growth	1.0208	1.5233	-0.8383	4.5356	0.3466	0.8388	-0.8383	4.5356
Liquidity	0.5490	0.1776	0.1286	0.9394	0.5510	0.2016	0.0906	0.9500
Leverage	0.0492	0.0709	0.0000	0.4170	0.0612	0.0885	0.0000	0.4267

续表

变量	农业企业				非农业企业			
	均值	标准差	最小值	最大值	均值	标准差	最小值	最大值
Logasset	21.4394	0.9089	19.4777	24.5012	21.6651	1.0830	19.3906	24.5012
Tangibility	0.2622	0.1503	0.0047	0.7211	0.2588	0.1714	0.0047	0.7211
Z	6.0386	8.1017	0.1707	66.3570	5.8811	7.8022	0.1707	66.3570
Age	2.5338	0.3765	1.0986	3.2189	2.6669	0.4121	0.6931	3.4965

4.4.3 实证结果分析

首先将样本数据代入模型（4.7）进行普通回归，检验农业企业在定向降准货币政策颁布之后其债务融资成本是否有所下降。表4-23中列（1）的实证检验结果显示，TEA的系数显著为正，说明非农业企业在定向降准之后债务融资成本有所上升，交乘项TEA×Agri的系数在5%的显著性水平上为负，这说明相对于非农业企业而言，农业企业的债务融资成本在定向降准货币政策颁布之后有所下降。接着将模型进行固定效应回归，如表4-23列（2）所示，结果与普通回归的结论一致，表明定向降准货币政策的实施改善了农业企业的融资状况，在一定程度上降低了农业企业的债务融资成本。

表4-23　　　　定向降准对农业企业债务融资成本的影响

变量	（1）Debtcost	（2）Debtcost
	普通回归	固定效应回归
TEA	0.0025*** (5.1187)	0.0026*** (8.2843)
TEA×Agri	-0.0030** (-2.1771)	-0.0029*** (-2.6926)
Rate	-0.0001** (-2.4845)	0.0001* (1.7020)
State	-0.0009** (-2.1026)	-0.0017** (-2.4658)

续表

变量	(1) Debtcost	(2) Debtcost
	普通回归	固定效应回归
Roa	−0.0673*** (−8.9573)	−0.0466*** (−6.1947)
MB	0.0004*** (6.4623)	0.0003*** (3.3912)
Growth	0.0003** (2.1847)	0.0002 (0.9143)
Liquidity	0.0004 (0.3554)	0.0023 (1.1320)
Leverage	0.0282*** (13.6433)	0.0162*** (4.3651)
Logasset	0.0001 (0.3522)	0.0020*** (3.7383)
Tangibility	0.0088*** (7.0336)	0.0141*** (6.0467)
Z	−0.0005*** (−12.0621)	−0.0003*** (−6.8180)
Age	−0.0007* (−1.7491)	−0.0068*** (−5.6264)
行业固定效应	控制	控制
企业固定效应	未控制	控制
_cons	0.0120*** (3.6427)	−0.0198** (−2.1345)
N	3 846	3 846
adj. R^2	0.2169	0.3927

注：括号内为 t 值，* 代表 p 值 <0.1，** 代表 p 值 <0.05，*** 代表 p 值 <0.01。

其次，根据企业 ROA 是否大于行业中位数将企业分为盈利水平高的企业与盈利水平低的企业，进一步考察定向降准货币政策对不同盈利水平农业企业债务融资成本的影响是否存在差异，结果如表 4 - 24 所示。列（1）为盈利水平较高的企业组，可以看到 TEA 的系数在 1% 的显著性水平上显著大于0，交乘项 TEA × Agri 的系数在1%的显著性水平上小于0，这表明定向降准货币政策提高了高盈利水平的非农企业的债务融资成本，相对于非农企业而言高盈利水平的农业企业在定向降准之后融资成本有所降低。这表明，同样是高盈利水平的企业，定向降准货币政策颁布后银行更倾向于高盈利企业中的农业企业，降低其信贷成本，以获得定向降准政策红利。

表 4-24　定向降准对盈利水平不同的农业企业债务融资成本的影响

变量	(1) Debtcost	(2) Debtcost
	盈利水平高的企业	盈利水平低的企业
TEA	0.0024*** (5.7957)	0.0033*** (6.0449)
TEA × Agri	-0.0032*** (-2.8218)	-0.0023 (-0.8635)
Rate	0.0001 (0.8567)	0.0001 (1.6129)
State	-0.0013* (-1.6836)	-0.0020** (-2.1361)
Roa	-0.0486*** (-3.3131)	-0.0649*** (-5.3926)
MB	0.0003*** (3.2121)	0.0002* (1.8010)
Growth	0.0002 (0.7482)	0.0002 (0.7116)
Liquidity	-0.0015 (-0.6032)	0.0058** (2.1291)
Leverage	0.0096** (2.1519)	0.0176*** (3.9090)
Logasset	0.0022*** (3.9044)	0.0018** (2.4015)
Tangibility	0.0109*** (3.7603)	0.0156*** (5.1341)
Z	-0.0003*** (-5.7303)	-0.0003*** (-5.1413)

续表

变量	(1) Debtcost	(2) Debtcost
	盈利水平高的企业	盈利水平低的企业
Age	-0.0063*** (-4.4701)	-0.0077*** (-4.5137)
行业固定效应	控制	控制
企业固定效应	控制	控制
_cons	-0.0236** (-2.3616)	-0.0162 (-1.1714)
N	2 006	1 840
adj. R^2	0.1917	0.2380

注：括号内为 t 值，* 代表 p 值 <0.1，** 代表 p 值 <0.05，*** 代表 p 值 <0.01。

表4-24列（2）为盈利水平较低的企业组，实证结果显示交乘项TEA×Agri的系数虽然小于0但却不显著，这意味着定向降准政策实施之后，盈利水平低的农业企业债务融资成本较之非农企业没有显著变化。这说明即使在定向降准货币政策的激励之下，商业银行对盈利水平低的农业企业依然十分谨慎。这是因为在货币政策变动调整的情况下，商业银行所面临的社会经济形势发生了改变，同时也无法对企业的还款能力做出准确的预判，为了保障贷款本金和利息的及时收回，降低信贷风险，作为稳健投资者的银行更愿意将资金贷给盈利水平高的农业企业，而对盈利水平低的农业企业难以发挥信贷成本倾斜作用。

最后将样本数据代入模型（4.7），根据企业股票收益率对成交量的斜率将企业划分为信息披露质量好的企业与信息披露质量差的企业，以此比较定向降准货币政策的颁布对这两类企业债务融资成本的影响差异，回归结果如表4-25所示。列（1）为信息披露质量好的企业，实证检验结果显示TEA×Agri的系数显著为负，这表明相对于非农业企业而言信息披露质量好的农业企业在定向降准政策颁布之后债务融资成本下降的幅度超过非农业企业。列（2）为信息披露质量差的企业，实证检验结果显示交乘项TEA×Agri的系数不显著，这表明较之低信息披露质量的非农企业，信息披露质量差的农业企业在定向降准货币政策的颁布后债务融资成本没有显著变化，定向降准对信息披露质量差的农业企业难以发挥信贷倾斜扶持的作用。由此可见，即使在定向降准货币政策的推动促进之下，银行对信息披露质量较差的农业企业仍然持谨慎态度，更愿意将贷款给予信息披露质量较好的农业企业。倘若银行为了获取定向降准政策红利而将信贷资金投向低信息披露质量的农业企业，将增大借贷资金无法回收的概率，为了最大限度地确保资金的收回，定向降准政策颁布之后银行更愿意把资金投向信息披露质量较好的企业，或者给予信息披露质量较好的企业更优惠的借贷利率。

表 4 – 25　　定向降准对信息披露质量不同的农业企业债务融资成本的影响

变量	（1） Debtcost	（2） Debtcost
	信息披露质量好的企业	信息披露质量差的企业
TEA	0. 0022 *** （4. 5588）	0. 0028 *** （6. 4363）
TEA × Agri	–0. 0025 ** （ –2. 5161）	–0. 0030 （ –1. 3203）
Rate	0. 0001 （0. 8174）	0. 0002 * （1. 8563）
State	–0. 0014 （ –1. 2771）	–0. 0020 ** （ –2. 2825）
Roa	–0. 0385 *** （ –3. 4503）	–0. 0556 *** （ –5. 3538）
MB	0. 0003 ** （2. 1336）	0. 0002 ** （2. 0916）
Growth	0. 0002 （1. 0656）	0. 0000 （0. 0461）
Liquidity	0. 0017 （0. 5620）	0. 0033 （1. 1162）
Leverage	0. 0183 *** （3. 3913）	0. 0132 ** （2. 5026）
Logasset	0. 0017 ** （2. 0490）	0. 0020 *** （2. 8050）

续表

变量	(1) Debtcost	(2) Debtcost
	信息披露质量好的企业	信息披露质量差的企业
Tangibility	0.0142 *** (3.8896)	0.0136 *** (4.3093)
Z	-0.0003 *** (-5.3173)	-0.0003 *** (-4.1651)
Age	-0.0054 *** (-2.6458)	-0.0081 *** (-5.3884)
行业固定效应	控制	控制
企业固定效应	控制	控制
_cons	-0.0193 (-1.3501)	-0.0171 (-1.3040)
N	1 767	1 954
adj. R^2	0.2071	0.2138

注：括号内为 t 值，* 代表 p 值 <0.1，** 代表 p 值 <0.05，*** 代表 p 值 <0.01。

4.4.4 稳健性检验

为了保证本节结论的稳健性，首先选取2014年定向降准货币政策颁布之前的样本数据代入模型（4.7）中，检验定向降准之前存款准备金率的调整对农业企业债务融资成本的影响，回归结果如表4-26所示。列（1）的实证结果显示交乘项Rate与Agri的系数为正且并不显著，即相对于非农业企业而言，存款准备金率的调整并没有对农业企业的债务融资成本产生显著性的影响，这说明定向降准颁布之前实行的全面降准并不能有效缓解农业企业“融资难、融资贵”的难题。这是因为农业企业存在着经营资质较弱、经营风险较高、缺少优质抵押品等先天的弱质性，使得以经营性、盈利性和安全性为三大原则的商业银行对农业信贷有所“歧视”，在普遍降准下农业企业相对于非农业企业而言，商业银行更倾向于将信贷资金投向经营更强势、收益更高的非农业领域。

表 4－26　　定向降准之前存款准备金率对债务融资成本的影响

变量名	回归系数	标准差	t 值	P > |t|
Rate	－0.0002 *	0.0001	－1.8500	0.0660
Rate × Agri	0.0003	0.0002	1.4300	0.1530
State	－0.0015 **	0.0007	－2.1500	0.0320
Roa	－0.0558 ***	0.0093	－6.0100	0.0000
MB	0.0004 ***	0.0001	4.9900	0.0000
Growth	0.0001	0.0002	0.3100	0.7570
Liquidity	0.0013	0.0024	0.5200	0.6050
Leverage	0.0092 *	0.0052	1.7800	0.0760
Logasset	0.0034 ***	0.0007	5.1900	0.0000
Tangibility	0.0156 ***	0.0028	5.5900	0.0000
Z	－0.0003 ***	0.0001	－4.2500	0.0000
Age	－0.0024	0.0017	－1.3700	0.1720
_cons	－0.0577 ***	0.0136	－4.2400	0.0000
行业固定效应		控制		
企业固定效应		控制		
N		2 421		
adj. R^2		0.1921		

注：* 代表 p 值 <0.1，** 代表 p 值 <0.05，*** 代表 p 值 <0.01。

最后将定向降准变量 TEA 滞后两期（TEA2），其他变量保持不变，代入模型中进行回归，考察定向降准政策对农业企业债务融资成本的影响是否存在长期效应，回归结果如表 4－27 所示。交乘项 TEA2 与 Agri 的系数为正且并不显著，表明定向降准政策对农业企业债务融资成本的长期效应不显著。因此定向降准货币政策虽然能较好地实现降成本的惠农功效，但是从长期而言，其政策扶持效应难以维持，不宜频繁、持续地使用。

表 4－27　　定向降准对农业企业债务融资成本的长期效应研究

变量名	回归系数	标准差	t 值	P > |t|
TEA2	－0. 0017 ***	0. 0002	－6. 9200	0. 0000
TEA2 × Agri	0. 0007	0. 0008	0. 8900	0. 3740
Rate	0. 0000	0. 0001	0. 2100	0. 8320
State	－0. 0015 **	0. 0007	－2. 2500	0. 0250
Roa	－0. 0442 ***	0. 0074	－6. 0000	0. 0000
MB	0. 0003 ***	0. 0001	4. 1200	0. 0000
Growth	0. 0002	0. 0002	1. 1300	0. 2610
Liquidity	0. 0016	0. 0022	0. 7200	0. 4750
Leverage	0. 0157 ***	0. 0037	4. 2300	0. 0000
Logasset	0. 0022 ***	0. 0006	3. 9600	0. 0000
Tangibility	0. 0128 ***	0. 0025	5. 1400	0. 0000
Z	－0. 0003 ***	0. 0001	－6. 5400	0. 0000
Age	－0. 0078 ***	0. 0014	－5. 6700	0. 0000
_cons	－0. 0200 **	0. 0098	－2. 0400	0. 0420
行业固定效应	控制			
企业固定效应	控制			
N	3 463			
adj. R^2	0. 2262			

注：* 代表 p 值 <0. 1，** 代表 p 值 <0. 05，*** 代表 p 值 <0. 01。

4. 4. 5　研究结论、启示与展望

4. 4. 5. 1　研究结论

本书研究定向降准货币政策的颁布对农业企业债务融资成本的影响，检验定向降准政策成本传导渠道的存在性以及非对称效应，结果表明：

（1）定向降准货币政策改善了农业企业的融资环境，相对于非农业企业而言，农业企业的债务融资成本在定向降准货币政策颁布之后有明显的下降趋势。

（2）定向降准货币政策对不同盈利水平农业企业的债务融资成本影响不同，对于盈利水平较高的农业企业而言，定向降准货币政策实施之后其债务融资成本较之非农企业显著下降；而对于盈利水平较低的农业企业而言，定向降准货币政策的实施对其债务融资成本的倾斜扶持效应并不显著。

（3）定向降准货币政策对信息披露质量不同的农业企业的债务融资成本影响不尽相同，对于信息披露质量差的农业企业而言，政策的颁布并没有对其产生非常显著的影响，但信息披露质量好的农业企业的债务融资成本在定向降准之后却比非农业企业有较明显的降低。

（4）定向降准政策的实施虽然能降低农业企业的债务融资成本，但政策的长期效应并不显著。

4.4.5.2 研究启示

（1）由于定向降准货币政策确实在一定程度上降低了农业企业的债务融资成本，缓和了农业企业融资难、融资贵的现象，央行可以适当加强对定向降准货币政策的运用，积极引导商业银行等金融机构对“三农”和小微企业等行业及领域的信贷支持，改善经济运行中这些薄弱领域的融资环境，保障宏观经济的平稳运行，促进普惠金融的稳定发展。同时也要认识到定向降准在实施过程中不可避免地存在着信息不对称和监管缺位的问题，使得参与主体进行套利的道德风险难以规避。为了达到普惠金融的目标，建议将定向降准的标准细则化，根据普惠金融的目标设置更加细化的定向降准考核指标体系，对定向降准释放资金的流动方向进行事后监控，并辅之以经济激励或者行政手段等，发挥资金的精准投放目标，以真正达到降低“三农”和小微企业融资成本，缓解“三农”和小微企业融资难、融资贵问题的效果。

（2）企业应认识到提高盈利能力与降低债务融资成本之间的关系，要加强自身建设，不断提高自身的盈利能力。盈利能力越高，表明企业赚取利润的能力越强，经营能力和偿债能力也越强，更能吸引投资者的关注，也更能得到优质且成本较低的贷款，缓解自身所面临的融资困境。同时，对银行来说，可以通过对目标融资企业盈利能力的调查与了解，评估企业的信贷状况，以降低借贷资金收回的风险，更好地对信贷资源进行优化配置。

（3）信息披露质量较差的农业企业难以获得定向降准的政策红利，而信息披露质量较好的农业企业较之非农业企业的债务融资成本在定向降准之后显著下降，说明银行能够在一定程度上根据企业所披露的信息质量，甄别企业的优劣程度，并提出不同的贷款利率。因此，企业应认识到信息披露质量与债务融资成本的关系，加强信息披露的及时性与可靠性，建立一套公正严明有效的信息披露机制，向银行真实地反映自身的财务状况与经营成果，减少银企之间的信息不对称性，以达到降低债务融资成本的目的。

（4）从研究结论上看，定向降准货币政策在一定程度上是有效的，但要更好地发挥其长效作用，还需进一步完善和调整政策。可以配合财政政策进行调控，对“三农”、小微企业实施相应的减税降费等支持政策，更好地展现政策的叠加效应。考虑到“三农”、小微企业所面临着缺少抵押品的困境，政府可以完善现有的担保机制，扩大企业可提供担保品的范围，增强“三农”、小微企业的担保能力，同时也要加强对企业担保的监督与管理，降低银行的信贷风险。

第5章 定向降准政策对农业企业投资的调控功效研究

企业投资受诸多因素的影响。在市场环境中常规货币政策主要通过以下三个方面来影响企业投资：首先，货币政策调节企业向银行借贷资金的利率，直接改变企业的融资成本，进而对企业的投资水平产生调节作用（潘攀等，2020）。在中央银行实施宽松货币政策的背景下，商业银行对企业的贷款利率会降低，而利率正是企业向银行借入资金的成本，因此企业的融资成本也随之降低，融资约束程度得到缓解，企业也更愿意通过外部融资的方式借入资金，扩大自身的投资规模。反之，在紧缩的货币政策下银行贷款利率升高，间接抬升了民间贷款利率，进一步恶化了企业的融资约束，增加了企业的融资负担，对企业的投资意愿起到抑制作用。其次，货币政策也会调节货币供给量，增加或减少市场当中的可贷资金数量，从而改变企业获得融资资金的金额。当货币政策趋于紧缩时，向市场注入的流动性减少，企业能够获得的外部融资资金也将减少，加大企业的融资约束，企业只能减少投资以满足自身保持正常运转的基本需求。而当货币政策趋于宽松时，市场当中的流动性逐渐充足，企业能够获得更多的信贷资金，刺激企业的投资需求，从而将更多资金用于扩大投资规模。最后，货币政策本身还是一种市场信号，具有引导和传递信息的作用，通过改变企业的未来预期来调控企业投资水平。当货币当局宣布未来一段时间将实施宽松或者是紧缩的货币政策时，向对市场释放不同类型的信号来改变市场参与者的预期。而紧缩性货币政策不仅预示着未来一段时间企业进行直接融资的难度提升，还给市场参与者传递了未来经营环境恶化、市场投资减少等讯息，因此企业为了降低自身的风险溢价和不确定性也会减少其投资。

但是，随着经济环境的不断变化，传统宽松的货币政策刺激并未有效解决矛盾，反而导致经济结构失衡、资源分配不合理等问题日益突出（马理等，2015）。发达国家的宽松货币政策无法对本国产生持久的政策效果，而且副作用较大，会通过汇率等渠道对新兴市场国家的经济产生抑制作用（Portes，2012）。因此，从西方发达国家的情况来看，频繁地使用宽松货币政策对经济运行产生的副作用已经在慢慢显现出来，同时导致政策目前发挥出来对市场的调节效果在渐渐地被削弱，且会受到更多约束条件的限制。就中国而言，常规货币政策中的传统降低存款准备金率是针对所有的金融机构，而不针对特定的产业或行业，这种一刀切的做法确实能够给市场注入充足的流动性进而起到调控宏观经济的作用，但值得警惕的是，频繁地采用这种全面降准的政策工具不仅会给市场带来较大的波动，还会产生过多的流动性。商业银行等金融机构在没有明确的政策指引下，出于自身利益最大化的考虑，有可能将增加的存款投向地方融资平台、房地产等具有高风险高收益特征的领域，而不用于支持小微企业等弱势企业的发展（张景智，2016）。因此，针对目前的市场环境，完全执行“大水漫灌”式的货币政策已经不合适，需要有所创新，推出更加精准、有针对性同时兼具高效率、低成本的“精准滴灌”的货币政策。在这样背景前提下，诞生了许多新颖的定向调控型的货币政策工具，给市场注入了更多的活力，中央银行开始实行定向降低存款准备金比率操作，推出多轮的定向降准货币政策。

定向降准作为重要的货币政策工具创新，在传导机制方面主要通过直接投放流动性、影响货币乘数和引导市场预期三条路径改变特定目标群体和目标领域的货币供应量，最终实现预期的政策目标（成学真等，2018）。定向降准不仅具备常规货币政策的一般性作用，在一定程度上营造宽松的市场环境（郭晔等，2019），同时，对于促进小微企业和三农等重点领域扩大投资有其更为优势的地方。央行的定向降准举措对中小微企业和实体经济来说无疑是一个利好的政策信号，在实施定向降准政策之后，更多的可贷资金通过商业银行等金融机构流向市场，提高了货币乘数，增加了流动性，为包含小微企业在内的一些弱势企业的生产投资活动营造一个更为宽松有利的环境，同时对市场参与者的预期进行调整，这种预期与常规货币政策传递的预期信号不同，更多关注点引向政策扶持的企业，引导市场变化与宏观经济发展，对未来进一步稳增长、稳就业意义重大。中央银行希望针对不同的经济状态与经济对象，形成政策、银行与企业之间的良性互动，通过精准释放流动性来缓解小微企业和三农等特定领域融资难、融资贵的问题，缓解该类型企业长久以来面临的融资约束程度，促进三农与小微企业进一步扩大投资生产活动，实现可持续发展。

虽然定向降准的信贷传导渠道得到诸多学者的研究，但是从定向降准政策开始实施至今，它是否发挥了政府预期的实施效果，对农业企业的投资是否具有靶向作用？本书研究定向降准政策实施对农业企业投资规模的调控效果，为定向降准政策的推出提供投资层面的依据与建议。

5.1 文献回顾

目前关于货币政策对投资规模的影响主要集中于总量调控货币政策领域，从国外代表性的研究来看，货币政策通过货币渠道或信贷渠道作用于企业的融资环境及后续的投资活动，进而对微观主体的经济行为产生影响（Ghosh and Sensarma，2004）。量化宽松货币政策是总量性货币政策的一种，对促进资本流入起着相当大的作用，使更多资金流进市场，借此刺激企业扩大投资规模，引导个人积极消费（Tillmann，2016）。但是量化宽松政策实施阶段会引起迅速的汇率反应，欧洲各国的实体经济反倒受到负面影响，实体经济增长受到限制甚至减慢（Breedon et al. ，2012）。

国内的学者认为货币政策对于企业的投资规模、效率、机会等都会产生影响效果。张西征等（2012）使用面板向量自回归技术证明货币政策影响公司的投资机会，从而影响公司投资。赵晓男等（2007）用向量回归分析方法证明投资水平与货币供给量、利率、汇率三类货币政策工具均有紧密的联系，其中，货币供给量的影响最显著，利率次之，汇率的影响最弱也最短。同样的货币政策对不同类型企业的投资规模也会产生不一样的影响，吴建环等（2007）发现货币政策对不同规模高科技上市公司的影响存在非对称效应，小规模高科技上市公司投资规模受货币政策的影响更为强烈。

通过回顾货币政策影响企业投资的相关文献发现，尽管宏观货币政策与微观企业行为相结合的研究已经有了一定成果，然而，关于货币政策对企业投资影响的研究主要集中在总量性货币政策上，“定向降准”这类新型定向调控类货币政策相关研究依然较少，对定向降准政策的研究也未细化到投资这一层面。定向降准的操作本质上仍然属于调整法定存款准备金率的范畴，但是定向降准的政策目的性更强，同时有明确的目标对象，这两者之间的政策传导机制在表面来看是相同的：法定准备金率降低→货币乘数提高→货币供给增加→市场利率和资金成本下降→经济扩张。定向降准由中央银行通过信贷传导渠道，串联起“政策—银行—企业”这条线，对符合一定条件的金融机构降低其法定存款准备金率，使该范围内的金融机构存放在中央银行账户上的存款准备金转化为机构本身可自主运用的可配给的信贷资金，信贷能力得到提升，实现对特定的产业和行业的精准性货币投放，提高货币投放的针对性，进而提高该领域内的投资需求，刺激经济发展过程中的重点领域和需要扶持的薄弱环节投资，达到靶向调控的目的。但是作为中国定向调控类货币政策的新举措，定向降准是通过“靶向刺激”引导信贷资源流入农业、小微领域，进而对弱势企业的投融资环境、成长条件等产生积极正面的影响。定向降准政策是否能够如政策预期促进信贷资金的结构优化、改善对农业企业金融服务、促使货币政策更有效地传导到农业领域，进而刺激农业企业的投资规模尚未得证。本书从企业微观角度实证证明定向降准政策对农业企业投资规模的影响效果，以期为政策的推出提供支持与依据。

5.2 理论分析与假设提出

从定向降准货币政策的传导途径来看，人民银行希望通过该政策的实施引导银行放贷，将资金引入农业、小微企业这些经济薄弱的领域，它与法定存款准备金率拥有类似的传导机制，区别在于定向降准还具有明确的调控目标，是一种定向调控的宽松货币政策。定向降准货币政策对达到普惠金融业务指标的银行业金融机构降低存款准备金率，对于商业银行而言，该政策的实施会调动银行对目标农业企业贷款的积极性，商业银行为了符合定向降准政策的条件，会适当减少对目标企业贷款的限制，增加对目标企业的信贷资金，让更多的资金投向重要但薄弱的农业企业。对于农业企业而言，其投资行为具有较大的不确定性与不可逆转性。农业企业投资的不确定性体现在受变化多端的气候因素影响与农业产品价格的不定起伏。农业企业投资的不可逆转性存在于农业企业在扩大生产规模的同时必然伴随着加大投资规模，而生产性的投入资产对于农业企业家而言是较为高昂的沉没成本，一旦付出便难以或者不可回收。因此农业企业的投资决策往往受到融资约束的影响，在不完美的市场中农业企业内源融资和外部融资无法满足其发展的资金需求，产生所谓的投资不足问题，以至于农业企业必须放弃一些良好的投资项目，结果公司偏离最优投资目标，定向降准货币政策实施之后农业企业的投融资外部环境得到改善，信贷市场融资门槛的下降改善了农业企业的投资环境，降低了融资成本，刺激了农业企业的投资意愿。从这个方面来看，定向降准货币政策对农业企业投资规模存在正向激励作用，政策实施之后农业企业的投资水平得到显著提高。因此提出如下假设：

假设 5.1：定向降准对农业企业的投资驱动作用是通过信贷渠道实现的，定向降准后农业企业信贷融资水平的上升带动了投资规模的扩张。

改进企业内部控制有效性对企业投资活动具有重要的影响作用。股价对盈余披露早的反应强于披露晚的反应，这表明信息披露越及时，其信息含量越大（Givoly and Palmon，1982）。信息披露越及时越有利于投资决策，及时迅速地了解企业的会计信息，能够更加充分及时地了解到企业的盈利能力，提高企业资源配置效率。武蕴（2011）认为及时披露会计信息能够减轻委托代理问题，减少机会成本，有利于会计信息使用者依据及时披露的信息作出合理的投资决策。孙玉军（2015）认为企业信息披露能及时有效地防控金融风险，保障企业的安全稳定发展，所以也能够影响企业投资。张妙（2019）认为信息披露越迟，相关信息泄露的可能性越大，对企业投资产生消极影响。王雄元等（2019）发现我国年报风险信息披露通过提高信息透明度，降低银行风险感知水平进而降低了银行贷款利率。定向降准政策颁布后银行最担心的就是坏账风险的爆发，这也是阻碍定向降准政策落实到位的主要原因。农业企业会计报告披露越及时，信息含量越丰富，银行获取了及时的信贷决策信息之后，对农业企业贷款的信心有所增强，在银行信贷的推动下，农业企业的融资约束有所缓解，融资成本有所降低，农业企业的投资意愿有所提升。因此提出如下假说：

假设5.2a：对于信息披露及时性较好的农业企业，定向降准货币政策能通过信贷倾斜发挥较好的投资驱动效果。而对于信息披露及时性较差的农业企业，定向降准难以起到较好的投资引导作用。

从农业企业的融资来看，银行对农业企业的信贷行为是相机的，若银行贷款给高信息质量的农业企业，一方面可获得定向降准政策释放的流动性；另一方面与高质量客户建立关系获取未来商机的同时也避免了银行的过度风险承担，因此可以看出信息披露质量必然会影响企业融资的数量。王嘉鑫等（2020）提出企业信息披露质量的提升是导致利率管制松绑降低融资约束的重要渠道，李竹薇等（2019）研究发现信息披露质量与上市企业的融资约束密切相关，相比非国有上市企业而言，信息披露质量的提高对国有上市企业融资约束的缓解作用明显减弱。李志军等（2011）指出公司信息披露水平越高，融资约束越小，所获得的银行贷款利率也越低。黄中华（2015）发现公司信息披露质量与银行贷款成本显著负相关，即公司信息披露质量越高，其银行贷款成本越低。会计信息是进行投资项目选择时参考的最主要信息，信息披露质量会直接影响资金供求关系。企业发展需要充足的资金支持，农业企业往往存在融资约束，企业发展的资金需求无法得到满足。信息披露质量越好的企业，银企之间信息不对称程度越低，那么定向降准之后银行对其信贷扶持的可能性越大，随着银行信贷扶持的增加，企业的融资约束有所缓解，投资意愿有所增强。反之，若农业企业的信息披露质量较低，银行为了弥补信息风险的期望报酬率会更高，加大了农业企业的融资难度与投资的成本，因此定向降准货币政策对于低信息披露质量的农业上市公司投资的驱动效应难以体现。因此提出如下假设：

假设 5.2b：对于高信息披露质量的农业企业，定向降准政策能通过信贷扶持起到较好的投资驱动效果。而对于信息披露质量较差的农业企业，定向降准政策难以对投资发挥政策引导作用。

企业产权性质不同，融资约束不同，融资渠道往往也会不同。对于企业获得贷款的能力而言，国有企业更受银行青睐，因此融资能力更强，这是因为国有企业与银行的联系更多，信息不对称更少；同时，政府相当于国有企业的隐形担保人，银行向国企放贷承担的风险小。相反地，非国有企业融资约束较强，难以获得信贷融资，投资意愿明显小于国有企业。“融资难”已成为阻碍非国有经济持续健康发展的突出因素，非国有企业在融资过程中会遭受到“所有制歧视”，不能够获得公平的融资服务（陈永，2000）。张宏伟等（2001）认为对非国有企业的金融服务体系出现断层，以规避信贷风险为目标之一的贷款管理制度制约了金融机构信贷投放。在这种情形下，中央银行逐渐开始运用货币政策工具来引导金融机构对非国有企业的信贷投放。体制缺陷是造成非国有企业融资约束的历史根源，银行出于安全性的考虑，缩减对高风险企业的贷款发放量，这些企业又需要为了获得资金支持付出更大的成本，从而形成一种恶性循环（周彩红，2003）。定向降准货币政策对这些处于弱势地位的企业提供帮助，缓解它们的融资问题，刺激企业发展。国有企业为了获利及满足自身目标更有可能进行过度投资，而非国有企业的风险承担高于国有企业（刘锡良等，2018；李文贵等，2012），原有的投资规模明显小于国有企业，投资成长空间大，同时非国有企业的活跃性、“走出去”的主观能动性强，在定向降准政策激励下，降低了信贷市场融资的门槛，缓解了融资约束，改善了农业企业的投资环境，带动了非国有农业企业的投资增长。因此提出如下假设：

假设 5.3：对于非国有农业企业而言，定向降准货币政策能够通过信贷扶持对投资发挥较好的引导功效。而对于国有农业企业而言，定向降准货币政策难以通过信贷扶持实现投资引导作用。

投资风险可分为系统性风险和非系统性风险，非系统性风险是可以通过分散化投资来降低的风险，往往是由于某个或少数的某些资产有关的一些特别因素导致的。风险对企业投资有重要影响，低风险影响着企业所面临的各种预期判断，对投资产生积极影响。宽松货币政策下无风险收益率下降，为追求黏性的目标收益率，金融机构只能增加高风险资产的需求，提高风险偏好（Borio and Zhu，2012；徐明东等，2012）。定向降准是针对符合条件的目标银行实施的，银行若将信贷资源投向低风险农业企业，一方面可获得定向降准释放的多余流动性以提高信贷规模增加收益，另一方面可降低企业违约风险带来的坏账损失，因此定向降准之后银行会向低风险的农业企业倾斜。在定向降准后，银行的风险偏好会通过信贷链条传导给企业，在银行的避险情绪抑制下，农业企业的风险承担较之非农业企业也不会过度膨胀。因此，定向降准后银行会相机地将信贷资源往低风险农业企业倾斜，以获取定向降准的政策红利的同时控制信贷风险，低风险农业企业在获得信贷融资的同时投资规模得以扩张。因此提出如下假设：

假设5.4：对于低风险农业企业而言，定向降准政策能通过信贷增长刺激投资增长；而对于高风险农业企业而言，定向降准难以发挥其促进投资的作用。

5.3 研究设计

5.3.1 模型设计与变量界定

在前文理论分析与假设的基础上，首先检验定向降准对投资规模的影响，将样本分为农业企业与非农业企业两组数据，分别代入如下待检验回归分析模型：

$$Inv_{it} = \beta_0 + \beta_1 TEA_{t-1} + \beta_2 TEA_{t-1} \times Loan_{it-1} + \beta_3 Loan_{it-1} + \beta_4 TobinQ_{it-1} + \beta_5 Size_{it-1} + \beta_6 Growth_{it-1} + \beta_7 Age_{it-1} + \beta_8 MB_{it-1} + u_i + \varepsilon_{it} \quad (5.1)$$

模型（5.1）中 i 代表企业个体，t 代表时间，$t-1$ 代表相关变量滞后一期。被解释变量是企业投资规模（Inv），该变量的衡量方式有多种。国外财务报表中包含专门的资本支出项目，因此，国外相关研究多使用该项目来衡量投资支出。但是国内财务报表与国外不同，没有专门的资本支出项目，因此，国内外关于投资支出的衡量方式有所不同。对国内现有研究进行梳理发现，现有对于投资支出的衡量方式主要有两种：第一种是采用加总的形式，用总资产对固定资产、在建工程和无形资产的净值之和进行标准化处理；第二种是采用增加值的形式，用总资产对构建固定资产、无形资产和其他长期资产支付的现金进行标准化处理。综合考虑，增加值的衡量方式可以更好地诠释定向降准货币政策对企业投资水平的增量促进作用，所以本书参考（Richardson，2006）采用第二种衡量方式，将投资支出定义为：

投资支出 = 购建固定资产、无形资产和其他长期资产支付的现金 ÷ 期初总资产

自变量中 TEA 为是否实施定向降准政策的哑变量，TEA = 0 代表当期未实施定向降准货币政策，TEA = 1 代表当期有实施定向降准货币政策。u 表示回归模型的个体效应，ε 表示随机干扰项。为了研究定向降准货币政策对企业投资的激励作用是否通过银行信贷传导渠道抑或是信号传递渠道实现，加入企业贷款融资比例（Loan）与定向降准政策变量（TEA）交乘，检验 β_1、β_2 系数是否显著，判断信号传递渠道与信贷渠道在定向降准政策实施的过程中发挥的作用。倘若 β_2 系数显著大于 0，则表明随着定向降准货币政策的实施，获得信贷融资水平越高的企业投资支出越高，因此定向降准通过信贷渠道对投资发挥着带动效果。倘若 β_2 系数不显著而 β_1 系数显著大于 0，则表明定向降准货币政策通过信号传递机制对企业投资发挥带动作用。

由于企业的投资行为除了受定向降准政策外还受诸多因素的影响，所以回归模型中还加入以下控制变量以消除其他因素的影响：

企业规模（Size），用总资产的自然对数来衡量。一般来说，公司规模越大，盈利能力和抗风险能力越强，银行越愿意向企业发放贷款。公司规模越大，在市场中所占份额越高，也更加容易获得商业贷款；而公司规模越小，在市场中所占份额越低，获得商业贷款较难，更可能出现融资约束问题。因此，相对而言，规模较大的企业，其投资水平也较高。

企业成长能力（Growth），用营业收入增长率衡量。财务报表中，营业收入增长率代表企业后续发展能力。营业收入持续增长说明企业经营状况

较好，拥有的投资机会较多，发展前景较好，企业投资的风险偏好更高，投资规模扩张的可能性更大。

投资机会（TobinQ），采用股东权益市值和期初、期末的负债均值之和表示，并用总资产进行标准化处理，其中股东权益市值用期间上市公司股票均值表示。

企业年龄（Age），使用当前年份减去公司成立年份来表示。

市值账面比（MB）。市值账面比越高，表明股票市场对于该企业的前景持积极态度，企业的权益资本成本越低。一般来说，市值账面比越高的公司，其投资水平也越高。

进一步地，为了研究定向降准货币政策在不同情形下对农业企业投资规模的影响差异，分别采用以下分组变量进行分组：信息披露及时性（Lag）、信息披露质量（KV）、所有权性质（State）、非系统性风险（Non-sys）。

以上的变量定义说明详见表5－1。

表5－1　　主要变量说明

变量名称	变量度量
投资规模（Inv）	购建固定资产、无形资产和其他长期资产支付的现金÷期初总资产
农业企业变量（Agri）	农业企业取1，否则取0
定向降准变量（TEA）	当期针对农业实施定向降准政策取1，否则取0
托宾Q（TobinQ）	托宾Q值
企业规模（Size）	企业总资产的自然对数
企业成长能力（Growth）	企业营业收入的年增长率
企业年龄（Age）	企业上市年限
贷款额（Loan）	企业的贷款量
市值账面比（MB）	股票市值与账面价值比率

5.3.2　样本选取与数据来源

本章延续前一章的样本数据，选取经过倾向得分匹配后的样本季度数据为研究样本，进行定向降准货币政策对农业企业投资规模影响的实证研究，检验定向降准政策的实施是否能对目标企业的投资起到精确的调控、积极的引导作用。本节的数据主要来自 Wind 及 CSMAR 数据库。

5.4 实证结果分析

5.4.1 定向降准政策对农业企业投资的总体驱动效应

为了研究定向降准政策实施对农业企业投资规模的总体影响，将数据代入模型（5.1），所有回归都使用 cluster 调整，并在固定效应回归中加入年度、季度的时间虚拟变量，既控制了年度效应也控制了季度效应，同时消除了部分内生性。

表 5 –2 展示的回归结果是定向降准政策对农业企业和非农业企业的投资规模的影响。第（1）列是农业企业样本组的回归结果，TEA 的系数不显著，TEA × Loan 的系数在 10% 的显著性水平上显著，这表明对于信贷融资规模增长的农业企业，在定向降准货币政策实施后投资水平有所增长，而对于信贷融资没有增长的农业企业，在定向降准后投资水平没有显著提高，这说明定向降准主要通过信贷渠道，而非信号传递渠道，带动农业企业的投资增长。为了对照定向降准政策对非农业企业投资水平的影响，将非农业企业的数据代入模型（5.1），分析定向降准货币政策对非农业企业投资的影响。表 5 –2 第（2）列结果表明，TEA 与 TEA × Loan 的系数都不显著，这说明定向降准货币政策对非农业企业的投资增长影响不大，这与定向降准货币政策的设置初衷相吻合。

表 5 –2　　定向降准对投资规模的影响

变量	（1）Agri 农业	（2）NonAgri 非农业
TEA	–0.0114 （–0.6771）	–0.0058 （–1.1807）

续表

变量	（1）Agri 农业	（2）NonAgri 非农业
TEA × Loan	0.1135* （1.7582）	0.0302 （1.4873）
Loan	0.0849* （1.6946）	-0.0727*** （-5.0752）
TobinQ	0.0248*** （3.7138）	0.0111*** （9.1013）
Size	-0.0185 （-1.4965）	0.0201*** （7.0275）
Growth	-0.0061* （-1.6715）	0.0068*** （3.6402）
Age	-0.2438*** （-4.4774）	-0.1661*** （-12.0438）
MB	-0.0118*** （-3.3940）	-0.0000 （-0.0690）
_cons	0.8686*** （3.2490）	-0.0251 （-0.3931）
年份固定效应	控制	控制
季度固定效应	控制	控制
企业固定效应	控制	控制
行业固定效应	控制	控制
N	1 501	16 340
adj. R^2	0.068	0.020

注：*、**、*** 分别表示在10%、5%和1%的水平上显著，括号内的是 t 值。

5.4.2 定向降准对不同特性农业企业投资的驱动效应

进一步地研究不同信息披露程度、所有权性质以及风险水平的企业投资受定向降准货币政策影响的差异，将样本分别根据信息披露及时性（Lag）、信息披露质量（KV）、所有权性质（State）、非系统性风险（Non-sys）进行分组。

首先，研究定向降准货币政策对不同信息披露及时性的农业企业投资驱动效应的差异，根据信息披露及时性对农业上市公司进行分组，信息披露及时性参照（徐焱军，2010）的方法，采用定期报告的实际公告日与该报告所属会计期间结束日之间的日历天数，来衡量会计信息披露的及时性。报告披露时滞越短，及时性越好。一般来说，报告披露及时性越好的公司投资支出越高。本书分别根据中期报告和年度报告的信息披露及时性对样本进行分组。表5－3的第（1）列与第（2）列是根据中期报告信息披露及时性进行分组，结果发现对于中期报告信息披露及时性好的农业企业，TEA×Loan的系数在5%的显著性水平上大于零，而对于中期报告信息披露及时性差的农业企业，不论是TEA的系数还是TEA×Loan的系数都不显著。这表明对于中期报告披露及时性好的农业企业，定向降准政策对投资的驱动效果较好，在定向降准政策实施之后农业企业投资意愿较高，投资规模有所扩大，这与企业信息披露越及时越有利于投资决策有密切关系。而对于中期报告披露及时性差的农业企业，定向降准对其投资无显著影响，不产生投资驱动效应，假设5.2a得到验证。

为了进一步验证会计信息披露及时性对定向降准投资驱动效果的影响，根据会计年度报告信息披露的及时性对农业企业进行分组，如表5－3第（3）列和第（4）列所示。结果依然表明，对于信息披露及时性好的农业企业投资水平在定向降准促生的信贷融资驱动下得到了显著提高。而对于信息披露及时性差的农业企业投资水平受定向降准货币政策的影响不大。这再次验证了假设5.2a。

表5－3　　会计信息披露及时性对定向降准投资驱动效果的影响

变量	中期报告		年度报告	
	（1）及时性好	（2）及时性差	（3）及时性好	（4）及时性差
TEA	0.0011 （0.0470）	－0.0332 （－1.3271）	－0.0120 （－0.4983）	－0.0071 （－0.3111）
TEA×Loan	0.2111** （2.1552）	0.1060 （1.1125）	0.1646* （1.7552）	0.1057 （1.1293）

续表

变量	中期报告		年度报告	
	（1）及时性好	（2）及时性差	（3）及时性好	（4）及时性差
Loan	0.1622** (2.2972)	−0.0343 (−0.4069)	0.0431 (0.5753)	0.1082 (1.3900)
TobinQ	0.0269*** (2.8590)	0.0129 (1.1441)	0.0214** (2.4882)	0.0238** (2.0021)
Size	−0.0393** (−2.1004)	0.0078 (0.4021)	0.0110 (0.5367)	−0.0143 (−0.7748)
Growth	−0.0011 (−0.1982)	−0.0081 (−1.5066)	−0.0105* (−1.6560)	−0.0061 (−1.2382)
Age	−0.2376*** (−3.3712)	−0.1325 (−1.0585)	−0.1447 (−1.4402)	−0.2980*** (−3.6754)
MB	−0.0135*** (−2.8327)	−0.0061 (−1.0666)	−0.0072* (−1.8416)	−0.0145** (−2.0660)
_cons	1.2599*** (3.2619)	0.0959 (0.2069)	0.0469 (0.0976)	0.9133** (2.3455)
年份固定效应	控制	控制	控制	控制
季度固定效应	控制	控制	控制	控制
行业固定效应	控制	控制	控制	控制
企业固定效应	控制	控制	控制	控制
N	723	659	494	888
adj. R^2	0.054	0.039	0.037	0.052

注：*、**、*** 分别表示在 10%、5% 和 1% 的水平上显著，括号内的是 t 值。

其次，研究信息披露质量对定向降准投资驱动效应的影响，信息披露质量借鉴李春涛等（2018）的模型，使用 KV 度量法衡量信息披露质量。KV 度量法是通过股票收益率对成交量回归的斜率来衡量信息披露质量，其基本理念在于，如果上市公司的信息披露较差，投资者对股票交易量所包含信息的依赖程度相对较高，而对信息披露程度的依赖度较低，此时交易量的变动会带来股价较大幅度的变化，因此这个变化率是信息披露质量的反向指标。KV 所刻画的信息披露质量，不但包含了强制性信息披露，也包含了自愿性信息披露，可以较好地反映上市公司的信息披露质量。具体公式如下：

$$\ln\left|\frac{\Delta P_t}{P_{t-1}}\right| = \alpha + \beta(Vol_t - Vol) + u \qquad (5.2)$$

其中，ΔP_t为P_t与P_{t-1}之差，P_t为企业在t日的收盘价，Vol_t为t日的交易量，Vol为年度日平均交易量，对模型回归后可以得到系数β，最后得到公司信息披露质量 KV = βx1000000，KV 值越小，信息披露质量越好。将农业企业样本根据 KV 分组后代入模型（5.1），结果如表 5 -4 所示。

表 5 -4 的第（1）列是高信息披露质量样本组的回归结果，TEA × Loan 的系数在 5% 的显著性水平上大于零，这表明对于信息披露质量较好的农业上市公司，定向降准货币政策通过信贷倾斜起到了较好的投资驱动效果，这与高信息披露质量减少银企信息不对称，增强企业投资信心有密不可分的关系。定向降准货币政策实施后，会计信息披露质量较高能够有效缓解由于企业内外部投资者之间的信息不对称而导致的投资风险，因此能够帮助农业上市公司筹集到足够的资金，来积极投入到净现值为正的投资项目中，农业企业中信息披露质量较好的企业的投资支出显著增加。为了对照信息披露质量较差情形下定向降准货币政策对投资的驱动效果，第（2）列是低信息披露质量样本组的回归结果，TEA 与 TEA × Loan 的系数在 10% 的显著性水平上不显著，这表明定向降准货币政策对低信息披露质量农业企业的投资无显著影响，不产生投资驱动效应。假设 5. 2b 得到验证。

表 5 -4　　　　信息披露质量对定向降准投资驱动效果的影响

变量	（1）高信息披露质量农业企业	（2）低信息披露质量农业企业
TEA	-0. 0251 (-1. 0349)	0. 0096 (0. 4349)
TEA × Loan	0. 2270 ** (2. 1715)	0. 0464 (0. 5711)
Loan	0. 1167 (1. 2848)	0. 0655 (1. 1359)
TobinQ	0. 0351 *** (2. 7533)	0. 0171 ** (2. 0875)

续表

变量	(1) 高信息披露质量农业企业	(2) 低信息披露质量农业企业
Size	-0.0176 (-1.0189)	-0.0318* (-1.7242)
Growth	-0.0057 (-0.9978)	-0.0048 (-1.0149)
Age	-0.2576*** (-3.6991)	-0.0317 (-0.3417)
MB	-0.0218*** (-2.7819)	-0.0062* (-1.8385)
_cons	0.8980** (2.3645)	0.7470* (1.9561)
年份固定效应	控制	控制
季度固定效应	控制	控制
行业固定效应	控制	控制
企业固定效应	控制	控制
N	795	587
adj. R^2	0.085	0.055

注：*、**、*** 分别表示在10%、5%和1%的水平上显著，括号内的是 t 值。

再次，研究所有权性质对定向降准货币政策的投资驱动效果的影响，将农业企业根据所有权性质分为国有企业与非国有企业，分别代入模型(5.1)，结果如表5-5所示。第（1）列是国有农业企业样本组的回归结果，TEA与TEA×Loan的系数均不显著，这表明定向降准货币政策难以通过释放积极的政策信号或者通过信贷渠道对国有农业企业的投资水平产生积极的促进作用。由于我国国有企业往往与国有银行之间有密切联系，在贷款获取上比非国有企业容易得多，因此融资约束程度也较低，其投资受定向降准信贷驱动的程度也比较小。第（2）列是非国有农业企业样本组的回归结果，TEA×Loan的系数在10%的显著性水平上显著大于零，这表明对于非国有农业企业而言，定向降准货币政策可以通过信贷倾斜起到较好的投资驱动效果，这可能由于非国有农业企业在银行信贷博弈中处于劣势，融资约束问题比较严重。在定向降准货币政策指引下，信贷融资水平得以提高，融资约束问题有所缓解，投资意愿有所回升，假设 5.3 得到验证。

表 5 - 5　　定向降准对不同所有权性质农业企业投资的驱动效果

变量	（1）国有农业企业	（2）非国有农业企业
TEA	0.0088 (0.1474)	-0.0125 (-0.7032)
TEA × Loan	-0.2417 (-0.6027)	0.1276 * (1.9079)
Loan	0.2318 (0.7310)	0.0673 (1.2612)
TobinQ	0.0056 (0.0585)	0.0270 *** (3.8975)
Size	0.0254 (0.1371)	-0.0137 (-1.0507)
Growth	-0.0160 (-1.2844)	-0.0052 (-1.3411)
Age	-1.1425 * (-1.7041)	-0.2800 *** (-4.8517)
MB	-0.0151 (-0.2811)	-0.0124 *** (-3.4399)
_cons	1.5562 (0.3548)	0.8574 *** (3.0828)
年份固定效应	控制	控制
季度固定效应	控制	控制
行业固定效应	控制	控制
企业固定效应	控制	控制
N	103	1 398
adj. R^2	0.017	0.072

注：*、**、*** 分别表示在 10%、5% 和 1% 的水平上显著，括号内的是 t 值。

最后，研究非系统性风险对定向降准投资驱动效果的影响，将农业企业样本根据非系统性风险进行分组。非系统性风险根据资本资产定价模型计算。如果企业的非系统性风险大于企业所在行业的非系统性风险的中位数，则表明企业的非系统性风险较高，属于高风险农业企业；反之，则非系统性较低，属于低风险农业企业。表 5 - 6 的第（1）列是高风险农业企业样本组的回归结果，TEA 与 TEA × Loan 的系数在 10% 的显著性水平上都不显著，定向降准对于高风险农业企业的投资没有显著的驱动效果。表 5 - 6 的第（2）列是低风险农业企业回归的结果，TEA × Loan 的系数在 5% 的显著性水平上显著大于零，这表明对于低风险农业企业而言，定向降准之后获得的信贷融资越多，投资水平增长越快，这与前文的研究结论相符合，定向降准后银行会相机地将信贷资源往低风险农业企业倾斜，以获取定向降准政策红利的同时控制信贷风险，低风险农业企业在获得信贷融资的同时投资规模得以扩张。假设 5.4 得到验证。

表 5 - 6　　不同风险水平下定向降准对投资的驱动效果

变量	（1）高风险农业企业	（2）低风险农业企业
TEA	-0.0074 (-0.2864)	-0.0050 (-0.2518)
TEA × Loan	0.0239 (0.2230)	0.1625** (2.2678)
Loan	-0.0135 (-0.1802)	0.1328** (2.1133)
TobinQ	0.0297*** (2.8658)	0.0180** (2.2447)
Size	-0.0348* (-1.8640)	0.0038 (0.2394)
Growth	-0.0103* (-1.7577)	-0.0038 (-0.9318)
Age	-0.1377* (-1.6706)	-0.3436*** (-4.8576)
MB	-0.0166*** (-2.8797)	-0.0067* (-1.6899)
_cons	1.0349** (2.5494)	0.5661* (1.6495)

续表

变量	（1）高风险农业企业	（2）低风险农业企业
年份固定效应	控制	控制
季度固定效应	控制	控制
行业固定效应	控制	控制
企业固定效应	控制	控制
N	848	653
adj. R^2	0.050	0.079

注：*、**、*** 分别表示在10%、5%和1%的水平上显著，括号内的是 t 值。

5.5 结论与建议

5.5.1 结论

货币政策是国家宏观经济调控的重要工具，货币政策框架的改变会对我国经济发展以及产业结构优化产生重要的影响。当前我国正处于供给侧结构性改革时期，总量性货币政策无法起到调整产业结构的作用，在此背景下，为了扶持农业等基础型产业，央行出台了定向降准货币政策。从2014年至今，央行共计实施了17轮定向降准货币政策，每轮政策之间有些许不同，但是政策的目的都是引导金融机构释放的资金流向农业及小微领域。相对于总量性货币政策，定向降准货币政策的推出时间较短，实施效果尚不稳定，学术界对其研究也较少，定向降准货币政策实施之后，随着农业企业融资约束的缓解，农业企业的投资规模是否得到扩张，定向降准政策对投资的驱动效果如何尚未得证。

本书以2003~2017年A股上市公司数据为研究样本，分析定向降准政策对农业企业投资的影响，结果表明：（1）定向降准政策对农业企业的投资驱动效应是通过信贷渠道而非信号传递渠道实现的。（2）定向降准对财务报告信息披露较好的农业企业投资能发挥积极的驱动效应，而对于信息披露状况较差的农业企业没有显著作用。(3)非国有农业企业受定向降准政策的投资驱动影响较显著，而国有农业企业受定向降准政策驱动不明显。(4)定向降准政策对低风险农业企业投资的激励效果较显著，而高风险农业企业在定向降准后投资规模未得到明显提升。

5.5.2 建议

农业是中国的第一产业，是中国经济发展的基础。定向降准政策实施之后对农业企业有一定的正向激励作用，产生投资驱动效应，但是由于农业企业的信息披露程度、所有权性质以及风险水平等问题，定向降准政策对农业企业投资的定向调控功效受到影响。为了进一步提高定向降准货币政策对于农业企业的影响效果，一方面，从制度设计上应该加强对定向降准信贷投放之后资金使用的监督与考核，避免定向降准有针对性地释放的资金流向产能过剩的领域，确保定向降准的政策红利成功地引导到实体经济领域。另一方面，从企业自身出发，定向降准政策对投资规模调节功能的强弱，除了取决于商业银行、金融市场等金融中介机构外，还取决于最基本的投资主体——企业。农业企业应该从自身出发，建立健全企业信息披露制度，加强内部控制防范风险，扩大有效投资规模水平，吸引银行将定向降准后获得的资金投入到企业中，促进企业生产。

在经济结构转型升级、供给侧结构性改革的背景下，我国货币政策操作框架已经发生改变，从过去总量性“大水漫灌”式货币政策调控方式逐渐转变为更有目标的定向调控性“精准滴灌”式货币政策。定向降准货币政策通过几年的实施以及效果反馈，也在不断地优化调整完善。定向降准政策通过建立促进企业投资结构优化的正向激励机制来加大对农业企业的支持力度，但是长期实施也会导致一些问题。从长远看，经济结构的调整升级以及企业投资结构的优化，根本还是要依靠市场在资源配置中的决定作用，因此定向降准只是在结构调整的初期发挥政策引导作用，不能成为经济发展的内生动力。

第6章

定向降准政策对农业企业业绩增长的促进作用研究

随着我国经济进入新常态，调结构成为宏观调控关注的焦点，以精准调控为目标的定向降准成为货币调控的主旋律。现有货币政策对企业产出影响的研究主要集中在以利率、存款准备金率为代表的全面调控货币政策工具对经济总产出的影响，在上述理论基础上，不少学者就传统货币政策对企业业绩增长的影响进行了研究。如饶品贵等（2013）专门就货币政策紧缩期的信贷资源配置与企业业绩之间关系进行实证研究，结果发现即使处在紧缩货币环境下，若企业可以从银行获得的信贷资金呈现边际增长，企业在获取信贷资金后的下一个会计期间将会实现一定程度的绩效提高并实现企业盈利增长。钟凯等（2016）认为货币政策适度水平的提高可以直接抑制企业“借短投长”的错误投融资行为，并以此进一步改善企业的业绩。邱静等（2016）对紧缩时期的货币政策进行研究发现，紧缩的货币政策不利于企业进行融资，并抑制了其业绩的增长，对于非国有型企业而言，这一影响随着企业对外源融资依赖的增加而加强。钱婷婷（2015）通过研究商业信用和企业未来业绩之间的关系，认为企业对商业信用这类短期融资的获得越多，其未来业绩越好，而这种关系在货币政策紧缩时期比宽松时期更强。户青等（2016）的研究认为，相对于宽松的货币政策，紧缩性货币政策对企业绩效具有不利的影响。李成等（2014）认为宽松的货币政策能够扩大银行的信贷规模，同时可以提高货币政策的信贷扩张作用；而银行对企业的信贷释放能够进一步促进企业业绩的增长，因为银行与企业之间签订的债务融资协议可以加强对企业的监管和约束，降低企业无效的投资行为以及股东对高管层的监督成本（Fama，1985）。我国的商业银行作为大贷款人，对企业也具有一定的监督作用，约束管理者的公司治理行为（胡奕明等，2008），更为严格的监督管理有助于企业提高经营能力与投资效率，抑制管理者的不良投资决策，信贷融资的杠杆作用也能够在企业面对优质投资项目时放大利润，最终促进企业业绩的提升。另外，企业因信贷融资向银行定期支付利息的行为也会减少管理层拥有的内部自由现金流，缓解管理层和股东之间的代理问题（Jensen，1986），代理成本的降低有助于利润的增加并以此带动企业业绩。因此，传统货币政策在促进银行信贷增长之后，通过加强企业内外部的监督管理和降低代理成本等途径，对企业业绩的提升也有溢出作用。

货币政策对农业企业产出影响的文献相对较少，具代表性的研究有：马理等（2017）研究了定向降准货币政策对不同产业的非对称影响，结果表明定向降准政策提高了农业的产出水平，对其价格与固定资产投资水平也都有积极的影响。楚尔鸣等（2016）使用 Qual VAR 模型实证分析了定向降准货币政策工具对于农业的政策效果，结果显示定向降准的潜在变量对农业的生产值具有积极影响，能够从一定程度上解释我国农业的发展，推动了农业产出和农民收入的增加，但其对产出的贡献仍有提高的空间。劳子良（2018）建立两部门的寡头垄断信贷市场模型，研究结果显示，定向降准政策在一定程度上对农业的产出和价格等具有积极的影响，但在不同经济状态下，该政策对农业、农副食品工业和农业服务业的产出、价格等产生的影响存在一定的差异性。

多数研究认为定向降准货币政策对农业的传导渠道主要是通过信贷传导渠道实现的，代表性文献有：马理等（2015）通过建立一个包括农业和非农业贷款收益的银行跨期效用函数，在信贷市场的均衡分析框架下研究定向降准货币政策，结果表明当农业贷款可贷区间存在较高的利率上限时，银行将提高对农业信贷的水平；反之，则会提高对非农企业的信贷。王遥等（2019）通过对绿色信贷的激励政策进行研究分析，认为定向降准政策能够有效激励绿色信贷，而扩大信贷规模的同时并不会对产出和就业造成明显的副作用。马理等（2017）研究定向降准货币政策对不同产业的非对称性影响，认为央行对该政策的实施释放了优化信贷结构的激励信号，有助于信贷资源流向“三农”和农业领域。陈彦斌等（2014）认为定向宽松政策能够释放流动性，引导信贷资金流向“三农”和农业企业。马方方等（2016）对定向降准货币政策的研究结果表明，政策实施以后农业企业获得的信贷规模以及同比增速明显提高，但对“三农”领域的效果仍有待加强。

也有研究认为，定向降准货币政策的传导是通过资产价格渠道实现的：刘琦等（2019）从股票市场对各种类型定向降准货币政策冲击反应的角度来分析该政策的效果，实证结果表明，首次普通定向降准、汽车金融定向降准以及普惠金融定向降准能够产生良好的效果，“置换型”定向降准、“债转股”定向降准政策对目标企业无显著影响，但其产生的增量资金没有投向房地产、城投平台等对资金较为敏感的行业。相比于国有企业，定向降准政策对非国有企业业绩的提高更加明显。成学真等（2018）运用 VAR 模型对我国数量型和利率导向型的结构性货币政策进行实证分析，结果表明，作为数量型结构性货币政策的定向降准工具对财富的影响效应为负，即实施定向降准政策将导致股票市值下降，而常备借贷便利等利率导向型结构性货币政策则能够增加股票市值，产生正向的财富效应。

然而定向降准货币政策颁布的最终落脚点并不是银行信贷规模的增长、资产价格的变化，而是该政策能否推动农业企业业绩的增长，实现调结构、补短板的政策目标，这方面研究目前还比较少，有待我们深入研究。

6.1 理论分析与假说提出

在金融危机以前，我国主要采取常规货币政策工具如利率、存款准备金率等进行调控，也可以称之为全面调控货币政策。此类货币政策调控模式主要用于调整货币供应总量，例如全面降准就是通过降低存款准备金率，减少商业银行上交给央行的准备金，增加银行的可贷资金总量，从而增加流通中的货币总量（王倩等，2016）。有研究表明，央行实行量化宽松的货币政策，会增加货币供应量，刺激经济增长。但由于不同企业的特征不同，因此总量性货币政策对不同企业和部门的影响是不同的。

不少学者从非对称效应的角度研究了货币政策对微观企业的影响效果。有些以企业规模或大小作为非对称效应的划分标准，如孙大超等（2014）分析了我国货币政策对不同规模企业的非对称性影响，相对于大型企业，紧缩性货币政策对中小企业信贷融资能力的抑制效果更为强烈，并且我国银行业的垄断行为扩大了此类非对称性的作用。肖争艳等（2013）对货币政策的非对称效应研究结果表明，中小型企业受紧缩货币政策冲击的影响较为明显，政策对其产出的减少作用大约是大型企业的三倍。

更进一步来探讨，对于货币政策在农业企业层面的异质性效果，学者进行了如下的分析。有研究以产业类型作为划分依据，如曹永琴（2010）分析了 1978 ~ 2005 年我国货币政策冲击对不同产业的影响效果，认为我国的政策效应在产业之间具有明显的非对称性，对货币供给冲击反应最为敏感的首先是第一产业，其次是第三产业，最不敏感的是第二产业。胡育蓉等（2014）研究表明货币政策对微观企业风险承担存在显著的非对称效应，货币政策紧缩时期不同产业之间的非对称效应深度各异，其中第一产业农林牧渔业的风险承担下降幅度较小。王元（2012）也认为各产业之间对货币政策的反应存在非对称性，第二产业对货币政策的反应程度最强，而第一、第三产业的反应敏感度相对较低。由此可见，现有文献主要认为货币政策对于作为第一产业的农林牧渔及其服务业的影响效果较小。我们可以探究其背后的原因所在，“三农”是我国社会经济发展中的薄弱领域，相较于信息、医疗等强势行业，涉农部门并不具备很好的信贷资源获取优势，如赵立军（2016）研究了我国农业企业跨国投资的现状，表示无论是国有农业企业还是私营农业企业，它们对技术研发、人力资源的长期投入和积累方面一直没有足够的重视，科技含量较低、产品不具备高附加值，对风险的规避能力也有待提高。田伟（2011）分析了我国农业发展的优劣势，认为农产品分布不一且质量差，生产规模小、设备落后导致成本过高，水资源相对缺乏而自然灾害时有发生。任巧巧（2005）对我国农业企业进行 SWOT 分析，认为农业企业在技术、资金和规模等方面存在不足，产品没有严格的生产标准和规范，部分发达国家设立的绿色贸易壁垒也阻碍着国内农产品的出口。我国虽然是人口大国，但农业在技术含量和行业规范化等方面仍有很多提升空间，农业企业多存在管理不足的问题，在生产经营过程中面临的风险较大；加上农业自古以来便是“靠天吃饭”，对自然环境的变化十分敏感，气候变化、生态因素都极易对农业产出造成很大影响，进而提高了农业企业的风险水平；而且农业还受到外部环境的影响，如近年来国际贸易摩擦加剧，进出口业务不确定因素多，这些都使得我国农业企业在信贷资源的获得上处于相对劣势，因此在不具备结构性调整效果的普遍降准货币政策的作用下，商业银行更愿意将贷款分配给其他风险低、稳定性强、资金回收更有保障的非农行业，而相对忽略了对农业企业的信贷支持。因此，本书提出以下假说：

假说6.1：普遍降准的货币政策有利于农业与非农业企业的业绩提升，但对非农业企业业绩的促进作用强于农业企业。

定向降准政策是通过向符合条件的商业银行实施优惠的存款准备金率，进而促使银行资金流向特定企业的政策。降低存款准备金率对经济的影响路径主要是通过影响银行可贷资金数量从而增大信贷规模，提高货币供应量，释放流动性，最终达到刺激经济增长的目标。在过去，中国多采用全面降准，该政策影响力强、见效快，每轮降准往往都会引起货币总量明显上升，导致货币供应量剧增，经济上形成脱实向虚、虚假繁荣的局面。由于商业银行的逐利性，农业企业的融资规模小、现金流稳定性弱，在全面降准的过程中难以得到实际福利。而定向降准政策的出台改变了原有资金大水漫灌的格局，引导资金流向农业企业，破除农业企业长期存在的融资难、融资贵的问题。并且定向降准不同于全面降准，不会导致货币总量大量增加，引起通货膨胀等问题，通过政府引导商业银行的贷款去向，帮助弱势企业获得正常的资金，从而调整产业结构。

定向降准政策对农业企业业绩的影响路径主要是通过信贷渠道实现的。由于农业企业先天的弱质性，融资问题成为农业企业发展过程当中必须要面对的难题，其融资渠道受限，投资活动也由此面临更强的流动性约束。定向降准正是通过建立正向激励机制，使可以享受政策优惠的商业银行降低法定存款准备金率，提高货币乘数，通过货币乘数的扩大效应，产生远高于基础货币量的货币供给（王倩等，2016），实现对特定目标的货币投放，促进信贷资源流向定向部门（马方方等，2016），引导银行等金融机构更多地将资金投入农业企业这些缺乏有效资金支持的弱势领域，降低企业的融资约束，进而刺激该领域的投资以达到结构调整目标。综上所述，定向降准不仅会使商业银行存放在央行账户的准备金转换成银行本身可用于发放贷款的资金，还会增加商业银行对于农业企业的贷款倾向，缓解农业企业融资约束，促进其投资。农业企业投资的增长带动了业绩的增长。通过上述理论分析，本书提出以下研究假说：

假说6.2：定向降准货币政策会促进农业企业的业绩增长。

我们知道影响企业业绩的因素有很多，而投资水平的差异是否也会对企业的业绩增长产生不同作用呢？李永壮等（2015）以企业领导者的过度自信作为研究基础，探究其对于企业绩效的影响，结果表明企业投资水平在这一过程中发挥出了中介效应，投资不足使得企业放弃了部分净现值为正的优质项目，最终损害了企业业绩。吴作凤（2015）验证了研发投资在股权激励与企业业绩之间的中介效应，结果表明研发投资的扩大能够为企业业绩带来明显的促进作用，其中不论是费用化还是资本化的研发投资都正向影响了企业的业绩。徐磊（2007）也对上市企业的投资效率与企业价值进行分析，认为企业的投资水平与财务业绩指标之间呈现正向关系。由此可见，企业的投资水平和业绩之间确实存在密切联系，因为企业较高的投资水平往往源于自身实力雄厚，从而能够找到更多高质量高收益的可投项目，对于优质项目扩大投资力度则有利于为企业增加利润、推动业绩的提升，而这种企业的现金流更具有保障性、产生不良贷款的风险较低，易在货币政策扩张时期获得银行的信贷资源支持，从而进一步推动业绩增长。因此，本书提出以下假说：

假说6.3：定向降准货币政策对高投资水平农业企业业绩的促进效应比较显著，而对于低投资水平农业企业的业绩很难产生带动效应。

企业的信息质量则是从信息不对称的角度衡量了企业对外传递信息的透明度，这是否也能对业绩产生一定的影响呢？答案是肯定的。高影等（2019）研究表明，内部控制质量越高或有效性越强，就越有利于企业的业绩增加。一般而言，内部控制的质量与企业信息质量之间存在密切联系，有着严格内部控制的企业往往具有高质量的经营管理，从而可以提升信息质量。王棣华等（2016）对信息披露质量与企业绩效之间的关系进行分析后发现，没有披露内部控制问题的企业在披露相关信息后获得了更好的绩效成果，但披露内部控制问题的企业在披露内控信息后则绩效降低，意味着防范内控问题的发生以及提高相应的管理水平有助于促进企业绩效。郑建明等（2015）认为有分析师跟踪对企业减少业绩预告违规的概率有积极作用，而有知名分析师跟踪和来自声望好的券商的分析师规模越大，治理效果越好。李秀玉等（2016）的分析表明，企业对碳相关的信息披露质量的增加，能够有效促进业绩提升，并且对非国有企业财务绩效的促进效果比国有企业的更好。陈钦源等（2017）对分析师跟踪与企业创新活动的关联性进行了验证，结果表明分析师跟踪对被跟踪企业的创新绩效具有明显推动效果。揭晓小（2015）的研究认为分析师跟踪和收购方企业的长期市场绩效之间具有正向关系。周云鹤（2014）认为分析师所披露的信息对上市企业的业绩产生了促进作用。由此可见，内部控制水平高和分析师跟踪紧密的企业在业绩增长方面更具优势。在定向降准政策颁布后，严格的内部控制通常有助于企业更好地建设和完善治理机制，降低内在风险，从而提高企业经营的稳定性，这对赢得银行信任并获取信贷资格十分有利；分析师对企业的跟踪也能加强对管理者的监督和约束，降低违规行为的发生，对外披露的信息更为准确可靠，严格而有效的经营管理使企业信息质量得以提升，缓解了信息不对称的问题，有利于博得投资者和其他利益相关者的信任，进而更有优势从银行获得资金支持，以此促进企业的高效运作和业绩增加。对此，本书进一步提出以下假说：

假说6.4：定向降准货币政策颁布后，高信息质量农业企业的业绩增长速度高于非农业企业，而低信息质量的农业企业与非农业企业业绩的增长速度在定向降准政策之后没有显著差异。

对于影响商业银行信贷配给的其他因素，有学者进行了如下分析，企业规模、盈利性、所在省份的金融发展程度与金融市场化水平等对银行的信贷配给都产生了显著影响，其中企业若具有越高的盈利能力，则面临信贷约束的概率越小（苟琴等，2014）。李庆海等（2016）研究发现影响农户有无受到供给型配给（供给方金融机构导致的信贷配给）的主要原因包括上一年度家庭纯收入以及上一年度非农业收入占比等，银行在做放贷决策时会考虑到，家庭纯收入以及非农收入比重越高的农户拥有更高的还款能力，因而银行对其放贷的意愿更强。由此我们可以认为，企业的盈利能力或业绩水平也是商业银行进行贷款释放时考虑的重要因素之一，一般来说，农业企业业绩水平越高，意味着其有着更强的盈利能力和自身实力，营运等方面的现金流更有保障，对企业内外部投资的资金可以得到较为及时的回收，因此对于从银行获得的贷款也有着很高的还款能力，发生不良贷款的概率较小、违约风险低，较高的信用等级有利于企业赢取银行的信任并将促使银行有更强的意愿对其放贷，定向降准政策推出后银行会优先考虑将银行贷款发放给业绩水平高的农业企业以降低坏账风险，一定程度上能够放大定向降准货币政策对企业业绩层面带来的正面影响。因此，本书提出以下假说：

假说6.5：业绩水平越高的农业企业，定向降准货币政策对其业绩的促进效果越明显。

对于传统的宽松性货币政策，多数学者认为会通过风险承担渠道对银行以及实体经济产生实际影响。金鹏辉等（2014）通过实证分析发现，当央行实施宽松的货币政策时，银行将降低贷款审批的门槛，进而导致其风险承担的过度增加。我国宽松的货币政策提高银行风险承担水平的现象表现在银行对资产的选择方面，并非是对负债的选择，同时，银行因为风险承担所造成的冲击还会对实体经济产生直接影响。我国宽松的货币政策引起银行风险承担增加的现象十分明显，这种风险承担的上升还进一步促进银行的信贷扩张（张强等，2013）。然而定向降准有别于一般的传统货币政策工具，它是向符合一定条件的商业银行定向释放流动性，目的在于扶持“三农”和小微企业等特定领域的企业。前文已经提到，商业银行在做信贷决策时会考虑企业的业绩水平、违约概率等风险因素，若放贷给经营缺乏稳定性的高风险企业，银行将面临更多发生不良贷款的可能性，一旦释放的贷款无法收回，将导致银行内部的流动性风险加剧并对盈利造成重要影响，由此可见，从规避风险的角度考虑，银行不会轻易将信贷资金投向具有高风险承担的企业；另外，银行对低风险承担的农业企业进行信贷释放还将得到定向降准政策带来的红利，即更低的法定存款准备金率，这部分增加的流动性可以帮助银行扩大信贷规模以获取更多利润。因此，不论是为了“避险”还是“逐利”，银行都更有可能将信贷资源向低风险承担的农业企业倾斜，而很难促进高风险农业企业融资水平甚至业绩的提高。因此，本书提出以下假说：

假说6.6：定向降准货币政策对高风险农业企业不具有政策效果，不能通过高风险承担来实现对企业业绩的提升作用。

6.2 变量定义与模型建立

为了验证定向降准货币政策对农业企业业绩增长及相关的异质性效应等一系列假说，本书使用前文倾向得分匹配以后的数据代入模型（6.1），研究定向降准政策对农业企业业绩成长的影响：

$$Q_{it} = \alpha_0 + \alpha_1 TEA_{t-1} + \alpha_2 TEA_{t-1} \times Agri_i + \alpha_3 Agri_i + \alpha_4 Control_{it-1} + \varepsilon_{it} \tag{6.1}$$

其中，被解释变量 Q 为企业 i 在时间 t 的托宾 Q 值，参照巴诺斯科巴勒诺等（Baños - Caballero et al.，2014）采用托宾 Q 度量企业业绩。*Agri* 是农业企业哑变量，当样本组为农业企业时取1，非农业企业则取0。定向降准政策变量为 *TEA*，在本书中α_2 表示农业企业与非农业企业在定向降准政策实施前后业绩的差异。本模型的控制变量 *Controls* 包含总资产净利率（*Roa*）、现金转换周期（*NTC*）、资产规模（*Logasset*）、增长机会（*Growthopp*）、存款准备金率（*Rate*）、国内生产总值（*Gdp*）、现金流量波动率（*SD*）和 Beta 系数（*Beta*）。本书还控制了时间层面以及行业层面的固定效应，具体变量的定义如表6－1所示。

表6－1 各主要变量定义

变量名称	变量符号	变量定义
托宾 Q 值	Q	托宾 Q 值
农业企业	Agri	等于1表示农业企业；等于0表示非农业企业
是否针对农业实施定向降准	TEA	当期针对农业实施定向降准则取1，否则取0
总资产净利率	Roa	净利润/总资产
现金转换周期	NTC	应收账款周转天数＋存货周转天数－应付账款周转天数

续表

变量名称	变量符号	变量定义
资产规模	Logasset	Log（总资产）
增长机会	Growthopp	无形资产/总资产
存款准备金率	Rate	大型金融机构的存款准备金率
国内生产总值	Gdp	国内生产总值
现金流量波动率	SD	计算企业过去五年经营活动现金流量波动率，如果大于等于同行业同时间经营活动现金流量波动率的中位数，则 SD 取 1，否则取 0
Beta 系数	Beta	根据总市值加权的 beta 系数

6.3 实证结果分析

6.3.1 定向降准货币政策对农业企业业绩增长的影响

首先，分析定向降准政策颁布后农业企业的业绩变化，为了避免普遍降准的影响，控制了大型金融机构的存款准备金率 Rate，此时表 6-2 列（1）的结果显示 TEA 的系数显著为负，这表明非农业企业的业绩在定向降准政策实施后显著下降，TEA × Agri 的系数显著为正，而且 TEA 与 TEA × Agri 的系数和为正，这表明农业企业在定向降准政策实施后业绩显著上升，而且农业企业相对于非农企业而言业绩提升的幅度更大，因此，定向降准货币政策有利于促进农业企业的发展。

表 6-2　　定向降准对农业企业业绩增长的影响

变量	(1)	(2)
	Q	Q
TEA	-0.1465*** (-4.8679)	-0.1464*** (-4.8639)

续表

变量	(1)	(2)
	Q	Q
TEA × Agri	0. 1976 ** (2. 2455)	0. 2011 ** (2. 2928)
Rate × Agri		0. 0206 *** (4. 1050)
NTC	-0. 0001 *** (-4. 1928)	-0. 0001 *** (-3. 9921)
Logasset	-0. 7325 *** (-60. 0724)	-0. 7320 *** (-60. 0261)
Growthopp	0. 1597 (0. 6698)	0. 1846 (0. 7735)
Roa	21. 4992 *** (28. 5920)	21. 5257 *** (28. 6025)
Rate	-0. 0496 *** (-3. 0367)	-0. 0514 *** (-3. 1471)
Gdp	1. 6512 *** (2. 8298)	1. 6490 *** (2. 8261)
Agri	0. 1446 ** (2. 1020)	-0. 1789 * (-1. 8510)
年份固定效应	控制	控制
季度固定效应	控制	控制
行业固定效应	控制	控制
_cons	17. 1138 *** (60. 0296)	17. 1239 *** (60. 0788)
N	17 846	17 846
adj. R^2	0. 488	0. 488

注：括号内为 t 值；* 代表 p 值 <0. 1，** 代表 p 值 <0. 05，*** 代表 p 值 <0. 01。

其次，为了避免总量调控货币政策对农业企业的结构性影响，进一步控制了存款准备金率与农业企业的交乘项 Rate × Agri，表 6 - 2 列（2）显示，TEA × Agri 的系数仍然显著为正，这表明定向降准对目标农业企业起到了较好的扶持效果，农业企业的业绩较之非农企业得到了较大幅度的提升。相比之下，Rate的系数显著为负，这表明存款准备金率的下降有助于非农业企业业绩的提升。Rate×Agri的系数显著为正，这表明相对于非农业企业而言，随着大型金融机构存款准备金率（Rate）的下降，普遍降准对于农业企业的业绩带动作用小于非农业企业，这是由于普遍降准下银行考虑到农业企业面临的不确定因素，更多地将信贷资金配置于强势企业，使得农业企业难以得到充足的信贷资金进行生产和投资，因此农业企业业绩虽有上升但不如非农业企业。由此再次印证了前文的观点，定向降准与普遍降准不宜同时实施，否则会削弱定向降准的惠农功效。

6.3.2 定向降准货币政策对不同投资水平企业业绩的带动效果差异分析

本部分根据投资水平对样本分组，当期购建固定资产、无形资产和其他资产支付的现金大于0的时候作为高投资组，否则归入低投资组，代入模型（6.1）后，结果如表6-3列（1）与列（2）所示。高投资组企业的TEA×Agri系数显著为正，而低投资组为负且不具有显著性，说明定向降准对于投资水平较高的农业企业业绩有正向作用，对投资水平低的企业却没有积极影响，可见定向降准货币政策对企业业绩的带动作用是通过投资实现的，对于高投资水平企业，定向降准更容易通过银行的信贷扩张来释放企业的增长潜力，进而促使业绩提升。因此可以认为定向降准货币政策对企业业绩的带动是通过投资扩张渠道实现的。

表6-3　　定向降准政策对不同投资水平企业业绩的影响差异

变量	（1）高投资	（2）低投资
	Q	Q
TEA	-0.1343*** (-4.3975)	-0.0902 (-0.4883)
TEA×Agri	0.1933** (2.1809)	-0.6173 (-1.2921)

续表

变量	（1）高投资	（2）低投资
	Q	Q
NTC	-0.0001*** (-3.4141)	-0.0002* (-1.6570)
Logasset	-0.7176*** (-58.6994)	-0.8987*** (-12.0403)
Growthopp	0.0944 (0.3866)	-0.3399 (-0.3072)
Roa	22.0267*** (29.0091)	11.8839** (2.3510)
Rate	-0.0494*** (-2.9914)	-0.2009 (-1.2375)
Rate × Agri	0.0199*** (3.8572)	0.0501** (2.0491)
Gdp	1.2951** (2.1849)	2.7683 (0.6278)
Agri	-0.1755* (-1.7674)	-0.6616 (-1.5694)
年份固定效应	控制	控制
季度固定效应	控制	控制
行业固定效应	控制	控制
_cons	16.8148*** (58.6428)	21.7480*** (11.4752)
N	17 238	530
adj. R^2	0.484	0.579

注：括号内为 t 值；* 代表 p 值 <0.1，** 代表 p 值 <0.05，*** 代表 p 值 <0.01。

6.3.3 定向降准货币政策对不同信息质量企业业绩的带动效果差异分析

为了测度不同信息质量企业受定向降准政策影响的差异，根据罗仁特等（Llorente et al.，2002），将“被分析师关注度”作为信息不对称的代理变量，当该公司存在分析师或团队对其进行过跟踪分析时，归入高信息质量组，否则纳入低信息质量组。从表6-4的回归结果可以看出，高信息质量组企业的TEA×Agri系数显著为正，说明定向降准货币政策对该组农业企业业绩的促进作用超过了非农企业；低信息质量组企业的TEA×Agri系数不显著，说明政策无法对低信息质量的农业企业业绩产生积极影响。高信息质量对企业加强自我约束、降低合规风险等都有着重要意义，能够减少信息不对称所带来的问题，有利于博取利益相关者的持久信任，从而让农业企业更好地获得外源融资以促进投资与业绩的增长。因此，信息质量也是定向降准货币政策对农业企业业绩传导的关键中介变量，高信息质量有助于推动定向降准政策对农业企业业绩的政策扶持效应。

表6-4　　定向降准政策对不同信息质量企业业绩的影响差异

变量	（1）低信息质量	（2）高信息质量
	Q	Q
TEA	-0.1642*** (-3.8108)	-0.1337*** (-3.4319)
TEA×Agri	0.1511 (1.2866)	0.2528** (2.1673)
NTC	-0.0002*** (-4.9718)	0.0001* (1.9094)
Logasset	-1.0893*** (-45.1842)	-0.6385*** (-45.1912)
Growthopp	0.5004 (1.3401)	0.3655 (1.1818)
Roa	6.2942*** (5.6939)	26.7151*** (27.7030)
Rate	-0.0559** (-2.0399)	-0.0527*** (-2.7441)
Rate×Agri	-0.0049 (-0.7382)	0.0258*** (2.7963)
Gdp	0.6513 (0.6711)	2.0374*** (2.8303)

续表

变量	(1) 低信息质量	(2) 高信息质量
	Q	Q
Agri	-0.1974* (-1.8094)	-0.2937 (-1.4887)
年份固定效应	控制	控制
季度固定效应	控制	控制
行业固定效应	控制	控制
_cons	24.9607*** (45.3494)	15.1128*** (42.6123)
N	6 007	11 839
adj. R^2	0.583	0.492

注：括号内为 t 值；* 代表 p 值 <0.1，** 代表 p 值 <0.05，*** 代表 p 值 <0.01。

6.3.4 定向降准货币政策对不同业绩水平企业的成长促进作用

为了测度不同业绩水平企业受定向降准政策影响的差异，本书根据业绩水平的不同对企业进行分位数回归，分位数水平分别设定为 0.1、0.25、0.5、0.75、0.9，回归结果如表 6－5 所示。随着企业业绩水平的提升，TEA × Agri 的系数大体上呈现上升而且显著性水平增强的趋势，即定向降准对业绩水平越高的农业企业业绩促进效果越明显，这与前文定向降准货币政策具有盈利质量回归的结论相吻合。定向降准之后盈利水平越高的农业企业在降低不良贷款风险、保障银行的信贷资金等方面更具有优势，能够获得的信贷倾斜更多，因此其业绩增长更快。

表 6－5　定向降准货币政策对不同业绩水平企业的业绩影响差异

变量	(1) Q (0.1)	(2) Q (0.25)	(3) Q (0.5)	(4) Q (0.75)	(5) Q (0.9)
	Q	Q	Q	Q	Q
TEA	0.0128 (1.1754)	0.0308*** (2.8775)	0.0367 (1.5855)	0.0349 (1.0106)	-0.0155 (-0.2647)

续表

变量	(1) Q (0.1)	(2) Q (0.25)	(3) Q (0.5)	(4) Q (0.75)	(5) Q (0.9)
	Q	Q	Q	Q	Q
TEA × Agri	0.0518 (1.4639)	0.0112 (0.2499)	0.0598 (0.9462)	0.2505* (1.9014)	0.5806** (2.4234)
NTC	-0.0000*** (-7.3227)	-0.0000*** (-4.4427)	-0.0000*** (-4.3213)	-0.0001*** (-9.5253)	-0.0001** (-2.5249)
Logasset	-0.2971*** (-85.9931)	-0.3581*** (-1.1e+02)	-0.4885*** (-74.9834)	-0.6898*** (-64.0146)	-0.9473*** (-48.1611)
Growthopp	0.5459*** (6.4244)	1.3042*** (9.2134)	1.6910*** (8.5370)	1.5219*** (4.9382)	2.2047*** (3.5892)
Roa	12.6602*** (69.8955)	16.5929*** (58.2332)	21.2411*** (45.4353)	25.9655*** (31.8383)	32.9526*** (21.0702)
Rate	0.0350*** (45.4106)	0.0469*** (43.2048)	0.0695*** (39.6859)	0.1053*** (36.1121)	0.1668*** (33.1032)
Rate × Agri	0.0128*** (10.2147)	0.0131*** (8.5239)	0.0081*** (4.0156)	0.0029 (0.7816)	-0.0092* (-1.9444)
Gdp	2.1322*** (10.3241)	2.6294*** (9.6375)	3.5003*** (8.7414)	3.3431*** (5.4823)	4.6024*** (3.3049)
_cons	6.4441*** (89.0760)	7.7994*** (113.3668)	10.7241*** (77.4693)	15.3387*** (67.3928)	21.0007*** (49.6419)
N	17 846	17 846	17 846	17 846	17 846

注：括号内为 t 值；* 代表 p 值 <0.1，** 代表 p 值 <0.05，*** 代表 p 值 <0.01。

6.3.5 定向降准货币政策对不同风险水平农业企业业绩的影响差异

为了研究定向降准政策颁布之后农业企业业绩的增长是不是由风险承担带动的，本书以农业企业为专门的研究样本，测度不同风险水平下农业企业受定向降准货币政策影响的差异，判断风险承担在农业企业业绩增长中的促进作用。本书采用两种方法对企业风险水平进行测度：(1) 计算企业过去五年经营活动现金流量波动率，如果大于等于同行业同时间经营活动现金流量波动率的中位数，则 SD 取 1，否则取 0。根据表 6－6 列（1）的结果我们可以看出，TEA × SD 的系数并不显著，因此相对于低风险承担水平的农业企业而言，高风险承担水平的农业企业在定向降准之后业绩没有得到显著增加。（2）根据总市值加权的 beta 系数与 TEA 交乘，结果如表 6－6 列（2）所示，该系数也不显著，同样说明定向降准货币政策实施后高风险承担水平的农业企业业绩提升速度并没有显著超过低风险承担水平的农业企业，所以定向降准货币政策对农业企业业绩的带动作用不是通过高风险承担实现的。

表 6－6　定向降准货币政策对不同风险水平企业的业绩影响差异

变量	(1)	(2)
	Q	Q
TEA	0.0420 (0.2959)	－0.2041 (－0.8542)
TEA × SD	0.0020 (0.0104)	
TEA × Beta		0.1956 (0.9199)
Beta		－0.1765 (－0.8976)
NTC	－0.0002 *** (－2.8324)	－0.0002 *** (－3.6674)
Logasset	－0.5980 *** (－12.3395)	－0.5822 *** (－12.5678)
Growthopp	1.7899 *** (3.6130)	1.5786 *** (3.7030)
Roa	13.2043 *** (7.6353)	12.8730 *** (7.4146)
Rate	－0.1219 ** (－2.2219)	－0.0622 (－1.1772)

续表

变量	(1)	(2)
	Q	Q
Gdp	2.3154 (0.9069)	2.8604 (1.2866)
年份固定效应	控制	控制
季度固定效应	控制	控制
行业固定效应	控制	控制
_cons	16.5651*** (12.1009)	13.8984*** (13.0741)
N	1 227	1 331
adj. R^2	0.298	0.376

注：括号内为 t 值；* 代表 p 值 <0.1，** 代表 p 值 <0.05，*** 代表 p 值 <0.01。

6.3.6 稳健性检验

为了检验非定向降准时期农业企业与非农企业在业绩方面是否存在显著差异，首先采用安慰剂测试（Placebo Test），即选取非定向降准时期代入模型（6.1），检验 Agri 的系数是否显著，结果如表 6－7 列（1）所示，Agri 系数不显著，这表明在没有实施定向降准的时期农业与非农业企业业绩增长没有显著差异。

其次检验定向降准货币政策的效应是否随着时间推移而减弱，采用滞后两期的定向降准政策 TEA2 与 Agri 交乘，结果发现滞后两期的定向降准货币政策对农业企业业绩的影响并不显著，说明从中长期来看定向降准对农业企业的扶持效果并不明显。

表 6－7　稳健性检验

变量	(1)	(2)
	Q	Q
Agri	－0.1474 (－1.4415)	

续表

变量	(1)	(2)
	Q	Q
NTC	-0.0001*** (-3.1932)	-0.0001*** (-4.2869)
Logasset	-0.7027*** (-52.8469)	-0.7283*** (-59.3428)
Growthopp	0.0060 (0.0231)	0.1547 (0.6419)
Roa	21.5255*** (25.8440)	21.2020*** (28.0764)
Rate	-0.0350* (-1.6871)	-0.0707*** (-4.4234)
Rate × Agri	0.0205*** (3.8545)	
Gdp	0.2857 (0.4694)	0.5694 (1.0556)
TEA2		-0.1108*** (-3.6733)
TEA2 × Agri		0.0852 (1.0123)
年份固定效应	控制	控制
季度固定效应	控制	控制
行业固定效应	控制	控制
_cons	16.3771*** (51.4280)	17.2487*** (60.6007)
N	14 668	17 396
adj. R^2	0.475	0.487

注：括号内为 t 值；* 代表 p 值 <0.1，** 代表 p 值 <0.05，*** 代表 p 值 <0.01。

6.4 研究结论与启示

根据前文的实证分析结果，我们可以得出以下结论：（1）普遍降低存款准备金率的政策更多地促进了非农业企业的业绩增长，对农业企业的业绩难以发挥带动作用，这也是银行对信贷对象进行择优选择的结果，相比较非农业企业来说，多数农业企业缺乏领先的生产技术，且容易受到复杂多变的自然因素影响，加之近年来国际贸易摩擦也成为农产品进出口的不利因素，因此农业企业的经营环境不具备很好的稳定性，更高的现金流风险也使其在信贷资源的获取方面处于相对劣势，最终阻碍了业绩的增长。（2）定向降准货币政策对农业企业的业绩增长具有促进作用，这是由于作为结构性货币政策的定向降准工具能够有效引导信贷资源的分配，合理地将商业银行的信贷结构向农业领域进行倾斜，进而对农业企业的业绩增长产生一定的推动效果。（3）定向降准货币政策对高投资水平农业企业的业绩具有推动作用，但在低投资水平的农业企业中不存在该效应，因为企业投资水平较高意味着能够有更多优质的可投资项目供其选择和决策，有利于增强企业的盈利能力，从而带动企业业绩水平的提高，因此可以认为定向降准货币政策对企业业绩的促进作用是通过投资扩张实现的。（4）定向降准政策在不同信息质量的企业中具有异质性效果，定向降准能够提升高信息质量农业企业的业绩水平，但对低信息质量农业企业不具有有效的影响力，较高的企业信息质量有助于缓解企业治理中的信息不对称问题，对增强企业的内外部监管力度、规范管理者行为、降低代理成本等方面都有积极作用，进而推动企业的业绩提升。（5）对于盈利能力越强、业绩越好的农业企业，定向降准货币政策对业绩的提升效应越明显。由于农业企业的盈利水平直接影响到银行所释放贷款的质量，高盈利水平企业的资金周转较为通畅，从而有更强的还款能力和更低的信用风险，这是银行在做信贷决策时的重要考量因素之一，故实施定向降准政策对业绩水平高的农业企业能够产生更强的业绩带动效果。（6）定向降准货币政策无法通过企业的高风险承担行为来促进业绩增长，背后的原因可能是银行在追逐利润和规避风险的双重驱动作用下，并不会偏好向高风险水平的企业进行放贷，从而也难以带动其业绩增加。（7）定向降准的政策效应难以长期维持，从中长期来看定向降准对农业企业的业绩助推效果并不明显。

基于上述结论得出如下启示：

首先，定向降准与普遍降准都属于宽松货币政策，二者在功能上是有区别的。定向降准以扶持农业、小微企业等定向部门为主要目标，普遍降准则难以惠及这些经济薄弱环节，而且会对冲定向降准政策的结构调整效应，不利于定向扶持的目标实现。

其次，定向降准虽然以扶持弱势群体为主要目标，但是商业银行在对弱势群体的信贷过程中仍然有所侧重，信息披露质量高、盈利能力好的农业企业在定向降准政策后享有一定的信贷优势，因此业绩也在定向降准政策的推动下有所增长，这意味着定向降准政策难以改变农业企业的强弱分布格局，信息披露质量、盈利状况欠佳的农业企业即使在定向降准的外推力促动下也难以实现业绩的增长。因此定向降准虽然能在一定程度上解决农业与非农业之间的结构失衡问题，但是对于农业内部的结构失衡难以实现调控作用，因此对于新兴的弱小农业企业，应出台产业政策扶持新兴农业企业的发展，避免定向降准对新兴农业企业产生的挤压效应。

最后，定向降准作为结构性货币政策的代表，是在常规货币政策传导渠道受阻的情况下推出的，但是结构性货币政策也会产生总量效应，过于频繁地使用难免与货币政策总量把控产生矛盾（张晓慧，2018）。因此应推出结构性财政政策，与结构性货币政策形成互补之势，避免定向降准政策的过度使用。

第7章 定向降准政策对农业企业的风险传导效应研究

货币当局应以何姿态应对经济衰退？不同的理论得出的答案也不尽一致。根据货币政策的信贷传导渠道理论，紧缩货币政策提高代理成本，降低可抵押资产的价值，抑制银行贷款意愿，从而减少投资与产出水平（Bernanke and Gertler，1995）。若经济衰退时期紧缩银根，在金融加速器作用机制下会加速衰退进程，并导致经济进一步恶化（Bernanke et al.，1996）。因此衰退时期应采取宽松的货币政策提高银行信贷意愿，刺激经济增长。次贷危机爆发后，美联储采用逆周期的货币政策应对危机，自2008年开始连续推出四轮量化宽松货币政策，通过公开市场操作购买国债等中长期债券，增加基础货币供给。继美国之后，欧盟多国以及日本等经济体纷纷推出量化宽松货币政策，促进经济复苏。我国中央银行在危机爆发后也增加了货币投放，2008～2010年货币供给（M2）年平均增长率在20%以上。在理论界，货币当局以逆风而行的姿态促进经济走出低谷已获得较多学者的认同（Mishkin，2009；Kapetanios et al.，2012；Joyce et al.，2012）。次贷危机的爆发使得以保增长、稳物价为主的货币政策目标体系受到不少学者质疑（张雪兰等，2012；张强等，2013），货币政策风险承担渠道得到了国内外学者的广泛考证。以Taylor为首的学者剑指美联储过于宽松的货币政策是危机的导火索（Taylor，2009）。任简（Rajan，2010）甚至认为危机后各国为救市而采取宽松货币政策将为下次危机埋下祸根。宽松的货币政策在促进经济复苏的过程中会刺激银行放宽信贷门槛、降低信贷质量（Borio and Zhu，2008；Dell' Ariccia et al.，2017），无形催生资产泡沫（Jiménez et al.，2014）。而且银行的过度风险承担会通过信贷链条传导至企业（Bonfim and Soares，2018），尤其是小规模企业以及非国有企业等弱势群体的风险加剧更为显著，而且宽松货币政策下银行与企业的风险共振将影响经济的持续健康发展（林朝颖等，2014）。因此不考虑风险承担与金融稳定的货币政策是不利于宏观经济的稳健运行的（江曙霞等，2012）。

理论界的唇枪舌剑将货币当局置于进退两难的困境，危机时期实施总量紧缩货币政策会导致经济总产出的进一步下滑以及衰退的加剧，而实施总量宽松货币政策极易导致系统性风险的发生，为危机的再次爆发埋下隐患。风险与收益的共生性增加了货币政策的操作难度，定向降准能否走出货币政策“顾此失彼”的两难困境，还是同样会刺激农业企业的风险承担值得我们深入研究探讨。本书通过实证检验定向降准货币政策对不同风险承担水平农业企业信贷资源的倾斜效应以及风险传导效应，从结构性货币政策层面论证货币政策风险承担渠道的存在性，为中央银行选择合适的货币政策工具提供风险维度的参考依据。

7.1 货币政策风险承担渠道的理论回顾

货币政策的风险承担渠道理论提出，常规货币政策主要通过以下渠道传导风险：估值机制、逐利机制、风险转移机制以及央行沟通机制。

7.1.1 收入估值机制

货币政策的风险承担渠道是通过收入估值机制发挥作用。利率降低提高了资产和抵押物价值，进而影响收益与利润，从而改变了微观主体对于风险的感知（包括对违约概率、违约损失、波动性的顺周期估计）（Borio and Zhu，2012）。随着风险敏感度的降低，管理者提高了对风险的容忍度。收入估值机制与伯南克（Bernanke et al.，1996）的金融加速器机制在实质上是异曲同工的。在资本市场缺陷下，信息不对称导致了内外部融资成本的差异。利率的降低提升了借款者的资产净值，降低了违约的预期概率，收窄了内外部融资溢价，借款者在客观上能够承担更多的负债以扩充投资，而风险容忍度的提高在主观上也增强了企业承担风险扩大投资的意愿，投资的增加进一步提升了资产的价格，催生了资产的泡沫，在金融加速器的作用下风险得以放大。

7.1.2 追逐收益机制

货币政策的追逐收益机制可以由资产组合理论来解释。任简（2006）在追逐收益机制下，降低利率减少了短期资产相对于长期负债的收益，若安全资产的收益持续长时间较低，银行继续投资于安全资产则意味着其长期负债需要违约。在此情形下，银行将资产的配置由安全性的资产转向风险性的证券以追逐收益，从而提高了整体资产组合的风险。此外低利率降低了投资的必要报酬率，在投资项目回报率不变的情况下，原本净现值小于零的投资项目因为必要报酬率的改变成为有利可图的投资项目（Chodorow – Reich，2014）。当银行面临逆向选择问题时，筹资成本的降低导致信贷增长，同时银行会降低信贷标准，筛选不好借款者的动机下降，风险承担水平随之上升（Dell' Ariccia and Marquez，2006）。利率的下降导致无风险资产失去了吸引力，在利益驱使下银行转向高风险高收益的投资项目；较之高资本充足率的银行而言低资本充足率银行的委托代理问题更为严重，在利率降低之后将贷款更多地授予事前风险级别高的企业，对贷款抵押物的要求降低，从而导致低资本充足率银行事后违约概率的显著升高，因此低资本充足的银行在逐利机制作用下对货币政策的反应更明显（Jiménez et al.，2014）。

7.1.3 风险转移机制

风险转移机制是通过金融机构资产负债表的负债方实现的。利率的下降降低了银行负债的成本，增加了银行的利润，银行有动机限制风险承担来获取上述利润，因此在风险转移机制下银行风险承担水平与利率的变动方向是相同的（Dell' Ariccia et al. ，2014）。风险转移的效果取决于银行有限责任的程度，银行和借款者之间的信息不对称阻碍了贷款者和存款者对贷款风险加以合理定价，在有限责任机制的作用下，自有资本越少的银行委托代理问题越严重，管理者风险转嫁的动机增强（Dell' Ariccia et al. ，2017）。零自有资本的银行在有限责任的保护下无须承担高风险导致的损失，银行通过冒险获取成功的动机也越强。相反，完全股权融资银行的负债成本将不受货币政策的影响，风险转移机制也不会发挥作用（徐明东等，2012）。在利率升高时银行偿付的存款利息增加，银行的净值下降，银行持有现金的机会成本上升，风险投资吸引力凸显（Smith and D，2002），银行为了在竞争中求生存更倾向采取赌博的策略（Keeley，1990）。低资本充足率的银行委托代理问题尤其严重，其风险承担水平与高资本充足率银行的风险承担水平比较显著上升。这一变动与常规的货币政策风险承担渠道方向刚好相反，抵消了货币政策的风险传导效应，因此对于低资本充足率的银行，货币政策的风险传导效应不如高资本充足率银行显著（Dell' Ariccia et.al. ，2017）。

7.1.4 央行沟通机制

央行的沟通机制是通过“发布新闻”和“降低噪音”以管理预期，市场预期的改变影响着利率的未来走势，而非直接影响利率的现行水平（Blinder et al. ，2008）。央行可通过增加自身透明度、加强沟通，消除银行对未来不确定性的担忧，影响银行的风险暴露程度以及风险承担水平（张强等，2013）。蒙特斯和斯卡帕李（Montes and Scarpari，2015）发现央行的沟通机制会影响巴西银行的风险偏好与风险承担：当央行释放可能加息的信号时，市场的悲观情绪会导致银行风险承担水平下降；反之当央行释放降息的乐观信号时，银行的风险承担水平随之上升。

综上所述，货币政策风险承担渠道文献关注的重点在于银行微观层面的风险，较少将金融与经济作为一个整体系统来研究货币政策对不同系统的风险溢出机制与效应。作为货币政策的制定者，央行除了考察银行的微观风险动向，更多关注的是整体系统的风险。本书分析普遍降准与定向降准政策的风险溢出机理，比较两类政策引发的风险溢出对银行系统、金融系统以及实体经济系统的冲击，以期为合理选择宏观政策工具控制系统性风险提供参考依据。

7.2 理论分析与假说提出

根据货币政策风险承担渠道理论，货币政策会影响银行主观风险偏好进而改变信贷门槛与信贷风险（Borio and Zhu，2008；Jiménez et al.，2014）。在宽松货币政策下，银行监督企业的动机与风险规避程度降低，企业信贷融资难度下降（Jiménez and Ongena，2012）。随着融资约束的减弱，企业管理者的风险偏好与风险承担水平提高，因此，宽松货币政策会通过金融中介间接促进企业的风险承担行为；反之，紧缩货币政策会通过金融中介间接抑制企业的风险承担行为。

斯蒂格利茨和韦斯认为银行通常不愿意贷款给高风险的企业，因此高风险企业通常难以较低的成本获得充足的信贷资金（Stiglitz and Weiss，1981）。定向降准是针对符合条件的目标银行实施的，银行若将信贷资源投向低风险农业企业，一方面将定向降准之后取得的低成本资金投入信贷领域可增加收益，另一方面可降低企业违约风险带来的坏账损失；相反，若银行将定向降准政策释放的流动性投向高风险的农业企业，一旦发生坏账，银行将得不偿失。因此在"收益追逐"与"风险规避"双重动机促使下，定向降准之后银行会将信贷资金向低风险的农业企业倾斜，在获取收益的同时保证资金的安全。由此提出如下假说：

假说7.1：定向降准后银行信贷资源主要向低风险农业企业倾斜，而高风险农业企业难以获得银行的青睐。

定向降准对企业的影响路径是间接的，它不能直接影响企业的投融资与经营决策，其发挥作用必然经由银行。而银行对农业企业的信贷门槛审核与风险偏好并不会因定向降准而改变，为了获取流动性的同时避免坏账损失的风险，银行会选择低风险的政策目标企业以获取"一箭双雕"的利益。在此情形下，银行的风险偏好会通过信贷链条传导给企业，在银行的避险情绪抑制下，农业企业的风险承担水平也不会过度膨胀，由此提出如下假说：

假说7.2：定向降准实施后，农业企业的平均风险承担水平较非农企业而言不会显著上升。

7.3 研究设计

首先，检验定向降准政策后银行对农业企业的信贷风险偏好是否提升，我们采用如下两种方法度量企业的实际风险承担水平：第一种方法采用z-score将企业分为两组，根据以往研究（Altman，1968），$z<1.81$的企业濒临破产的概率较大，因此将其归入高风险组，而$z>2.675$的企业破产可能性较低，将其归为低风险组。第二种方法是在前人研究（Zhang，2006；Giroud and Mueller，2010）的基础上，采用过去五年（20个季度）的现金流量波动率度量企业风险承担，将现金流量波动率大于行业均值的定义为高风险组，反之为低风险组。上述两种方法确定的高风险组与低风险组数据分别代入模型（7.1），以检验定向降准政策实施之后不同风险级别企业得到的信贷资源配置状况。

$$\begin{aligned} Loan_{it} = {} & \alpha_0 + \alpha_1 TEA_{t-1} + \alpha_2 Agri_i + \alpha_3 TEA_{t-1} \times Agri_i \\ & + \alpha_4 Rate_{t-1} + \alpha_5 Rate_{t-1} \times Agri_i + \alpha_6 Gdp_t \\ & + \alpha_7 Micro\ Control'_{it-1} + u_i + \varepsilon_{it} \end{aligned} \tag{7.1}$$

模型（7.1）中Loan表示贷款融资比例，TEA为定向降准政策二元变量，当期有针对农业实施定向降准政策取1，否则取0。Agri是农业企业二元变量，Gdp表示宏观经济增长速度，Microcontrol是微观层面的控制变量，包括资产规模（Logasset）、企业成熟度（Age）、盈利能力（Roa）、自有资本比例（Capitalratio）以及资产流动性（Liquidity）。为了控制总量性货币政策对不同行业信贷投放的影响，我们控制了存款准备金率（Rate）以及存款准备金率与农业企业的交乘项（Rate × Agri）。本书关注的焦点是定向降准变量与农业企业变量的交乘项（TEA × Agri）的系数，预计定向降准实施之后银行仍没有放松对农业企业的风险审查与监督，在低风险企业中银行对农业企业的信贷倾斜较明显，即α_3显著大于0；而在高风险的企业中，银行对农业企业的信贷扶持动机仍然不足，信贷增量效应不明显，即 α_3 不显著。

其次，从企业实际风险承担维度研究定向降准是否对农业企业具有更显著的风险加速效应，我们以前人研究（Ljungqvist et al.，2017）的模型为基础，构建定向降准对企业的风险传导模型如下：

$$Risk_{it} = \alpha_0 + \alpha_1 TEA_{t-1} + \alpha_2 Agri_i + \alpha_3 TEA_{t-1} \times Agri_i + \alpha_4 Rate_{t-1} + \alpha_5 Rate_{t-1} \times Agri_i + \alpha_6 Gdp_t + \alpha_7 Control'_{it-1} + u_i + \varepsilon_{it} \tag{7.2}$$

其中，Risk 是以（Altman，1968）的 Z 积分（Z）与（Giroud and Mueller，2010）的过去五年经营活动现金流量波动率（SDOCF）衡量企业的风险承担水平，参照以往模型控制了以下影响企业风险承担的微观变量：企业成熟度（Age）、市净率（MB）、企业规模（Logasset）、营业收入增长率（Growth）、财务杠杆（Leverage）。我们重点关注模型（7.2）中系数 α_3 的显著性与大小，如果 α_3 显著大于 0，说明定向降准政策实施之后会引起农业企业的风险承担水平明显超过了非农业企业，否则说明定向降准带来的信贷倾斜不会引发农业企业风险承担水平增加的速度超过非农业企业。上述模型中主要变量的定义如表 7－1 所示。研究样本沿用前文倾向得分匹配后的研究样本。

表 7－1　　主要变量定义

变量名	变量含义	计算方法
Loan	贷款融资比例	(短期借款 + 长期借款)/总资产
TEA	定向降准政策	当期有针对农业实施定向降准政策取 1，否则取 0
Agri	农业企业	是农业企业取 1，否则取 0
Rate	存款准备金率	大型金融机构存款准备金率（%）
Gdp	GDP 增长率	剔除季节波动的不变价 GDP 环比增长率
Logasset	资产规模	log（期末总资产）
Age	企业成熟度	log（1 + 企业成立年限）
Roa	盈利能力	净利润/总资产
Capitalratio	自有资本比例	所有者权益/总资产
Liquidity	资产流动性	流动资产/总资产

7.4 实证结果分析

7.4.1 定向降准对不同风险水平企业的贷款资源配置

为检验定向降准政策是否影响银行在不同风险水平企业之间的信贷资源配置，我们首先根据（Altman，1968）的 z－score 将企业分为高风险组与低风险组，结果如表 7－2 列（1）与列（2）所示。实证结果表明，定向降准后高风险的农业企业较之非农企业并未得到更多信贷倾斜的配置，而低风险的农业企业则受到银行信贷资金的青睐，定向降准后信贷融资比例较非农企业有显著提升，这表明定向降准之后银行仍较为谨慎，在央行定向释放流动性的情况下并没有显著提升风险偏好。其次参考张（Zhang，2006）和吉伦德和缪俄勒（Giroud and Mueller，2010），采用过去五年（20 个季度）的经营活动现金流量波动率作为企业风险承担水平的代理变量，将企业分为高风险承担水平与低风险承担水平两组，实证检验结果如表 7－2 列（3）与列（4）所示。结果表明在高风险承担水平组内，TEA × Agri 系数不显著，在低风险承担水平组内该系数依旧显著，这表明定向降准之后银行风险偏好并没有显著提升，对农业企业并没有因为政策利好降低门槛，对高风险承担水平农业企业贷款依然不敢轻易介入，而将政策释放资金投入风险承担水平较低的农业企业，在获得政策优惠的同时防范信贷风险。由此假说 7.1 成立，即定向降准后银行信贷资源主要向低风险承担水平农业企业倾斜。

表 7－2　　定向降准的信贷风险传导效应检验

变量	（1）高风险	（2）低风险	（3）高风险	（4）低风险
	Loan	Loan	Loan	Loan
TEA × Agri	－0.0097 （－0.7232）	0.0143*** （2.8368）	0.0006 （0.0562）	0.0143*** （2.6782）

续表

变量	（1）高风险	（2）低风险	（3）高风险	（4）低风险
	Loan	Loan	Loan	Loan
TEA	-0.0003 (-0.1033)	-0.0019 (-1.4157)	0.0012 (0.5662)	-0.0017 (-1.2027)
Rate	0.0004 (0.1927)	-0.0001 (-0.1741)	0.0016 (1.3366)	-0.0016** (-2.1867)
Rate × Agri	0.0055 (1.5226)	0.0004 (0.3895)	-0.0075** (-1.9767)	0.0026 (0.9455)
Capitalratio	-0.2329*** (-4.3315)	-0.3904*** (-21.1819)	-0.3235*** (-7.1270)	-0.3827*** (-18.2785)
Age	0.0133 (0.1738)	0.0223 (1.1087)	-0.0157 (-0.2525)	0.0352* (1.7294)
Logasset	0.0382*** (3.2973)	0.0186*** (3.3915)	0.0377*** (4.0078)	0.0203*** (3.2183)
Roa	-0.2893* (-1.9696)	-0.3281*** (-4.5633)	-0.3020*** (-2.7838)	-0.2261*** (-3.2180)
Liquidity	-0.0542 (-1.1053)	-0.0601*** (-3.5989)	-0.0875** (-2.2224)	-0.0626*** (-2.7923)
Gdp	0.0381 (0.6513)	0.0098 (0.3947)	-0.0543 (-1.5866)	0.0427 (1.5737)
年份固定效应	控制	控制	控制	控制
季度固定效应	控制	控制	控制	控制
行业固定效应	控制	控制	控制	控制
企业固定效应	控制	控制	控制	控制
_cons	-0.3686 (-1.2128)	0.0360 (0.2904)	-0.3411 (-1.4230)	-0.0377 (-0.2742)
N	3 991	11 936	5 119	9 564
adj. R^2	0.146	0.397	0.279	0.375

注：括号内为 t 值，* 代表 p 值 <0.1，** 代表 p 值 <0.05，*** 代表 p 值 <0.01。

7.4.2 定向降准对企业风险承担的影响分析

定向降准政策在增加政策目标企业的信贷供给的同时，是否影响政策目标企业的风险承担水平？我们首先根据前人（Altman，1968）研究的z-score（Z）作为企业风险承担水平的代理变量，面板回归结果如表7-3列（1）所示。TEA与Agri的交乘项系数并不显著，说明定向降准政策实施后，农业企业的风险承担水平较非农业企业没有显著的提升，定向降准对农业企业的结构性风险传导效应并不明显。其次，控制利率（Interest）作为总量性货币政策的代表，将其与Agri交乘，实证结果如表7-3列（2）所示，结果仍然表明定向降准政策不会对农业企业产生风险加速效应。再次，采用过去五年的经营活动现金流量波动率（SDOCF）度量企业的风险承担水平，分别控制Rate和Interest，结果如表7-3列（3）与列（4）所示，结论仍然与前文一致，即定向降准政策实施后农业企业的平均风险承担水平较非农企业而言并没有显著上升。

表7-3　定向降准对企业风险承担的影响

变量	(1)	(2)	(3)	(4)
	Z	Z	SDOCF	SDOCF
TEA	-0.2841*** (-4.2243)	-0.2862*** (-4.2521)	-0.0137 (-1.3071)	-0.0162 (-1.4729)
TEA × Agri	-0.1540 (-0.6654)	-0.1255 (-0.4990)	-0.0249 (-0.4209)	0.0532 (0.8506)
Rate	-0.0246 (-0.5090)		0.0104 (1.3012)	
Rate × Agri	0.1343 (0.9790)		0.0044 (0.0948)	
Interest		0.4161** (2.2910)		-0.0097 (-0.3864)
Interest × Agri		0.0972 (0.1810)		0.2870*** (3.1708)

续表

变量	(1)	(2)	(3)	(4)
	Z	Z	SDOCF	SDOCF
Age	−3.0954 * (−1.8156)	−2.8687 (−1.6353)	−2.3566 *** (−2.5980)	−2.2463 ** (−2.4700)
Logasset	−2.0230 *** (−6.2438)	−2.0603 *** (−6.0704)	1.8188 *** (6.3920)	1.8032 *** (6.3567)
MB	0.0059 *** (3.7174)	0.0057 *** (3.4453)	0.0032 ** (2.3447)	0.0031 ** (2.3334)
Growth	−0.0021 (−0.0241)	0.0022 (0.0257)	−0.0207 (−0.6383)	−0.0195 (−0.6018)
Leverage	−11.0751 *** (−7.2536)	−10.9751 *** (−7.2498)	−0.1212 (−0.1333)	−0.0727 (−0.0800)
Gdp	2.0313 (1.3947)	1.5294 (1.0227)	0.2693 (1.1647)	0.2760 (1.2077)
年份固定效应	控制	控制	控制	控制
季度固定效应	控制	控制	控制	控制
行业固定效应	控制	控制	控制	控制
企业固定效应	控制	控制	控制	控制
_cons	54.6231 *** (7.9587)	52.6662 *** (7.4120)	−32.3390 *** (−5.6691)	−32.2476 *** (−5.6634)
N	17 761	17 761	13 771	13 771
adj. R^2	0.103	0.103	0.342	0.344

注：括号内为 t 值，* 代表 p 值 <0.1，** 代表 p 值 <0.05，*** 代表 p 值 <0.01。

7.4.3 稳健性检验

为了论证定向降准不存在风险加速效应结论的稳健性，首先在前人（Bernile et al.，2017）研究基础上，通过股票收益波动率（Volatility）度量企业风险承担水平，将股票收益波动率大于同期行业均值的列为高风险企业，反之列入低风险企业，结果如表 7－4 列（1）与列（2）所示，在高风险企业中定向降准对农业信贷的倾斜不显著，而对于低风险企业，定向降准之后农业企业的信贷融资水平较非农企业有显著提升，这进一步表明定向降准后银行偏好低风险的农业企业，定向降准政策对农业企业信贷不存在风险加速效应。

表 7-4　　定向降准的信贷风险传导效应的稳健性检验

变量	（1）高风险	（2）低风险	（3）风险承担
	Loan	Loan	Volatility
TEA × Agri	0.0072 (1.0148)	0.0129** (2.1671)	-0.0001 (-0.1960)
TEA	0.0010 (0.4780)	-0.0009 (-0.4136)	0.0057*** (35.6264)
Rate	-0.0001 (-0.0858)	-0.0007 (-0.6509)	-0.0020*** (-26.5892)
Rate × Agri	0.0023* (1.8850)	0.0021* (1.7204)	0.0000 (0.1430)
Capitalratio	-0.3940*** (-17.0194)	-0.4227*** (-17.1158)	
Age	0.0482* (1.8435)	0.0447 (1.6484)	0.0010 (0.9697)
Logasset	0.0304*** (4.0716)	0.0282*** (4.4479)	-0.0004** (-2.1233)
Roa	-0.3390*** (-4.4123)	-0.3060*** (-3.2822)	
Liquidity	-0.0693*** (-2.7457)	-0.0715*** (-2.9461)	
Gdp	-0.0636 (-1.4393)	0.1050** (2.1926)	0.0911*** (29.3684)
MB			0.0000 (0.4806)
Growth			0.0001 (1.2652)

续表

变量	(1) 高风险	(2) 低风险	(3) 风险承担
	Loan	Loan	Volatility
Leverage			-0.0008 (-0.5355)
年份固定效应	控制	控制	控制
季度固定效应	控制	控制	控制
行业固定效应	控制	控制	控制
企业固定效应	控制	控制	控制
_cons	-0.2204 (-1.3621)	-0.1595 (-1.1151)	0.0342*** (7.2293)
N	8 193	10 841	17 404
adj. R^2	0.397	0.434	0.527

注：括号内为 t 值，* 代表 p 值 <0.1，** 代表 p 值 <0.05，*** 代表 p 值 <0.01。

接着将股票收益波动率（Volatility）作为因变量研究定向降准政策对农业企业风险承担水平的影响，结果如表 7-4 列（3）所示，TEA 与 Agri 的交乘项系数并不显著，这表明在定向降准实施之后，农业企业的风险承担水平没有比非农企业得到更显著的提高。因此稳健性检验的结果与前文的结论保持一致。

最后，为了避免选择主板上市公司数据对研究结论产生的偏差，将新三板上市公司数据代入模型（7.1），研究定向降准政策的颁布对不同风险水平企业信贷融资的影响，进一步验证定向降准对农业信贷风险传导效应的存在性，结果如表 7-5 所示。根据三板企业的 z 计分值将其分为高风险企业与低风险企业，对于高风险企业而言，定向降准政策之后商业银行并没有将农业企业作为信贷扶持的重点，农业企业较非农企业在定向降准之后并没有显著的贷款优势。而对于低风险企业而言，银行会将信贷资源向该类型农业企业适当倾斜，这也再次印证了假说 7.1，此结论与前文定向降准货币政策不存在风险加速的观点相吻合。

表 7－5　定向降准对新三板公司风险传导的稳健性检验

变量	（1）高风险	（2）低风险
	Loan	Loan
TEA × Agri	－0.0534 （－0.6882）	0.0444*** （2.6800）
TEA	0.2735 （1.4806）	－0.1242** （－2.1048）
Rate	－0.0922 （－0.7644）	0.1222*** （3.0644）
_cons	1.6479 （0.8043）	－2.0493*** （－3.0171）
年份固定效应	控制	控制
季度固定效应	控制	控制
行业固定效应	控制	控制
企业固定效应	控制	控制
N	251	4 221
R^2	0.454	0.251

7.5　结论与启示

货币政策的风险承担渠道理论主要集中论证常规总量性货币政策对银行以及企业的风险传导效应，而定向降准政策作为货币政策创新，对农业企业是否具有更加显著的风险传导效应尚未得证。本书从信贷资源配置与企业风险水平两个角度论证定向降准政策对农业企业的风险传导效应，结果表明：（1）在银行的风险规避倾向作用下，定向降准政策实施后，并非所有的农业企业均能享受到定向降准的政策优惠，低风险农业企业较之非农企业获得了更多的信贷融资，而高风险的农业企业没有比非农企业获得更多的信贷资源配置，定向降准对农业企业的信贷刺激在风险规避的作用下有所弱化。（2）农业企业的总体风险承担水平在定向降准之后较非农企业而言没有显著上升，定向降准不会引发农业企业的整体风险上升。

基于上述结论，得出如下启示：货币政策的风险承担渠道在许多国家得到广泛证明，然而以扶持高风险弱势群体为特征的定向降准政策并没有与常规宽松货币政策如出一辙，导致总体农业企业的风险增速超过非农企业，因此在一定程度上解决了常规货币政策促增长与控风险的两难困境，但是其可能引发的局部性风险仍然不容忽视。

此外，定向降准虽然对农业企业不具有风险传导效应，但是定向降准的优势在于定向精准灌溉，不宜长期实施。从长远来看，经济质量的提升还是要依靠市场这一“看不见的手”发挥作用，因此需将宏观调控的着力点置于催生薄弱经济体内生机制的发育。在结构调整的初期通过“看得见的手”在“三农”、小微企业等薄弱环节发挥积极的示范效应，通过政策磁力场打造财政、金融和社会多元投入的引擎系统，通过“四两拨千斤”带动市场中无数“看不见的手”共同推动经济质量提升，实现经济的可持续、长远发展。

第8章 进一步研究

“三农”问题是重要的民生问题，也是党和国家工作所关注的重中之重，2004～2020年，国家已连续十七年发布“中央一号文件”聚焦“三农”问题，强调了“三农”问题的关键性。农业企业在推进农业现代化、加快农业和农村经济发展方面发挥着重要作用，大力发展农业企业是有效解决“三农”问题的重要途径。然而，由于农业产业的弱质性特点、农业企业抵押品的缺乏等因素的影响，银行等金融机构大多不愿或谨慎对农业企业发放贷款，使得农业企业常面临银行的信贷配给（许月丽，2010；马九杰等，2004），农业企业很难从正规金融机构获得资金支持，发展受阻。为了有效引导信贷资金精准流入较为薄弱的“三农”领域，更好地支持农业企业的发展，中国人民银行多次运用定向降准政策工具，向“三农”领域倾斜，加大对农业企业的金融支持力度，助力农户增收，为农村经济发展持续保驾护航。前面已从银行层面与企业层面论证了定向降准政策的惠农功效，但是还有以下领域尚待研究：首先，定向降准政策只是结构性货币政策的代表，为了缓解弱小企业的融资难题，中央银行还出台了常备借贷便利（SLF）、中期借贷便利（MLF）、抵押补充贷款（PSL）、支农支小再贷款等结构性货币政策，这些政策是否同样也会促进农业企业信贷的增长进而推动农业的发展壮大？定向降准的惠农功效与之相比孰强孰弱？其次，不论是结构性货币政策，还是结构性财政政策，都是以扶持弱小为目标。结构性财政政策的传导机制较之定向降准政策更加直接，定向降准与其相比惠农功效是否有所逊色？最后，定向降准政策的优惠目标除了农业企业外还有小微企业，定向降准政策是否对小微企业也有较好的政策带动效应？倘若定向降准在农业与小微领域均能实现较好的目标调控效应，那么该政策可以辐射拓展至其他目标领域，促进结构调整目标的实现。

8.1 定向降准与支农再贷款政策惠农功效比较研究

近年来，央行出台了诸多结构性货币政策，农业作为结构性货币政策的重要扶持领域，受到诸多学者的关注。曹崇福（2007）认为支农再贷款能够有效为农村经济增长提供金融资源，助推农村经济增长。姜汝楠等（2014）认为央行可以通过抵押补充贷款，引导金融机构向实体经济中的重点领域和薄弱环节提供金融支持。邓伟等（2016）认为中期借贷便利和抵押补充贷款的投放主要面向“三农”企业和小微企业等特定对象和领域，指向性明确，能够较好地发挥定向调控效果。不过随着各类定向调控货币政策工具的不断操作，部分学者在研究中发现定向调控货币政策并未有效实现政策目标。田湘龙（2011）通过考察湖北省支农再贷款使用情况，发现近几年来支农再贷款运用呈现出逐步减弱的趋势，支农再贷款的实际成效逐渐衰减。郭永红等（2014）提出支农再贷款作为重要的货币政策工具之一，在引导资金流向“三农”领域，缓解涉农企业、农户贷款难问题，进而推动农村经济发展方面发挥着重要的作用，但随着农村经济的不断发展、农村信贷需求结构的变动，支农再贷款的局限性不断凸显，严重影响着支农再贷款政策作用的有效发挥。郭碧云（2020）研究发现中期借贷便利政策释放的流动性主要流向了大型企业和非农部门，对于降低“三农”和小微企业融资成本的作用效果甚微，未能有效产生结构性调整效应。

综上所述，目前学者对于不同类型的结构性货币政策的惠农实际成效上持有不同态度。在实践中，通常多种支农货币政策搭配使用，不同货币政策之间容易产生交叉影响（彭俞超等，2016），进一步增加了评估单一货币政策工具的实际成效的难度。因此，在现行多种支农货币政策工具并行的背景下，不同政策工具具体实施效果究竟如何，是否有差异，当多工具搭配使用时又是否起到预期的叠加协同效应等问题都值得进一步深入研究（吴燕生，2017）。本节选取惠农型结构性货币政策工具中传导机制最为接近的两类政策工具——定向降准政策和支农再贷款政策，比较二者的惠农功效，采用固定效应面板模型通过考察不同政策颁布前后农业企业信贷融资状况的变化，比较这两种定向调控货币政策在农业领域调控的成效。研究主要思路如下：首先，采用外源边际模型分析定向降准与支农再贷款政策对农业企业新进入信贷市场以及退出信贷市场概率的影响差异，判断两类政策在缓解农业企业借款者类型配给方面的差异。其次，采用内源边际模型分析定向降准与支农再贷款政策对农业企业信贷融资规模的影响差异，评价两类结构性货币政策在缓解农业企业贷款规模配给方面的差异。最后，结合理论分析和实证结果，对影响结构性货币政策实施成效的因素提出针对性的意见与建议，以期最大限度发挥不同政策的惠农功效，助力“三农”发展。

8.1.1 理论分析与假说提出

农业企业在农业现代化发展中占据重要的地位，然而由于农业企业大多存在抵御风险能力较差、抵押品缺乏、财务透明度较低等问题，金融机构大多不愿对农业企业发放贷款，农业企业普遍存在融资难的问题（郝丽霞，2011），资金的匮乏制约着农业企业的发展壮大，因此农业企业的发展离不开国家政策的扶持。近年来，面对经济发展的新态势，央行逐步认识到总量型货币政策操作效果在不断弱化，为了加强对“三农”领域的资金支持，有效引导金融机构的信贷投放，央行进行一系列创新操作，综合运用多重定向调控货币政策工具实现对“三农”薄弱领域的定向调控（陶士贵等，2016）。其中，定向降准与支农再贷款都是通过激励银行增加农业贷款实现结构调整的目标，是目前优惠农业的两大主要的结构性货币政策工具。

支农再贷款政策虽然在缓解农村资金供求矛盾、助推农民增收、农村经济发展方面发挥积极的作用，但近年来学者也发现伴随经济环境的变迁，支农再贷款局限性逐渐显现，支农再贷款的支农作用日趋弱化（杨旭，2010）。刘刚（2016）通过研究青海省支农再贷款的使用状况，发现支农再贷款对支持农村信用社持续经营的效果最佳，对农牧民增收和农村经济增长的效果却次之，实际成效与政策目标产生偏差。万里鹏等

(2019) 研究发现支农再贷款的政策效应具有地区上的差异，在西部地区总体有效，而在较发达的中东部地区，支农再贷款政策效应较差。

支农再贷款由于存在着适用条件、额度、期限和管理模式四大方面的主要缺陷，阻碍了支农效应的进一步发挥（梁京华，2013）。在适用条件上，支农再贷款只面向农村信用社、农村合作银行、农村商业银行和村镇银行，以及中国人民银行批准的其他地方法人金融机构。同时，支农再贷款政策对申请支农再贷款机构的资产质量、经营财务状况等方面提出了要求，但是受经济下行和农村中小金融机构经营条件恶化影响，能够申请到支农再贷款机构数量减少，影响了支农再贷款政策实际效果的充分发挥（乔海滨，2015）。在发放额度上，支农再贷款实行限额管理，难以满足机构实际的信贷资金安排需要（王维斌，2016）。在期限匹配上，中国人民银行分支机构支农再贷款发放给金融机构的贷款期限基本集中在 3 ~6 个月，难以与当地农业生产周期、信贷需求时间相匹配（毕翼，2013）。在管理模式上，支农再贷款业务操作及管理过于烦琐，机构需要设立详细台账，这加大机构管理支农再贷款的成本（王维斌，2016）。此外，有学者认为涉农贷款的投放本身具有对象分散、管理难、成本高、风险较大的特点，而支农再贷款政策缺乏一定的激励机制，导致支农再贷款的投放速度缓慢（田湘龙，2011），政策允许的再贷款资金发放的贷款利率加点幅度过窄，为了追求经营效益，还有个别农村中小金融机构在使用支农再贷款期间存在资金融出和对外投资现象，部分机构出现超规定浮动利率发放涉农贷款的情况（乔海滨，2015）。

综上可知，支农再贷款政策的实施过程中遭遇多方面的问题，导致支农再贷款政策未能有效发挥支农功效。而农业企业由于自身的弱质性，在信贷市场中常处于弱势地位，常常面临着金融机构的信贷配给，支农再贷款政策实施的初衷就是要将信贷资金定向引导至薄弱的“三农”领域，然而由于支农再贷款政策实施过程中出现种种问题，制约了其政策效应的发挥。因此，在支农再贷款政策颁布后，信贷资金未能有效引导向农业企业，农业企业的信贷配给状况也就未能得到改善，由此提出如下假说：

假说 8.1：支农再贷款政策对农业企业信贷融资的倾斜扶持效果不显著。

通过上述分析可知，支农再贷款政策存在着适用条件、额度、期限和管理模式四大方面的主要缺陷，难以调动金融机构投放支农再贷款的积极性。支农再贷款的“政策性”特征与农信社的“商业化经营”特征不可避免地产生冲突，弱化了支农再贷款的政策效果（王玮等，2005）。而定向降准直接针对向“三农”、小微企业贷款达标的银行降低法定存款准备金，相较于支农再贷款，定向降准覆盖了所有“三农”和小微企业增量或余额占比考核达标的各类存款类金融机构（吴国培等，2016），有效扩大了政策面向的金融机构主体范围，有利于促进定向降准政策效应的发挥。同时，定向降准能够通过降准的政策红利诱导银行的放贷行为，影响商业银行的农业贷款投放，从而提高了农业企业信贷资金的可得性，进而有效缓解农业企业的融资约束问题，起到一定的“调结构”功能（王粲等，2019；马理等，2015）。因此在定向降准之后，银行将主动增加对农业企业的信贷投放，提升农业企业资金的获得性，从而促进农业企业融资规模增长，更好地发挥惠农功效。由此提出如下假说：

假说 8.2：相较于支农再贷款政策，定向降准政策向农业企业信贷融资规模倾斜扶持效应较强，惠农功效得以有效发挥。

8.1.2 变量设定与模型构建

首先，为了验证支农再贷款政策能否有效缓解农业企业信贷配给状况，有效发挥支农效应，本书沿袭了前文的研究思路，通过贷款外源边际模型检验农业企业与非农业企业在支农再贷款政策颁布之后新进入信贷市场以及退出信贷市场的概率影响差异，进而推断支农再贷款政策对农业企业信贷配给状况的影响，由此来评估其惠农成效，具体模型如下：

$$\begin{aligned}\text{Entry}_{it}\,or\ \text{Exit}_{it} = {} & \alpha_0 + \alpha_1\,\text{RSL}_{t-1} + \alpha_2\,\text{RSL}_{t-1}\times\text{Agri}_i + \alpha_3\,\text{TEA}_{t-1} \\ & + \alpha_4\,\text{TEA}_{t-1}\times\text{Agri}_i + \alpha_5\text{Rate}_{t-1} + \alpha_6\text{Rate}_{t-1}\times\text{Agri}_i \\ & + \alpha_7\text{Control}_{it-1} + \varepsilon_{it}\end{aligned} \tag{8.1}$$

上述模型实际由两个 Probit 模型构成，被解释变量 Entry 表示企业是否新进入信贷市场，如果企业上一期没有银行贷款，本期出现银行贷款时，则取 1，否则取 0。Exit 表示企业是否退出信贷市场，当企业上一期存在银行贷款，本期没有银行贷款时，就取 1，否则取 0。Agri 是农业企业哑变量，当样本组为农业企业时取 1，非农业企业则取 0。TEA 表示定向降准政策变量，RSL 表示支农再贷款政策强度变量。考虑到货币政策通常具有时滞效应，模型中的定向降准货币政策变量与支农再贷款政策强度变量均滞后一期。此外为减少模型的内生性问题，所有控制变量均滞后一期。系数 α_2 表示相对于非农企业而言，支农再贷款对农业企业贷款外源边际的推动作用。系数α_4 则考察定向降准货币政策对农业企业贷款外源边际的影响。在被解释变量是 Entry 的 Probit 模型中，如果α_2 或α_4 显著且大于 0 则表示支农再贷款政策或定向降准政策实施之后新的农业企业进入银行信贷市场的概率大于非农企业，银行对农业企业的借款者类型配给有所缓解；若α_2 或α_4 不显著，则说明支农再贷款或定向降准货币政策难以缓解农业企业的借款者类型配给。在被解释变量是 Exit 的 Probit 模型中，如果 α_2 显著且小于 0 则表示支农再贷款政策之后农业企业退出银行信贷市场的概率小于非农企业，农业企业面临的信贷配给有所缓解，否则农业企业信贷配给就未得到缓解。

此外，为了控制除解释变量外的其他变量对被解释变量的影响，在宏观层面控制了 GDP 增长率（Gdp），在微观层面控制了如下变量：资产规模（Logasset）、企业年龄（Age）、盈利能力（Roa）、所有者权益比率（Capitalratio）以及资产流动性（Liquidity）；同时控制了存款准备金率（Rate）对农业企业的影响，分别采用存款准备金率（Rate）及其与农业企业（Agri）的交乘项作为控制变量，同样也滞后一期。

其次，为了研究定向降准、支农再贷款对农业企业信贷融资规模的影响，从而比较两类政策在信贷规模上的惠农功效，本书采用前面的研究思路，通过贷款的内源边际模型研究两类货币政策对贷款规模配给影响的差异：

$$\text{Loan} = \alpha_0 + \alpha_1 \text{RSL}_{t-1} + \alpha_2 \text{RSL}_{t-1} \times \text{Agri}_i + \alpha_3 \text{TEA}_{t-1} + \alpha_4 \text{TEA}_{t-1} \times \text{Agri}_i + \alpha_5 \text{Rate}_{t-1} + \alpha_6 \text{Rate}_{t-1} \times \text{Agri}_i + \alpha_7 \text{Control}_{it-1} + \varepsilon_{it} \quad (8.2)$$

其中，被解释变量 Loan 为贷款融资比例，用以衡量企业分配到的信贷资源状况，比较定向降准与支农再贷款政策推出前后对农业企业的信贷融资规模的影响差异。系数 α_2 表示剔除了信贷融资的自然增长之后，支农再贷款对农业企业信贷投放的真实效果。如果 α_2 显著且大于 0 表示支农再贷款政策实施之后农业企业获得了更多的信贷资源，农业企业信贷融资规模配给有所缓解，政策具有较好的惠农成效。同时，考虑定向降准对农业企业信贷融资的交叉影响，如果 α_4 显著且大于 0，这表明定向降准对农业企业起到了较好的扶持效果，农业企业的信贷融资规模较之非农企业得到了较大幅度的提升。具体变量的定义如表 8 - 1 所示。研究样本沿用前面经倾向得分匹配后的研究样本。

表 8 - 1　　主要变量定义

变量	变量含义	计算方法
Entry	是否新进入信贷市场	过去一年内没有银行贷款，当期出现银行贷款时，Entry 取 1；否则取 0
Exit	是否退出信贷市场	当企业过去一年存在银行贷款，当期没有银行贷款时，Exit 取 1；否则取 0
Loan	贷款融资比例	(短期借款 + 长期借款)/总资产
TEA	是否针对农业实施定向降准	当期针对农业实施定向降准政策取 1；否则取 0
RSL	支农再贷款政策强度	支农再贷款余额/金融机构贷款余额（单位:%）
Agri	是否为农业企业	是农业企业取 1；否则取 0
Rate	存款准备金率	大型金融机构存款准备金率（%）
Interest	利率	一年期贷款基准利率
Gdp	GDP 增长率	剔除季节波动的不变价 GDP 环比增长率
Logasset	资产规模	log（期末总资产）
Age	企业年龄	log（1 + 企业成立年限）
Roa	盈利能力	净利润/总资产
Capitalratio	所有者权益比率	所有者权益/总资产
Liquidity	资产流动性	流动资产/总资产

8.1.3　实证结果分析

首先，检验定向降准货币政策对农业企业借款者类型配给的影响，结果如表 8 - 2 列（1）与列（2）所示，结果表明 TEA × Agri 的系数并不显著，说明在定向降准政策之后农业企业新进入信贷市场的概率与退出信贷市场的概率与非农企业没有显著差异。接着检验支农再贷款政策能否有效缓解农业企业借款者类型配给，发挥良好的支农效应，表 8－2 列（3）与列（4）的结果显示，RSL×Agri 的系数是负数但是不显著，表明相较于非农业企业而言，支农再贷款政策颁布之后农业企业新进入银行信贷市场的概率与退出信贷市场的概率也没有显著差异，支农再贷款政策难以缓解农业企业的借款者类型配给。为了检验不同类型的货币政策对贷款外源边际的影响差异，在列（5）与列（6）中将定向降准、普遍降准以及支农再贷款同时纳入研究范畴，结果依然表明三大政策对农业企业的借款者类型配给的影响都不显著。由于农业企业自身的弱质性，不论是定向调控政策还是总量调控政策均难以从本质上扭转信贷歧视问题。

表 8－2　　支农再贷款政策对农业企业借款者类型配给的影响

变量	(1)	(2)	(3)	(4)	(5)	(6)
	Entry	Exit	Entry	Exit	Entry	Exit
TEA	0.2964 (0.8407)	0.0187 (0.0704)			0.3645 (0.9973)	0.0327 (0.1225)
TEA×Agri	−14.9386 (−0.0107)	−0.9351 (−0.8789)			−16.3487 (−0.0047)	−0.9429 (−0.8819)
Rate	−0.0082 (−0.0602)	−0.1612 (−1.4201)	−0.0092 (−0.0672)	−0.1683 (−1.5203)	−0.0254 (−0.1829)	−0.1583 (−1.3796)
Rate×Agri					0.0681 (0.6215)	−0.0757 (−1.1007)
RSL			−0.2288 (−0.8631)	−0.1921 (−0.7999)	−0.2784 (−1.0174)	−0.2017 (−0.8370)
RSL×Agri			−0.5252 (−1.0293)	−0.1621 (−0.5225)	−0.3450 (−0.6568)	−0.0665 (−0.2039)
Capitalratio	7.6716*** (6.2995)	3.2846*** (4.5139)	7.6872*** (6.2792)	3.2818*** (4.5079)	7.6771*** (6.2840)	3.2956*** (4.5245)
Age	−0.3987 (−0.3576)	−0.9285 (−1.0369)	−0.3644 (−0.3242)	−0.8889 (−0.9879)	−0.4627 (−0.4133)	−0.7998 (−0.8800)

续表

变量	(1)	(2)	(3)	(4)	(5)	(6)
	Entry	Exit	Entry	Exit	Entry	Exit
Logasset	-0.5553 ** (-2.0243)	-0.6982 *** (-3.2817)	-0.5625 ** (-2.0456)	-0.7098 *** (-3.3259)	-0.5348 * (-1.9339)	-0.7285 *** (-3.4002)
Roa	4.8325 (0.7358)	5.9564 (1.1716)	5.0490 (0.7727)	6.0626 (1.1944)	4.5582 (0.6956)	6.1392 (1.2022)
Liquidity	-0.0027 (-0.0027)	1.2922 * (1.7168)	0.0348 (0.0352)	1.3064 * (1.7354)	0.0429 (0.0432)	1.2756 * (1.6898)
Gdp	-2.9080 (-0.4799)	-8.8105 (-1.6224)	0.0871 (0.0166)	-8.6076 * (-1.7002)	-2.6444 (-0.4359)	-8.3313 (-1.5286)
年份固定效应	控制	控制	控制	控制	控制	控制
季度固定效应	控制	控制	控制	控制	控制	控制
行业固定效应	控制	控制	控制	控制	控制	控制
企业固定效应	控制	控制	控制	控制	控制	控制
N	4 438	6 218	4 438	6 218	4 438	6 218
pseudo R^2	0.113	0.061	0.112	0.061	0.115	0.063

注：括号内为 t 值，* 代表 p 值 <0.1，** 代表 p 值 <0.05，*** 代表 p 值 <0.01。

其次，探讨支农再贷款、定向降准对农业企业信贷融资规模的影响，比较两类定向调控货币政策的惠农功效。表 8-3 列（1）考察支农再贷款的政策成效，结果表明 RSL × Agri 的系数并不显著，表示支农再贷款后农业企业的信贷资源供给未发生明显变化，农业企业贷款规模配给未得到缓解。Rate × Agri 的系数显著为正，说明普遍降准之后非农业企业的信贷融资增速超过了农业企业，因此，普遍降准难以对农业企业产生倾斜扶持效应。列（2）检验定向降准的政策成效，结果显示 TEA × Agri 的系数在 5% 的显著性水平上显著为正，Rate × Agri 的系数依然为正，这表明定向降准较之普遍降准能够取得更好的惠农功效。定向降准能够对农业企业的信贷融资规模产生影响，这是由于定向降准通过引导银行信贷投放方向，增加农业企业的贷款供给（陈书涵等，2019），这使得农业企业信贷资源配给情况有所缓解，金融机构作为企业外部融资的最重要来源（孙亮等，

2011），金融机构信贷资源供给的增加，有助于改善农业企业在信贷市场中的弱势地位，从而拉动了农业企业信贷融资规模的增长，起到较为良好的惠农功效。

表 8－3　　支农再贷款、定向降准对农业企业信贷融资规模的影响

变量	(1)	(2)	(3)
	Loan	Loan	Loan
RSL	－0.0022* (－1.6710)		－0.0023* (－1.7665)
RSL × Agri	0.0045 (0.8902)		0.0037 (0.7360)
Rate	－0.0005 (－0.9166)	－0.0006 (－1.0211)	－0.0007 (－1.1513)
Rate × Agri	0.0021* (1.8889)	0.0023** (2.1064)	0.0021* (1.9179)
TEA		0.0005 (0.4266)	0.0009 (0.8157)
TEA × Agri		0.0098** (2.2068)	0.0079** (2.0038)
Capitalratio	－0.4138*** (－18.9105)	－0.4144*** (－18.9595)	－0.4139*** (－18.9099)
Age	0.0418* (1.7196)	0.0426* (1.7550)	0.0419* (1.7245)
Logasset	0.0290*** (4.6552)	0.0288*** (4.6340)	0.0290*** (4.6512)
Roa	－0.3534*** (－4.8399)	－0.3519*** (－4.8246)	－0.3518*** (－4.8231)
Liquidity	－0.0691*** (－3.1410)	－0.0688*** (－3.1266)	－0.0690*** (－3.1355)
Gdp	0.0055 (0.3202)	－0.0101 (－0.5427)	－0.0067 (－0.3553)
年份固定效应	控制	控制	控制
季度固定效应	控制	控制	控制

续表

变量	(1)	(2)	(3)
	Loan	Loan	Loan
行业固定效应	控制	控制	控制
企业固定效应	控制	控制	控制
_cons	-0.1709 (-1.2414)	-0.1683 (-1.2234)	-0.1698 (-1.2339)
N	19 032	19 032	19 032
adj. R^2	0.422	0.422	0.423

注：括号内为 t 值，* 代表 p 值 <0.1，** 代表 p 值 <0.05，*** 代表 p 值 <0.01。

表 8-3 列（3）将定向降准、普遍降准以及金融再贷款政策同时纳入研究模型，实证检验三大政策对农业企业信贷融资规模的倾斜扶持效应，结果表明 RSL × Agri 的系数依旧不显著，说明支农再贷款政策对农业企业的信贷扶持效应并不显著，支农再贷款政策未能有效引导农业企业信贷融资规模增长，由此假说 8.1 得证。TEA × Agri 的系数显著大于 0，说明定向降准能对农业企业信贷融资规模起到正向的拉动作用，央行释放的流动性有效投入至农业领域，定向降准惠农功效的显著性超过了支农再贷款政策，符合假说 8.2。Rate × Agri 依然为正，这说明在颁布定向降准政策的同时颁布普遍降准政策，将影响定向降准政策惠农功效的充分发挥。

支农再贷款政策之所以未能有效发挥支农效应，主要原因在于其投放过程中面临的诸多阻碍。支农再贷款政策对申请支农再贷款机构的资产质量、经营财务状况等方面提出了要求，然而许多农村中小金融机构难以满足条件，从而无法申请到支农再贷款（乔海滨，2015），支农再贷款实行限额管理，约束了机构的信贷资金安排（王维斌，2016），同时贷款也难以与当地农业生产周期相匹配（毕翼，2013），再加上贷款的管理过于烦琐（王维斌，2016），缺乏一定的激励机制（田湘龙，2011），这些问题的存在使得支农再贷款政策难以有效调动金融机构投放支农再贷款，影响了支农再贷款政策实际效果的发挥，惠农功效不及定向降准货币政策。

8.1.4 结论与建议

“三农”问题关系着中国能否顺利实现现代化，是国家关注的重中之重，而农业企业的发展则关乎“三农”问题的有效解决。然而，农业企业的弱质性使其常面临银行的信贷配给，资金的供给无法满足发展的需要。鉴于此，央行积极推动货币政策由总量调控向定向调控转变，以有效引导信贷资源流入“三农”领域，为农业企业发展提供资金支持。本书选取近年来央行频繁操作的两种定向调控型货币政策——定向降准政策和支农再贷款政策作为研究对象，采用固定效应模型进行实证分析，通过考察政策颁布前后农业企业贷款内源边际与外源边际的变化来评估定向降准与支农再贷款政策的惠农功效。通过实证研究得出如下结论：第一，在支农再贷款政策颁布后，信贷资金未能有效引导向农业企业，支农再贷款政策对缓解农业企业信贷配给状况的作用效果不佳。第二，相较于支农再贷款政策，定向降准政策引导增加农业企业信贷融资规模的作用效果较强，惠农功效较好。第三，不论是支农再贷款政策还是定向降准货币政策都难以从本质上扭转银行的信贷歧视问题。在上述结论的基础上，提出如下政策建议：

第一，支农再贷款政策在投放过程中存在着多方面的问题，导致其支农效果不佳。而支农再贷款作为农村金融领域重要的货币政策工具之一，支农再贷款的实际成效关乎定向调控信贷资源，助力“三农”发展的政策初衷能否顺利实现，因此，应该从适用对象、额度管理、期限匹配及管理模式方面对支农再贷款进行全面深化管理，增强对农村中小金融机构的政策激励，提高支农再贷款的政策成效。在适用对象层面，由于支农再贷款政策覆盖的金融机构有限，虽然当下已有许多的商业银行开始重视农业信贷业务，但因为不在政策对象范围之内，无法享受政策实惠，这限制了支农再贷款政策效应的进一步发挥，应逐步放宽支农再贷款政策对象的限制，降低政策准入门槛，以扩大政策效应。在额度管理层面，当前支农再贷款实行的是限额管理，而不同地区的农业资金需求存在差异，应根据不同地区的实际需要实行动态管理，更好地引导信贷资金向薄弱的农业地域转移，实现调结构的作用。在期限匹配层面，支农再贷款在实施过程中常出现再贷款的发放与当地农业生产周期错配的问题，建议具体考虑各地农业生产实际，合理设置支农再贷款的期限，更好满足农业企业的资金需求。在管理模式层面，支农再贷款的管理模式相对烦琐，这增加了金融机构的管理成本，应完善支农再贷款管理机制，进一步发挥支农再贷款的政策效应，引导"三农"信贷投放、助力农业企业发展，改善农村金融服务的重要货币政策工具，提高支农再贷款的政策成效。

第二，应重视定向降准在定向调控信贷资源方面的政策作用。定向降准在定向调控信贷资源方面具有政策优势，借助定向降准的政策红利，引导商业银行更多地向农业企业放贷，将信贷资源有效引导向薄弱的"三农"领域，为农业企业的发展提供更多的信贷支持。在实际的货币政策操作中，定向降准在定向调控信贷资源方面的政策优势应得到重视，应继续深化定向降准政策，使其最大限度地发挥政策功效。

第三，不论是定向降准货币政策还是支农再贷款货币政策都难以从根本上扭转银行对农业的信贷歧视问题，这与农业企业自身的弱质性有一定的关系。因此一方面应该提高农业企业的生产经营实力，以增加其在信贷市场中竞争的优势，在另一方面应考虑采用财政政策与货币政策相结合的方式，实现对农业企业的定向扶持。

8.2　定向降准与财政补贴政策惠农功效比较研究

农业在经济发展中占据着重要的地位，发挥着举足轻重的作用，是支撑一国国计民生的基础产业，但农业企业自身的弱质性使得其在投融资和生存发展中面临着困境，因此，各国政府都针对农业企业推出了各项支持和保护政策。我国政府也对农业企业提供了多种补贴内容，包括所得税减免、增值税减免、出口退税补贴、公益性补贴、价格补贴及财政补助，等等（彭熠等，2009）。然而长期以来，农业企业的业绩水平却与其应有的市场地位并不相称。范黎波等（2012）对比了2006~2010年所有上市公司与农业上市公司的财务数据后发现，农业类上市公司的绩效远远低于市场的平均水平，并且这种经营状况连续五年都没有得到任何改善。

公共支出理论认为，修正市场失灵是政府支出的目的所在。政府向农业企业提供财政补贴，实质上是直接向农业企业提供了无偿性的货币资金，并希望农业企业可以协助实现一系列社会性、公益性目标，包括保证农产品生产、提高农民收入水平、执行农产品流通价格政策、加速地区农业发展、改善农业生产条件、促进地区经济发展和就业，等等（王永华等，2017）。政府补贴在给企业带来资金支持、助力其发展的同时，也存在着负面效应。有学者认为补贴增加了企业的当期利润，引发了企业管理层的偷懒和不努力行为，诱使企业改变现有的资本与劳动组合，引起资源的不当配置和无效率（邹彩芬等，2006）。汤新华（2003）发现 1999 ~ 2001 年农业企业虽享受着政府提供的各项补贴优惠，但整体的业绩却出现了大幅度的下滑，相当一部分企业存在着自身经营管理不善的问题。林万龙等（2004）对我国 58 家农业上市公司的数据进行研究后发现，政府对农业企业的扶持政策是低效率的，诸如政府补贴等主要的扶持政策并没有明显地拉动企业的业务增长。胡亚敏等（2016）的研究也表明政府补贴率与样本农业企业的经营效率之间存在着负相关的关系，政府的补贴并没有有效地提升农业企业的经营业绩。

现有文献对定向降准货币政策的惠农功效进行了深入的研究，但是从传导机制来看，定向降准的传导路径是通过银行的间接传导，而财政补贴是政府为了减轻企业负担，助力企业发展而推出的优惠政策，是针对弱势企业的直接传导，究竟是直接传导还是间接传导的效果更佳尚待深入研究。本书从农业企业的视角出发，通过比较财政补贴与定向降准政策对农业企业业绩影响效果的差异，分析两种政策的实施效果，为选择合理的政策以更好地扶持农业企业提出对策建议。

8.2.1 理论分析和研究假说

8.2.1.1 财政补贴与农业企业业绩

有学者指出政府的财政补贴政策会增强企业的偿债能力，但会导致企业管理层过度依赖政府补贴，从而滋生其偷懒及寻租行为（邹彩芬等，

2006)。首先，财政补贴实质上是通过非经营的手段增加了农业企业的当期利润，这使得农业企业的盈利水平有所提高，但这仅仅只是营造了一种利润增加的假象，掩盖了农业企业的经营困境，使得农业企业在受到来自内、外部压力的时候怠于进行及时的内部治理，影响企业的经营绩效（彭熠等，2009)。同时，财政补贴还会养成农业企业对政府的依赖性（冷建飞等，2007)，沈晓明（2002）的研究发现有一半的农业企业对政府补贴收入的依赖达到了 20%。过度地依赖政府补贴还有可能损害主营业务的盈利能力，阻碍企业绩效的持续增长，使得企业的竞争力逐渐减弱，甚至导致绩效的下滑（邹彩芬等，2006)。此外，在农业企业对政府补贴依赖性的作用下，当企业申请获得政府补贴款时，由于企业和政府之间存在着信息不对称，若企业醉心于追求更多的政府补贴和优惠，会选择花费较大的精力实施“寻租”行为，而并非通过改善企业自身的经营管理来提高经营绩效，从而使得政府下拨的财政补助资金难以真正地发挥作用，政府的政策目标也难以实现（彭熠等，2009；胡亚敏等，2016)。从长远来看，不仅企业的经营绩效得不到改善，其竞争力也在逐渐削弱。

假说 8.3：财政补贴对农业企业业绩的推动效果不显著。

8.2.1.2 定向降准与农业企业业绩

不同于财政补贴由政府直接到企业的方式，定向降准政策创新了对法定存款准备金工具的使用，它降低了特定范围内商业银行的存款准备金率，增加了商业银行的信贷资金总量，最终作用于政策扶持的企业，政策沿“中央银行—商业银行—政策扶持企业”路径传导（陈书涵等，2019)。这大大降低了政策执行过程中农业企业的道德风险，防止企业为了追求政府更多的补贴和优惠进行的各种“寻租”行为，将经营重点放在提升企业竞争力和业绩上。除此之外，中央银行通过定向降准向外界释放了一个政策信号，提升了社会公众对农业企业和小微企业发展前景的预期，向提供贷款的商业银行等金融部门传递了积极的信号，引导信贷资金更多地流向“三农”和小微企业，同时也为“三农”、小微企业争取了更多的发展机遇，促进企业业绩的提高。同时，贷款使得商业银行与企业之间的关系越发紧密，在政策的激励作用下，企业银行信贷的增加对企业业绩的提升具有显著的促进作用，并且小企业业绩受货币政策调整的影响更加显著（Mark et al.，1993）。最后，企业投资直接受到企业融资约束的影响，银行向农业企业提供的信贷量增加，更有利于农业企业争取好的投资机会，促进农业企业提升经营业绩（陈书涵等，2019）。

假说8.4：定向降准政策对农业企业业绩的推动效果较好。

8.2.2 研究设计

8.2.2.1 模型设计与变量定义

为了比较定向降准政策和财政补贴对农业企业业绩推动效果的差异，本书使用面板固定效应模型进行研究，建立如下模型：

$$Q_{it} = \alpha_0 + \alpha_1 \text{TEA}_{t-1} + \alpha_2 \text{Subsidy}_{t-1} + \alpha_3 \text{Control}_{it-1} + \varepsilon_{it} \tag{8.3}$$

其中，被解释变量 Q 为企业 i 在时间 t 的托宾 Q 值，参照巴诺思（Baños - Caballero et al.，2014）采用托宾 Q 度量企业业绩。定向降准政策变量为 *TEA*，若当期有针对农业企业下调存款准备金率则取1，否则取0。财政补贴变量为 *Subsidy*，采用财政补贴/总资产来度量。本模型的控制变量 *Controls* 包含现金转换周期（NTC）、资产规模（Logasset）、增长机会（Growthopp）、盈利能力（Roa）、存款准备金率（Rate）。本书还控制了时间层面以及企业层面的固定效应，具体变量的定义如表8-4所示。

表8-4 各主要变量定义

变量名称	变量符号	变量定义
托宾Q值	Q	托宾Q值
是否针对农业实施定向降准	TEA	当期针对农业实施定向降准则取1；否则取0
财政补贴	Subsidy	财政补贴/总资产
现金转换周期	NTC	应收账款周转天数+存货周转天数-应付账款周转天数
资产规模	Logasset	Log（总资产）
增长机会	Growthopp	无形资产/总资产

续表

变量名称	变量符号	变量定义
盈利能力	Roa	净利润/总资产
存款准备金率	Rate	大型金融机构的存款准备金率

8.2.2.2 样本选取与数据来源

本部分研究样本沿用前面研究样本，剔除3月、6月及9月的季度数据。选取年度数据的原因在于上市公司财政补贴数据属于损益项目年度报告的附注披露项目，季度报告与半年度报告均难以获得此数据。本书采用的企业数据主要来自国泰安数据库，存款准备金率等宏观变量来自Wind数据库。为消除极端值对模型估计结果的影响，对所有微观连续变量进行了上下0.5%的Winsorize处理。

8.2.3 实证研究结果分析

为了检验政府财政补贴和定向降准政策对农业企业业绩的推动效果是否存在差异，我们将农业企业的年度数据代入模型中进行面板固定效应回归，回归结果如表8-5所示。可以看出，定向降准变量TEA的系数为0.6819，且在1%的水平下显著，表明定向降准货币政策的实施有效地提高了农业企业的业绩。而财政补贴变量Subsidy的系数虽然为正但并不显著，表明财政补贴对农业企业业绩推动的效果并不明显，这是因为政府的财政补贴实质上是直接给予农业企业的无偿性货币资产（范黎波等，2012），在投入当年可以直接增加农业企业的当期利润，但仅仅只是营造了一种利润增加的经营假象，极易使企业养成过度依赖政府财政补贴的惰性，为了追求更多的政策优惠进行“寻租”，而怠于通过自身的经营管理来提升企业的经营绩效，久而久之，企业的业绩便会出现下滑的倾向。但定向降准政策是央行通过降低特定范围内商业银行的存款准备金率，将释放的流动性经由商业银行最终注入目标扶持企业和个体，在很大程度上减少了农业企业的道德风险，避免了农业企业因追求财政优惠而进行的“寻租”和偷懒行为；相反，农业企业为了获得银行的信贷青睐会将更多的精力用来提高自身的经营业绩。因此，相较于财政补贴而言，定向降准货币政策对农业企业业绩的推动效果更佳。

表 8-5　　定向降准和财政补贴对农业企业业绩的推动效果差异

Q	回归系数	标准差	t 值	P > |t|
TEA	0.6819***	0.1127	6.0500	0.0000
Subsidy	0.5988	0.7892	0.7600	0.4530
NTC	-0.0003	0.0004	-0.7800	0.4380
Logasset	-0.7970*	0.2678	-2.9800	0.0050
Growthopp	6.6021*	3.6095	1.8300	0.0750
Roa	4.4617*	2.4277	1.8400	0.0740
Rate	-2.0362***	0.7071	-2.8800	0.0060
_cons	53.6307***	17.2534	3.1100	0.0040
年份固定效应		控制		
企业固定效应		控制		
N		294		
adj. R^2		0.392		

注：* 代表 p 值 <0.1，** 代表 p 值 <0.05，*** 代表 p 值 <0.01。

8.2.4　结论与建议

不论是直接传导为特征的财政补贴政策，还是间接传导为特征的定向降准政策，其实施都是为了扶持弱势群体的发展。本书以农业企业为研究对象，采用面板固定效应模型进行实证分析，检验定向降准政策和财政补贴政策对农业企业业绩的推动效果是否存在差异。结果发现：政府财政补贴会导致企业管理层依赖补贴优惠，从而滋生不努力和“寻租”行为，无心提高自身的经营管理水平，对农业企业业绩的推动作用并不显著。但定向降准政策将释放的流动性经由商业银行最终给予目标扶持企业和行业，能够大大减少企业道德风险，对农业企业业绩的拉动效果更佳。基于此，本书提出以下政策建议：

第一，鉴于政府直接性的财政补贴对农业企业经营业绩的推动作用微乎其微，政府应当适当地转变救济性的财税补贴观念，对农业企业的补贴申请做更进一步的甄别，选择专注于主业、技术领先的农业企业作为补助对象，最大限度地减少因道德风险导致的补助目标偏移。此外，政府部门还需对财政补贴资金的使用和投向做进一步的明确和规范，加强对农业企业补助金使用的后续监督，引导农业企业更好地将补助金用于发展主业，提升农业企业自身的经营能力和业绩，充分发挥财政补贴的政策效果。另外，政府部门可以丰富对农业企业发展的扶持形式，相对地减少财政补贴的发放，更多地改善农业企业经营的市场环境，大力支持农业企业进行科技创新，以此提升农业企业的市场竞争力，有助于农业企业长远的发展。同时，农业企业自身在经营过程中也需要意识到过度地依赖政府财政补贴并非经营的长久之计。农业企业作为经济发展中重要的一环，需要对股东和投资者负责，要提高公司的经营治理能力，提升企业的市场竞争力，以此带动企业的经营业绩。切莫将精力投在如何获得更多的财税优惠上，这将无助于企业的长远发展。

第二，定向降准政策虽然在传导路径上不如财政补贴直接，但是银行的趋利避害特征使得其对农业企业的审核监督力度在定向降准政策之后没有减弱，这降低了农业企业道德风险爆发的概率。而且定向降准货币政策主要调用的是银行资金，银行的资金大多源于社会群体，这大大减少了国家的财政负担。因此在经济不景气、国家财政压力较大的时期采用定向降准货币政策有助于促进社会多元投入支持农业发展。

第三，定向降准政策确实起到了引导资金流向的作用，但农业企业自身的资质仍是决定商业银行放贷选择的重要条件。因此，农业企业作为贷款的需求者，更应该提升自己的经营能力和行业竞争力，想方设法地提高自己的盈利能力，向商业银行发出积极的信号，打消商业银行对信贷资金收回的顾虑。同时，由于农业企业天然存在着缺少优质抵押品、经营风险高的弱质性，政府部门也可以相应地辅之以针对性的优惠政策，如加大对农业企业的减税降费力度，减轻其经营负担；还可以通过成立专门的信贷担保机构，为银行信贷提供一定的保障，增强商业银行的信心。

8.3 定向降准的支小功效研究

小微企业在国民经济的发展中发挥着至关重要的作用。据2018年美国贸易代表办公室数据统计，美国将近2/3的就业增长率是小微企业创造的，小微企业对GDP的贡献率超过50%。在中国，中小微企业贡献了50%以上的税收、60%以上的GDP、70%以上的技术创新、80%以上的城镇劳动就业、90%以上的企业数量，是大众创业、万众创新的重要载体[①]。但是小微企业在融资方面存在诸多困难，这与其内部管理和外部环境皆有关系。就内部而言，小微企业规模小，内部控制制度不够完善，战略规划不够周密，组织结构不够完整，抵押品欠缺难以获得银行信贷融资。从外部环境来看，我国支持小微企业建设的法律还不完善（王兴娟，2012），信用评级机构大多向大企业倾斜，资本市场门槛较高，这些增加了小微企业融资的难度，不少小微企业选择民间融资渠道，以高利率换取资金，而这又加重了小微企业的成本负担。

当前我国正处在经济下行期，发展中的矛盾和结构性问题日益显现出来，在稳定经济发展和促进经济增长方面压力较大，小微企业融资问题一直备受各界关注。从银行角度考虑，由于银企信息不对称的存在，小微企业通过外部融资时，不可避免地要付出更高昂的成本，这使得企业常会面临融资约束问题。林毅夫等（2005）认为由于中小企业信息的不透明，金融机构无法有效搜集到企业的信息，或是在信息的搜集上要付出高昂的成本，更倾向于贷款给大型企业，中小企业在信贷市场上常处于弱势地位。罗党论等（2008）提出由于信息不对称，银行无法获取足够的中小企业信息，银行倾向于认为中小企业更容易发生道德问题，中小企业面临着贷款难的问题。屈文洲等（2011）也提到中小企业融资约束困扰主要来源于银行与中小企业之间的信息不对称问题。姚帏之等（2018）认为小微企业受

① 资料来源：2018年《中国小微企业金融服务报告》，http：//www.pbc.gov.cn/goutongjiaoliu/113456/113469/3848271/2019062419224598155.pdf。

到严峻的信贷融资约束是由于规模小、存续周期短，且存在经营记录、信用信息不健全和不透明等问题。刘满凤等（2019）认为对于小微企业，其信息获取非常困难，再加上小微企业还可能刻意隐藏真实信息，所以信息不对称程度较高，融资约束大。封北麟（2020）认为银行普惠金融覆盖面有限，小微企业受益“冷暖不均”。

针对小微企业面临的融资难题，货币政策是否能够对其发挥作用已成为许多研究关注的焦点。定向降准作为结构性货币政策的代表，其政策意图在于扶持农业、小微等弱势群体，前面从农业企业的投融资、业绩与风险层面论证了定向降准货币政策的惠农功效，推而广之定向降准是否对小微企业同样具有倾斜扶持作用？倘若定向降准的结构调整效应不仅仅局限在农业领域，小微企业也获得了定向降准的政策红利，那么未来就可以将此政策推而广之至政策意欲扶持的其他领域，这有助于促进央行游刃有余地进行货币政策工具选择，促进结构调整目标的实现。

目前，大多数研究肯定了定向降准政策在解决小微企业融资难问题上的积极作用：郑金花（2019）认为在定向降准货币政策颁布之后，“三农”和小微企业的融资难题得到了一定程度的改善。李琦斓（2018）也认为央行推行的定向降准政策从降低融资门槛、融资成本等方面着手，在帮助解决小微企业融资困难的问题上有不容置疑的积极作用；郭晔等（2019）进一步探讨了定向降准政策的“普惠”效应受银行间竞争的影响，结果表明，我国定向降准政策有效发挥了普惠效应，小微企业因此获得了更多的信贷资源；钱水土等（2020）研究发现享受定向降准政策优惠的银行其风险承担意愿也在增强，对小微企业“敢贷、愿贷”；魏晓云等（2018）认为定向降准政策激励了商业银行向小微企业分配更多的信贷资源，带动了小微企业产出的增长，并通过大中小企业的互惠共生关系对总产出产生了正向促进作用；陈书涵等（2019）发现定向降准能有效刺激商业银行增加信贷规模，对城市商业银行的激励作用强于农村商业银行，政策对引导银行信贷资金流向小微企业起到一定作用；笪哲（2020）研究发现定向降准能较好地改善小微企业融资状况。但是也有学者对定向降准货币政策的支小功效提出质疑：冯明等（2018）认为定向降准新释放的可贷资金一部分流向定向部门，大部分仍流向非定向部门，定向降准并非解决小微企业和“三农”等定向部门融资问题的根本性举措，治本之策在于建立健全小微企业征信体系。

综上所述，现有文献对定向降准货币政策的支小功效进行了深入研究，但是大多数研究将支农定向降准与惠小定向降准混合在一起讨论政策调控的功效，难以对定向降准的支小效果加以精准的评价。本节将惠农为目标的定向降准货币政策剔除出研究范畴，专门以优惠小微企业为导向的定向降准政策为研究对象，实证检验其对小微信贷的倾向扶持效应，从而更加完整地对定向降准的调控功效加以评价，为日后定向降准政策的拓展提供理论依据。

8.3.1 理论分析与假说提出

定向降准与普遍降准政策都属于宽松货币政策，普遍降准是针对所有银行实施降准，其特征是政策覆盖面广，释放的流动性规模大；而定向降准是针对特定政策扶持的领域实施降准，旨在通过局部放宽流动性来引导信贷资金流向经济薄弱的领域。从货币政策的传导渠道来看，不论是定向降准还是全面降准，主要是通过信贷渠道来推动实体经济的发展，法定存款准备金率的变化所产生的影响主要是通过银行贷款渠道实现的（朱博文等，2013）。根据银行信贷渠道理论，降低存款准备金率将提升银行的可贷资产水平，扩张银行的放贷能力，企业获得的金融支持增加，由此企业投资水平上升（Bernanke and Blinder，1992）。黄志忠等（2013）认为宽松的货币政策能够促进企业扩张投资，通过降低企业投资内部现金流敏感性缓解了企业融资约束。宋全云等（2016）研究了存款准备金率变动对中小企业贷款成本的异质性影响，发现银行特征、企业特征和贷款特征是影响贷款成本对存款准备金率政策异质性反应的重要因素。在普遍降准政策之下，银行若贷款给小微企业将承担高坏账风险可能导致的损失，因此，银行不会将政策释放的流动性投向小微企业。

“定向降准”属于金融支持实体经济的正向激励举措，与“全面降准”相比，它更具有针对性，只有符合定向降准政策目标的支农惠小类商业银行或者支农惠小贷款规模满足定向降准政策规定比例的银行，方能获得定向降准的政策红利，因此，在定向降准货币政策实施之后银行对小微企业的信贷投放会有所上升，这有利于银行将金融资源更好地投放到“三农”、小微企业等薄弱环节，从而促进经济结构的调整。

由此提出如下假说：

假说8.5：定向降准的实施会推动商业银行将信贷资源更多地投向小微企业，由此推动小微企业信贷融资水平的上升，而普遍降准政策则不具有对小微的信贷扶持效应。

为了加强市场资金配置向小微企业流动，中国人民银行创设了支小再贷款货币政策，通过优惠利率降低小微企业的融资成本。不过，在实践操作中支小再贷款存在投放不畅问题。周师慷（2016）认为支小再贷款在实际操作层面由于资金成本高、贷款风险大等原因，导致了贷款利率上限执行效果不佳，而且政策相关的管理要求不够完善，在实施过程中容易出现利用支小再贷款政策进行套利的现象。邓晓（2017）认为由于利率优惠力度不够，执行流程繁杂，银行放贷成本高的原因，降低了银行对支小再贷款的投放意愿。马春芬（2016）等学者也指出了支小再贷款政策在实施过程中的诸多限制，例如支小再贷款的利率较高，压缩了银行的盈利空间；支小再贷款是质押投放，而村镇银行常没有符合的抵押品；同时申请支小再贷款的手续较为繁杂。由于支小再贷款受成本和管理等诸多限制，难以调动银行向小微企业放贷的意愿，致使银行选择性地投放支小再贷款，支小再贷款政策对引导银行向小微企业投放信贷资金的效果有限，因而本书提出如下假说：

假说8.6：定向降准政策对小微的信贷扶持效果强于支小再贷款政策。

8.3.2 研究设计

为了研究定向降准政策的惠小功效，本节根据国家统计局《关于印发中小企业划型标准规定的通知》的标准，从我国非金融A股上市公司中筛选出符合条件的小微企业。农业企业与小微企业同时作为定向降准政策的优惠对象，为了区分定向降准的惠农功效与支小功效，剔除农业企业，同时剔除ST类及数据缺失企业，得到147家小微企业样本。为了避免银行对小微企业与大企业在信贷倾向上的巨大差异，选取影响银行信贷倾向的五个因素即公司规模（资产规模取对数）、所有者权益比例（所有者权益/总资产）、流动比例（流动资产/总资产）、企业成熟度（企业年龄）以及盈利能力（总资产收益率）计算信贷倾向得分值，以小微企业为基准，通过倾向得分匹配中最邻近匹配法逐年匹配，找到与小微企业信贷倾向得分值最接近的大中型企业进行实证研究，以规避小微企业与大中型企业在信贷倾向上的显著差异。数据样本时间跨度是2003～2017年。

在模型构建上与前面一致，采用贷款的内源边际模型，分别在定向降准和存款准备金率滞后一期和滞后两期的条件下建立模型，具体如下：

$$Loan_{it} = \alpha_0 + \alpha_1 TES_{t-1} + \alpha_2 TES_{t-1} \times Small_i + \alpha_3 Rate_{t-1} + \alpha_4 Rate_{t-1} \times Small_i + \alpha_5 MSL_{t-1} \times Small_i + \alpha_6 Control_{it-1} + \varepsilon_{it} \quad (8.4)$$

上述模型中 i 代表企业个体，t 代表时间，$t-1$ 代表相关变量滞后一期，$t-2$ 代表相关变量滞后两期。由于货币政策通常具有时滞效应，当期颁布的货币政策下期方能生效（Maddaloni and Peydró，2011；马文超等，2012），因此本书定向降准变量和存款准备金率也滞后一期。被解释变量是企业的贷款融资比例（Loan），该变量用短期借款、长期借款之和与总资产的比值来衡量。

自变量中TES表示针对小微企业的定向降准政策的哑变量，TES=0代表当期未实施优惠小微企业的定向降准货币政策，TES=1代表当期有实施优惠小微企业的定向降准货币政策。Small表示是否为小微企业，Rate表示存款准备金率，ε 表示随机干扰项。为了研究定向降准货币政策对小微企业贷款规模的激励作用，加入针对小微企业的定向降准政策变量（TES）与小微企业（Small）交乘，检验 α_2 系数是否显著，判断定向降准政策的实施是否能够显著扩张小微企业的贷款规模。倘若 α_2 系数显著大于0，则表明随着定向降准货币政策的实施，获得政策福利的小微企业的贷款规模越高，推断定向降准政策可以发挥惠小功效，反之推断定向降准政策的支小功效不显著。为了将普遍降准与定向降准政策进行比较，模型中加入存款准备金率（Rate）与小微企业（Small）的交乘项，检验 α_4 系数是否显著，判断普遍降准政策的实施是否能够显著扩张小微企业的贷款规模。倘若 α_4 系数显著大于0，则表明普遍降准政策也能发挥惠小功效，扩大了小微企业获得的信贷融资规模。反之，若 α_4 系数不显著，则表明普遍降准货币政策对小微企业的信贷融资没有显著的作用。此外由于支小再贷款和定向降准货币政策都属于结构性货币政策，为了研究二者在扶持小微企业信贷融资中的差异，将支小再贷款（MSL）与小微企业（Small）的交乘项加入模型，比较分析不同类型结构性货币政策对小微企业的影响。

由于定向降准政策对小微企业贷款规模的影响还会受到诸多其他因素的约束，所以回归模型中还需加入一些控制变量，控制变量主要包括一些会影响小微企业贷款规模，与其密切相关的变量。参照吉孟资等（Jiménez et al.，2012）的模型设计，控制了影响企业信贷需求的微观变量，具体包括：资产规模（Logasset）、企业年龄（Age）、盈利能力（Roa）、所有者权益比率（Capitalratio）以及资产流动性（Liquidity），并将上述变量也滞后一期，以避免内生性问题。一般来说，公司资产规模越大，盈利能力、流动性状况和抗风险能力越强，银行越愿意向企业发放贷款。此外模型还控制了GDP增长率（Gdp），用于衡量宏观经济情况。在整体经济运行态势良好的情况下，金融机构对小微企业的贷款规模也会有所增大。所有微观连续变量都做了上下0.5%的Winsorize处理。模型控制了行业、年份以及季度固定效应。以上的变量定义说明详见表8－6。

表8－6　主要变量定义

变量	变量含义	计算方法
Loan	贷款融资比例	(短期借款＋长期借款)/总资产
TES	针对小微企业的定向降准	当期针对小微企业实施定向降准政策取1；否则取0
Small	是否为小微企业	是小微企业取1；否则取0
Rate	存款准备金率	大型金融机构存款准备金率（%）
MSL	支小再贷款政策强度	支小再贷款余额/金融机构贷款余额（%）
Gdp	GDP增长率	剔除季节波动的不变价GDP环比增长率
Logasset	资产规模	log（期末总资产）
Age	企业年龄	log（1＋企业成立年限）
Roa	盈利能力	净利润/总资产
Capitalratio	所有者权益比率	所有者权益/总资产
Liquidity	资产流动性	流动资产/总资产

8.3.3 实证结果分析

为了研究定向降准政策的支小功效，将数据代入模型（8.4），所有回归都根据公司代码进行了聚类调整。

表8-7检验了不同类型货币政策对小微企业贷款的倾斜扶持效应。列（1）是单独分析定向降准对小微企业贷款规模影响的回归结果，TES × Small的系数在1%水平下显著，符号为正，表明定向降准实施后小微企业信贷融资的增速超过了非小微企业，这表明定向降准对小微企业具有信贷倾斜扶持效应。为了控制总量调控货币政策对小微贷款的影响，加入Rate与Small的交乘项，比较全面降准与定向降准对小微信贷融资的影响差异。列（2）的结果表明，普遍降准实施后，大企业的信贷融资水平有所上升，而小微企业相对大企业来说信贷融资水平没有显著的差异。相比之下，定向降准会提升大企业的信贷融资水平，而且定向降准之后小微企业的信贷融资增速显著超过了大企业。这表明普遍降准难以惠及小微企业，而定向降准后银行对小微企业的信贷融资则有所倾斜。

表8-7　　不同货币政策对小微企业的信贷倾斜扶持效应

变量	(1)	(2)	(3)
	Loan	Loan	Loan
TES	0.0103*** (6.7712)	0.0103*** (6.7566)	0.0112*** (7.4213)
TES × Small	0.0298*** (4.5375)	0.0300*** (4.5637)	0.0262*** (3.8930)
Rate	-0.0020*** (-4.1127)	-0.0019*** (-3.7704)	-0.0019*** (-3.7643)
Rate × Small		-0.0006 (-0.6437)	-0.0010 (-1.1219)
MSL			-0.0117*** (-2.8963)

续表

变量	(1)	(2)	(3)
	Loan	Loan	Loan
MSL × Small			0.0244* (1.8530)
Liquidity	−0.0972*** (−7.2186)	−0.0973*** (−7.2211)	−0.0976*** (−7.2548)
Roa	−0.1277*** (−4.9933)	−0.1265*** (−4.9131)	−0.1263*** (−4.8991)
Capitalratio	−0.3771*** (−25.8424)	−0.3770*** (−25.8341)	−0.3777*** (−25.9331)
Logasset	0.0274*** (7.7266)	0.0274*** (7.7411)	0.0270*** (7.6128)
Gdp	0.0852*** (5.6646)	0.0853*** (5.6659)	0.0856*** (5.6903)
Age	0.0182 (1.1417)	0.0167 (1.0327)	0.0195 (1.1984)
年份固定效应	控制	控制	控制
季度固定效应	控制	控制	控制
企业固定效应	控制	控制	控制
_cons	−0.0919 (−1.1214)	−0.0895 (−1.0960)	−0.0871 (−1.0669)
N	46 203	46 203	46 203
adj. R^2	0.322	0.322	0.323

注：括号内为 t 值，* 代表 p 值 <0.1，** 代表 p 值 <0.05，*** 代表 p 值 <0.01。

此外，为了进一步比较不同类型的结构性货币政策对小微企业信贷融资的影响差异，在模型中加入支小再贷款的政策强度（MSL）与小微企业（Small）的交乘项，比较分析支小再贷款政策与定向降准货币政策在解决小微企业融资难问题中的作用，结果表明不论在显著性上还是在系数的大小上，定向降准货币政策均优于支小再贷款政策。究其原因主要是：第一，支小再贷款政策的实施对象范围较窄，其主要面向小型城市商业银行、农村

商业银行、农村合作银行和村镇银行四类地方性法人金融机构，其他类型银行被排斥在政策范围之外。第二，支小再贷款是质押投放，而村镇银行常面临抵押品不足问题，这使得能申请到支小再贷款的银行范围进一步缩小。第三，支小再贷款的利率较高，压缩了银行的盈利空间，同时银行申请支小再贷款、对放贷进行管理，都需要付出成本，使得投放支小再贷款的盈利空间进一步紧缩。由于信息不对称的存在，银行放贷给小微企业本就要冒更大的风险，没有足够利润的刺激，银行更加偏好贷款给资信状况更佳的大企业，以避免损失。第四，银行的支小再贷款申请需多个环节，获得支小再贷款的银行还要对支小再贷款运用情况进行管理，定期接受中国人民银行的核查，这大大增加了银行成本，再加上支小再贷款的利率本就较高，获利空间小，这大大降低了银行的申请意愿（邓晓，2017；马春芬，2016）。于是支小再贷款政策信贷传导渠道受阻，严重影响到政策实施效果。而定向降准是央行定期对银行进行考核，对满足要求的银行定向降低存款准备金率，所有商业银行均属于考核范围。由于采用的是中国人民银行已有统计数据，商业银行就不需要另行上报或申请，避免了繁杂的手续，再加上政策红利的诱导，进一步增强了银行向小微放贷的偏好。因此，定向降准对小微的信贷传导渠道则表现得较为顺畅。在定向降准货币政策激励下，小微企业的信贷融资水平得到显著提升。

为了检验定向降准对小微企业的影响能否长期维持，本书将定向降准政策变量滞后两期（TES2），分析定向降准政策的中长期效应，普遍降准变量与之相同也滞后两期（Rate2），模型回归结果如表8－8所示。表8－8中的列（1）表明滞后两期的定向降准政策对小微企业贷款规模的影响在10%显著性水平下系数为正，由此可见，定向降准从中长期来看对小微企业贷款会有一定的倾斜扶持作用，但是不论从此效应的大小还是从显著性程度来看，均小于短期的倾斜扶持作用。列（2）加入了滞后两期的普遍降准变量与小微企业的交乘项，结果表明Rate2×Small的系数仍然不显著，而滞后两期的定向降准与小微企业的交乘项TES2×Small的系数在10%的水平下仍然显著，这表明普遍降准从中长期来看对小微企业贷款规模没有明显的倾斜效应，而定向降准对小微的倾斜效应在中长期依然存在，只是效果不够明显。这是由于定向降准政策颁布之后还有对银行的信贷状况是否达标进行定期考察，定期考察不合格的银行将无法继续享受定向降准的政策优惠，这在一定程度上影响了银行对小微的信贷倾向，使得定向降准的支小功效得以维系，但是效果不够显著。

表 8-8　定向降准和普遍降准对小微企业贷款规模影响的回归结果

变量	(1)	(2)
TES2	0.0045*** (2.7394)	0.0044*** (2.7359)
TES2 × Small	0.0072* (1.6621)	0.0073* (1.6708)
Rate2 × Small		-0.0002 (-0.1822)
Rate2	-0.0011*** (-2.5953)	-0.0011** (-2.4077)
Liquidity	-0.0962*** (-6.9615)	-0.0962*** (-6.9629)
Roa	-0.1247*** (-4.7639)	-0.1244*** (-4.7237)
Capitalratio	-0.3774*** (-25.3427)	-0.3773*** (-25.3430)
Logasset	0.0269*** (7.4660)	0.0269*** (7.4617)
Gdp	0.0196 (1.1194)	0.0196 (1.1210)
Age	0.0088 (0.5134)	0.0083 (0.4801)
年份固定效应	控制	控制
季度固定效应	控制	控制
企业固定效应	控制	控制
_cons	-0.0605 (-0.7118)	-0.0598 (-0.7060)
N	45 223	45 223
adj. R^2	0.317	0.317

注：括号内为 t 值，* 代表 p 值 <0.1，** 代表 p 值 <0.05，*** 代表 p 值 <0.01。

8.3.4 结论与建议

自2014年4月25日中国人民银行开始实施定向降准政策以来，以“精准调控”与“微刺激”为主要特征的定向降准政策逐步成为货币政策操作的新常态。定向降准政策已实施多次，累计释放流动性资金数量不容小觑，而定向降准政策所释放的资金是否精准地流向小微企业领域，至今仍是诸多研究关注的焦点。本节通过研究定向降准政策对小微企业信贷融资的影响，结果发现：普遍降准难以惠及小微企业信贷融资，定向降准货币政策确实在一定程度上提高了商业银行向小微企业贷款的意愿，小微企业信贷融资的比例较之大企业在定向降准货币政策颁布之后有较显著幅度的提升，而且在政策效应的强度与显著性方面均超过支小再贷款政策。

定向降准货币政策取得了较好的支小成效，做到精准发力，大大缓解了小微企业“融资难”的问题，由此推断，定向降准政策不仅可以运用于助推农业、小微企业的发展，对于政策意欲扶持的其他领域，比如高科技企业、环保节能企业，也可以模仿现有定向降准政策的思路出台类似的政策，对国家政策重点扶持的领域产生助推作用的核心银行实施定向降准，定向降准政策思路的拓宽有助于根据未来经济结构调整的具体需要灵活制定货币政策，实现经济的高质量发展。

第9章 主要结论与政策建议

9.1 主要结论

本书在传统货币政策总量调控功能研究基础上另辟蹊径，通过理论分析定向降准为代表的结构性货币政策的惠农机理，阐释定向降准政策的微观传导路径，实证检验定向降准货币政策在商业银行以及企业层面的惠农功效，得出以下结论：

第一，定向降准货币政策主要通过信贷渠道对农业企业发生传导作用，商业银行是定向降准政策的直接作用对象，农业企业则是此政策的最终目标。定向降准政策颁布后，银行的信贷规模与信贷结构发生改变，对农业企业的信贷门槛与风险审查的力度也随之变化，银行对农业企业的信贷意愿的变化在数量上影响着银行的农业信贷供给，在价格上影响着银行对农业企业贷款的定价，进而促使农业企业的投融资决策的改变以及产出规模与业绩水平的变化，最终影响到宏观经济的成长性与稳定性。

第二，定向降准货币政策对商业银行信贷行为有一定的影响，具有引导信贷资金流向的作用，政策对不同类型商业银行以及银行不同类型贷款的调控效果存在差异，具体来看：(1) 定向降准货币政策可以调节商业银行信贷投放方向，农业贷款在定向降准政策之后有显著的提升。(2) 定向降准政策对不同类型银行的调控效果不同，对大型商业银行和城市商业银行的农业信贷引导作用较强，而对非县域农村商业银行和外资银行的农业信贷引导作用较弱。(3) 商业银行自身的实力也决定着定向降准货币政策惠农功效的发挥，低不良贷款率的商业银行以及上市商业银行自身的风险防范体系较健全，受定向降准政策的影响较显著，而高不良贷款率以及非上市商业银行由于自身的风险较高，在定向降准之后农业贷款规模仍然不敢轻易扩张。

第三，定向降准政策对农业企业融资规模的影响表现为：(1) 定向降准政策难以从本质上消除银行对农业企业的信贷歧视，该政策没有显著影响银行对农业企业的借款者类型配给。(2) 定向降准政策对农业企业的贷款规模配给有一定的缓解作用，政策颁布后农业企业的信贷融资较非农企业有显著的提升，但是定向降准政策后非农企业的信贷融资水平没有显著变化，可见农业企业信贷融资水平的提升主要源于定向降准释放的流动性带来的增量投放效应，而非信贷投放由非农业转向农业的转移替代效应。(3) 普遍降准主要惠及的对象是非农业企业，在普遍降准之后非农企业的信贷融资增速超过了农业企业，因此，在定向降准政策的同时颁布普遍降准政策将使定向降准的结果偏离目标，影响定向降准政策定位的精准性与最终成效。(4) 定向降准政策对不同类型农业企业的信贷调控作用也存在差异，对于盈利能力较强、信息不对称程度较小的农业企业在定向降准政策实施之后获得了更多的信贷资源分配，而对于盈利能力较弱、信息不对称程度较高的农业企业在定向降准政策之后也难以获得银行的信贷青睐。(5) 在不同时期定向降准的信贷惠农功效存在差异，在信贷收缩时期推出定向降准政策对农业信贷的倾斜效应较强；而在信贷扩张期推出定向降准政策产生的惠农效应则不显著。(6) 定向降准政策在不同区域的信贷惠农功效也存在差异，在农业发达地区定向降准政策的信贷惠农功效比较显著，但是在农业欠发达地区定向降准政策对农业信贷不存在显著的倾斜效应。

第四，定向降准政策对农业企业债务融资成本的传导效应主要表现为：(1) 定向降准政策实施后农业企业债务融资成本的下降幅度高于非农企业。(2) 从企业类型的差异分析定向降准政策传导的异质性，结果发现：高盈利能力、高信息披露质量的农业企业在定向降准政策颁布之后融资成本的下降幅度超过非农业企业，而对于低盈利能力、低信息披露质量的农业企业则难以获得定向降准政策的成本红利。

第五，定向降准政策对农业企业投资与产出业绩的传导效应主要表现为：(1) 定向降准政策对农业企业的投资产生正向的激励作用，政策实施后农业企业的投资现金流敏感性显著下降，投资规模有所扩张。(2) 农业企业投资规模的扩张是由信贷融资水平的上升所带动，信贷渠道在定向降准的投资驱动效应中发挥重要的传导作用，而信号传递渠道没有发挥显著的投资驱动作用。(3) 普遍降准难以推动农业企业的业绩增长，而定向降准对农业企业业绩的助推效应较显著，此助推效应是通过投资驱动实现的。(4) 高信息披露质量的农业企业在定向降准政策颁布之后投资现金流敏感性有所下降，投资规模有效扩张，业绩规模得以提升，而政策对于低信息披露质量农业企业的投资与产出则鞭长莫及。(5) 定向降准具有明显的质量回归效应，盈利能力越强的农业企业的业绩在政策带动下得到了更加显著的增长，定向降准难以扭转农业企业强者恒强的局面，而且会加剧农业企业的优胜劣汰。(6) 定向降准对农业企业业绩的政策扶持效应仅仅局限于短期，从中长期来看定向降准很难实现结构调整的目标。

第六，定向降准政策对农业企业的风险传导效应主要体现在：(1) 定向降准政策实施后低风险农业企业较之非农企业获得了更多的银行信贷融资，而高风险的农业企业在定向降准之后没有获得银行的青睐。(2) 从整体农业企业来看，其风险承担水平在定向降准之后没有较非农企业出现更加显著的上升，定向降准不会导致农业领域的结构性风险。

第七，同样是结构性货币政策，定向降准政策在农业信贷的引导效应上强于支农再贷款政策。与结构性财政政策的代表——财政补贴相比较，定向降准对农业企业的业绩带动效应也强于财政补贴政策。从政策辐射面来看，定向降准不仅能较好地支持农业企业的发展，对小微企业获得信贷融资也起到较好的助推作用。

9.2 启示与建议

总体而言，定向降准货币政策对农业具有较好的政策扶持效应，它促进了银行将信贷资源向农业领域的倾斜，缓解了农业企业的融资约束问题，降低了农业企业的融资成本，提升了其投资与产出的规模，并且没有使得农业企业的整体风险承担水平出现显著的提升，一定程度上解除了信贷市场中

“看不见的手”难以辐射领域的农业发展困境问题。但是定向降准政策本身仍然存在诸多问题，具体表现为：在银行方面，风险防范能力较差的银行在定向降准之后依旧不敢轻易扩张农业信贷规模；在企业方面，定向降准政策只能缓解但是不能从本质上消除银行对农业企业的信贷歧视，低盈利能力、低信息披露质量以及高风险承担水平的农业企业在定向降准政策颁布之后仍然难以获得商业银行的信贷倾斜优惠。定向降准政策对业绩的推动作用仅局限于短期，难以在长期上维持效应。如何打通“最后一公里”，落实定向降准政策的成效显得尤为关键。基于上述结论与问题，本书从中央银行、银行监管部门、财政部门、商业银行以及农业企业多层面提出如下政策建议：

第一，定向降准政策要取得成功首先需要设置明确的、具有激励特征的降准规则。然而从 2018 年以来中国人民银行实施的定向降准货币政策在降准规则的设置方面都过于笼统，或者实行普惠金融为目标的定向降准政策，只要普惠金融领域贷款比例达标即可获得政策优惠，而普惠金融的覆盖领域过于宽泛，增加了银行道德风险的发生概率；或者在定向降准政策颁布的同时就规定了政策涵盖的银行范围，而银行的范围过于宽泛，这使得定向降准逐渐向普遍降准过度，难以充分发挥对农业信贷定向引导的功能。

第二，中央银行应充分考察定向降准政策在不同时间、不同区域、不同类型商业银行传导的异质效应，择机、择地、针对合适的对象推出定向降准货币政策。在时间层面上，由于定向降准政策在信贷扩张时期的效果并不显著，因此该政策与普遍降准或者量化宽松政策不宜同时使用，在经济繁荣时期通常伴随着信贷扩张，因此也不宜实施定向降准货币政策。在区域层面上，定向降准政策在农业发达地区的传导机制较为顺畅，然而在农业欠发达地区定向降准较难发挥其预期功效，因此，可缩小定向降准政策覆盖的区域范围，重点在农业发达地区实施定向降准，以降低定向降准政策的成本以及提高该政策的精准性；在农业欠发达地区实施财政政策或者产业政策以弥补定向降准难以传导的缺陷。在商业银行层面上，应加强银行在获得定向降准政策之后的考核与监督，调整和细化政策考核指标，提高政策释放资金的使用效率，避免定向降准政策颁布之后的道德风险问题，促使中央银行与商业银行的目标一致化。

第三，定向降准政策难以实现真正意义上的普惠农业的目标，重要的原因在于农业企业具有抵御风险能力弱、缺乏贷款抵押物等先天缺陷，银企之间的信息不对称导致银行的惜贷行为。在大量中小农业企业征信数据缺乏的情况下，农业贷款成为"烫手山芋"。由于不同商业部门征信数据独立储存，征信数据的搜集需要大量的成本，建议商业银行采用区块链技术构建征信数据平台，利用分布式账本"去中心化"与"不可篡改"的特性减少信贷双方的信息不对称，区块链加密技术在避免原始商业数据泄露的同时也增强了征信主体共享信息的意愿，降低了信息重复搜集的成本，也减少了银行贷后风险的担忧。

第四，虽然定向降准可以巧妙解决促增长与控风险的两难问题，在短期内具有调结构的功效，但是作为定向调控类的政策，定向降准的优势在于定向精准灌溉，从中长期来看，定向降准的惠农功效很难维持，而且会向"大水漫灌"转变，农业企业自身的发展壮大才是经济结构调整的永恒动力。因此在宏观调控方式的选择上，应该在结构调整的初期由宏观调控部门通过"看得见的手"引导财政、金融和社会多元投入的引擎系统，通过"四两拨千斤"带动市场中无数"看不见的手"共同推动农业的发展。此外在调控重点上，建议中央银行出台具体的考评指标鼓励商业银行将定向降准政策释放的资金重点投放于农业产业链的上游企业，培养提高上游环节企业的生产经营效率，催生农业发展的内生动力，依靠市场这一"看不见的手"发挥作用，通过上游环节的振兴发挥积极的示范效应，引擎带动下游环节的振兴。农业企业自身应该抓住定向降准政策提供扶持的契机，加大农业生产技术的投入，提高农业全要素生产率，提升核心竞争力，从而打造"汇人才、聚人气、凝人心"的内生动力机制，方能实现农业的可持续长远发展。

第五，定向降准政策从传导机理而言属于间接传导，传导路径不如财政政策直接，定向降准政策对商业银行的信贷只能起到引导作用，而非强制措施，银行的信贷行为仍然属于商业行为，定向降准政策实施之后商业银行将信贷资源向盈利能力较强、信息不对称程度较小、风险承担水平较低的优质农业贷款客户倾斜，以获得政策释放红利的同时规避坏账风险。这种相机性的信贷选择导致了定向降准货币政策的质量回归效应，但是也加大了弱势农业企业在竞争中被淘汰的可能性。然而对于高科技创新型农业企业而言，在发展初期，研发成本往往难以快速回收，研发效应很难迅速向盈利转化，技术创新的不确定性也增加了商业银行与农业企业之间的信息不对称程度，定向降准政策很难引导商业银行投资于这类新兴的、外部性强的高科技农业企业。因此，对于发展前景较好的高科技农业企业需要在其发展初期提供一定的财政支持，比如对符合条件的涉农企业实施定向减税，培育其发展壮大，在定向调控货币政策实施的同时发挥定向调控财政政策直接传导的优势，充分发挥各类宏观政策工具的合力作用以促进结构调整目标的实现。

9.3 研究展望

本书将定向降准政策作为结构性货币政策的代表，围绕定向降准政策的惠农机理以及惠农功效展开，并评价定向降准在结构调整中的成效，后续关于定向降准政策的研究可围绕如下路线展开：

第一，定向降准作为一种货币政策创新，近几年来主要政策目标在于“三农”与小微企业的发展。随着定向降准政策的成功实施，定向降准政策辐射范围可以转移拓展至其他国民经济发展的重点领域，如战略新兴产业或者经济发展的核心区域推广实施，但是由于该类型政策尚未颁布，无法通过实证检验考证此类政策的效力。未来可通过构建动态随机一般均衡模型，对不同类型定向降准政策的实施效果进行数值仿真模拟，预测不同类型定向降准政策在不同领域的实施效果，以降低定向降准政策执行的风险与成本，提高该政策定位的精准性。

第二，本书只是结构性货币政策研究的开始，除了定向降准之外还有抵押补充贷款、定向降低再贷款利率、中期借贷便利等结构性货币政策，这些政策释放的资金是否促进了经济结构的调整还是增加了银行的风险负担尚待研究。此外，定向减税等结构性财政政策对经济结构调整也有一定的推动作用。与定向降准相比，定向减税在理论传导路径上更为直接，二者实际功效孰优孰劣尚不得知。在优化经济结构的过程中，如何划分结构性货币政策与结构性财政政策的边界，使得两大政策精准定位至恰当领域，提高政策调控的效率，这些问题的后续研究对于推动经济高质量发展、提升我国综合竞争力都具有重要的意义。

参考文献

[1] Abdel Kader, K., "What Are Structural Policies?", *Finance & Development*, 2013, 50 (1): 46 – 47.

[2] Abuka, C., et al., "Monetary policy and bank lending in developing countries: Loan applications, rates, and real effects", *Journal of Development Economics*, 2019: 139.

[3] Agarwal, S., S. Chomsisengphet, N. Mahoney and J. Stroebel, "Do banks pass through credit expansions? The marginal profitability of consumer lending during the great recession", 2015.

[4] Alon, T. and E. Swanson, "Operation Twist and the effect of large-scale asset purchases", *FRBSF Economic Letter*, 2011.

[5] Altman, E. I., "Financial ratios, discriminant analysis and the prediction of corporate bankruptcy", *The Journal of Finance*, 1968, 23 (4): 589 – 609.

[6] Angeloni, I., E. Faia and M. Lo Duca, "Monetary policy and risk taking", 2011.

[7] Angelopoulou, E. and H. D. Gibson, "The balance sheet channel of monetary policy transmission: evidence from the United Kingdom", *Economica*, 2009, 76 (304): 675 – 703.

[8] Antonakis, J., S. Bendahan, P. Jacquart and R. Lalive, "On making causal claims: A review and recommendations", *The Leadership*

Quarterly, 2010, 21 (6): 1086 - 1120.

[9] Aoki, K., J. Proudman and G. Vlieghe, "House prices, consumption, and monetary policy: a financial accelerator approach", *Journal of Financial Intermediation*, 2004, 13 (4): 414 - 435.

[10] Asfaha, T. A. and A. Jooste, "The effect of monetary changes on relative agricultural prices", *Agrekon*, 2007, 46 (4): 460 - 474.

[11] Auclert, A., "Monetary policy and the redistribution channel", *AmericanEconomic Review*, 2019, 109 (6): 2333 - 2367.

[12] Aye, G. C. and R. Gupta, "The Effects of Monetary Policy On Real Farm Prices in South Africa", 2011.

[13] Banker, R. D., R. Huang and R. Natarajan, "Equity Incentives and Long - Term Value Created by SG&A Expenditure", *Contemporary Accounting Research*, 2011, 28 (3): 794 - 830.

[14] Baños - Caballero, S., P. J. García - Teruel and P. Martínez - Solano, "Working capital management, corporate performance, and financial constraints", *Journal of Business Research*, 2014, 67 (3): 332 - 338.

[15] Bernanke, B. S. and A. S. Blinder, "The Federal Funds Rate and the Channels of Monetary Transmission", *The American Economic Review*, 1992, 82 (4): 901 - 921.

[16] Bernanke, B. S. and A. S. Blinder, "The Federal Funds Rate and the Channels of Monetary Transmission", *The American Economic Review*, 1992, 82 (4): 901 - 921.

[17] Bernanke, B. S. and M. Gertler, "Inside the black box: the credit channel of monetary policy transmission", *Journal of Economic Perspectives*, 1995, 9 (4): 27 - 48.

[18] Bernanke, B., M. Gertler and S. Gilchrist, "The financial accelerator and the flight to quality", *The Review of Economics and Statistics*, 1996, 78 (1): 1 - 15.

[19] Bernile, G., V. Bhagwat and P. R. Rau, "What Doesn't Kill

You Will Only Make You More Risk – Loving: Early – Life Disasters and CEO Behavior", *The Journal of Finance*, 2017, 72 (1): 167 –206.

[20] Blinder, A. S., et al., "Central bank communication and monetary policy: A survey of theory and evidence", *Journal of Economic Literature*, 2008, 46 (4): 910 –945.

[21] Boeckx, J., M. Dossche and G. Peersman, "Effectiveness and transmission of the ECB's balance sheet policies", 2014.

[22] Bonfim, D. and C. Soares, "The Risk – Taking Channel of Monetary Policy: Exploring All Avenues", *Journal of Money, Credit and Banking*, 2018, 50 (7): 1507 –1541.

[23] Borio, C. and H. Zhu, "Capital regulation, risk-taking and monetary policy: a missing link in the transmission mechanism?", BIS Working Paper, 2008.

[24] Borio, C. and H. Zhu, "Capital regulation, risk-taking and monetary policy: a missing link in the transmission mechanism?", *Journal of Financial Stability*, 2012, 8 (4): 236 –251.

[25] Breedon, F., J. S. Chadha and A. Waters, "The financial market impact of UK quantitative easing", *Oxford Review of Economic Policy*, 2012, 28 (4): 702 –728.

[26] Carlino, G. and R. DeFina, "The differential regional effects of monetary policy: Evidence from the US states", *Journal of Regional Science*, 1999, 39 (2): 339 –358.

[27] Cecchetti, S. G., "Legal structure, financial structure, and the monetary policy transmission mechanism", 1999.

[28] Cecioni, M., G. Ferrero and A. Secchi, "Unconventional monetary policy in theory and in practice", *Bank of Italy Occasional Paper*, 2011.

[29] Chodorow – Reich, G., "Effects of unconventional monetary policy on financial institutions", 2014.

[30] Cover, J. P., "Asymmetric effects of positive and negative mon-

ey-supply shocks", *The Quarterly Journal of Economics*, 1992, 107 (4): 1261 – 1282.

[31] Dedola, L. and F. Lippi, "The monetary transmission mechanism: evidence from the industries of five OECD countries", *European Economic Review*, 2005, 49 (6): 1543 – 1569.

[32] Delis, M. D. and G. P. Kouretas, "Interest rates and bank risk-taking", *Journal of Banking & Finance*, 2011, 35 (4): 840 – 855.

[33] Dell' Ariccia, G., L. Laeven and G. A. Suarez, "Bank Leverage and Monetary Policy's Risk – Taking Channel: Evidence from the United States", *The Journal of Finance*, 2017, 72 (2): 613 – 654.

[34] Dell' Ariccia, G., L. Laeven and R. Marquez, "Real interest rates, leverage, and bank risk-taking", *Journal of Economic Theory*, 2014, 149 (1): 65 – 99.

[35] Dell' Ariccia, G. and R. Marquez, "Lending booms and lending standards", *The Journal of Finance*, 2006, 61 (5): 2511 – 2546.

[36] Ehlers, T., "The effectiveness of the Federal Reserve's Maturity Extension Program – Operation Twist 2: the portfolio rebalancing channel and public debt management", *BIS Paper*, 2012 (65).

[37] Erel, I., Y. Jang and M. S. Weisbach, "Do acquisitions relieve target firms' financial constraints?", *The Journal of Finance*, 2015, 70 (1): 289 – 328.

[38] Eser, F. and B. Schwaab, "Evaluating the impact of unconventional monetary policy measures: Empirical evidence from the ECB's Securities Markets Programme", *Journal of Financial Economics*, 2016, 119 (1): 147 – 167.

[39] Fama, E. F., "What's different about banks?", *Journal of Monetary Economics*, 1985, 15 (1): 29 – 39.

[40] Fazzari, S. M., et al., "Financing Constraints and Corporate Investment", *Brookings Papers on Economic Activity*, 1988, 19 (1): 141 –

206.

[41] Fazzari, S., R. G. Hubbard and B. C. Petersen, "Financing constraints and corporate investment", 1987.

[42] Feder, G., L. J. Lau, J. Y. Lin and X. Luo, "The relationship between credit and productivity in Chinese agriculture: A microeconomic model of disequilibrium", *American Journal of Agricultural Economics*, 1990, 72 (5): 1151 - 1157.

[43] Feinman, J. N., "Reserve requirements: history, current practice, and potential reform", *Federal Reserve Bulletin*, 1993 (6): 569 - 589.

[44] Frankel, J. A., "Expectations and commodity price dynamics: The overshooting model", *American Journal of Agricultural Economics*, 1986, 68 (2): 344 - 348.

[45] Gaiotti and A. Secchi, "Is There a Cost Channel of Monetary Policy Transmission? An Investigation into the Pricing Behavior of 2 000 Firms", *Journal of Money, Credit and Banking*, 2006, 38 (8).

[46] Ganley, J. and C. Salmon, "The industrial impact of monetary policy shocks: some stylised facts", 1997.

[47] Garcia, R. and H. Schaller, "Are the effects of monetary policy asymmetric?", *Economic Inquiry*, 2002, 40 (1): 102 - 119.

[48] Georgopoulos, G., "Measuring regional effects of monetary policy in Canada", *Applied Economics*, 2009, 41 (16): 2093 - 2113.

[49] Gertler, M. and S. Gilchrist, "Monetary policy, business cycles, and the behavior of small manufacturing firms", *The Quarterly Journal of Economics*, 1994, 109 (2): 309 - 340.

[50] Ghosh, S. and R. Sensarma, "Does monetary policy matter for corporate governance? firm-level evidence from india", Emerald Group Publishing Limited, 2004: 327 - 353.

[51] Gilchrist, S. and E. Zakrajsek, "Investment and the cost of capital: New evidence from the corporate bond market", 2007.

[52] Giroud, X. and H. M. Mueller, "Does corporate governance matter in competitive industries?", *Journal of Financial Economics*, 2010, 95 (3): 312 – 331.

[53] Givoly, D. and D. Palmon, "Timeliness of Annual Earnings Announcements: Some Empirical Evidence", *The Accounting Review*, 1982, 57 (3).

[54] Goddard, J., M. Tavakoli and J. O. Wilson, "Sources of variation in firm profitability and growth", *Journal of Business Research*, 2009, 62 (4): 495 – 508.

[55] Goodhart, C., "Financial innovation and monetary control", *Oxford Review of Economic Policy*, 1986, 2 (4): 79 – 102.

[56] Grosse – Rueschkamp, B., S. Steffen and D. Streitz, "A capital structure channel of monetary policy", *Journal of Financial Economics*, 2019, 133 (2): 357 – 378.

[57] Guo, X. and T. A. Masron, "The Effects of Differentiated Reserve Requirement Ratio Policy on the Earthquakestricken Area in China", *International Journal of Business & Society*, 2016, 17 (3).

[58] Heckman, J. J., H. Ichimura and P. E. Todd, "Matching as an econometric evaluation estimator: Evidence from evaluating a job training programme", *The Review of Economic Studies*, 1997, 64 (4): 605 – 654.

[59] Hicks, J. R., *Is interest the price of a factor of production*? Norwell, Mass.: Lexington Books, 1979.

[60] Höppner, F., C. Melzer and T. Neumann, "Changing effects of monetary policy in the US – evidence from a time-varying coefficient VAR", *Applied Economics*, 2008, 40 (18): 2353 – 2360.

[61] Hulsewig, O., T. Wollmershauser, S. Henzel and E. Mayer, "The price puzzle revisited: Can the cost channel explain a rise in inflation after a monetary policy shock?", *Journal of Macroeconomics*, 2009, 31 (2): 268 – 289.

[62] Ioannidou, V. P., S. Ongena and J. L. Peydró – Alcalde, "Monetary policy, risk-taking, and pricing: Evidence from a quasi-natural experiment", 2008.

[63] Jaffee, D. M. and T. Russell, "Imperfect Information, Uncertainty, and Credit Rationing", *The Quarterly Journal of Economics*, 1976, 90 (4): 651 – 666.

[64] Jensen, M. C., "Agency Cost of Free Cash Flow, Corporate Finance, and Takeovers", *American Economic Review*, 1986, 2 (76): 323 – 329.

[65] Jiménez, G., S. Ongena, J. L. Peydró and J. Saurina, "Hazardous Times for Monetary Policy: What Do Twenty – Three Million Bank Loans Say About the Effects of Monetary Policy on Credit Risk – Taking?", *Econometrica*, 2014, 82 (2): 463 – 505.

[66] Jiménez, G., S. Ongena, J. Peydró and J. Saurina, "Credit Supply and Monetary Policy: Identifying the Bank Balance – Sheet Channel with Loan Applications", *The American Economic Review*, 2012, 102 (5).

[67] Jiménez, G. and S. Ongena, "Credit supply and monetary policy: Identifying the bank balance-sheet channel with loan applications", *The American Economic Review*, 2012, 102 (5): 2301 – 2326.

[68] Joyce, M., D. Miles, A. Scott and D. Vayanos, "Quantitative Easing and Unconventional Monetary Policy-an Introduction", *The Economic Journal*, 2012, 122 (564): 271 – 288.

[69] Juurikkala, T., A. Karas and L. Solanko, "The role of banks in monetary policy transmission: Empirical evidence from Russia", *Review of International Economics*, 2011, 19 (1): 109 – 121.

[70] Kamin, S. B. and J. H. Rogers, "Output and the real exchange rate in developing countries: an application to Mexico", *Journal of Development Economics*, 2000, 61 (1): 85 – 109.

[71] Kapetanios, G., H. Mumtaz, I. Stevens and K. Theodoridis,

"Assessing the Economy-wide Effects of Quantitative Easing", *The Economic Journal*, 2012, 122 (564): 316-347.

[72] Kashyap, A. K., J. C. Stein and D. W. Wilcox, "Monetary policy and credit conditions: Evidence from the composition of external finance: Reply", *American Economic Review*, 1996, 86 (1): 310-314.

[73] Kashyap, A. K. and J. C. Stein, *Monetary policy and bank lending*. The University of Chicago Press, 1994.

[74] Keeley, M. C., "Deposit Insurance, Risk, and Market Power in Banking", *American Economic Review*, 1990, 80 (5): 1183-1200.

[75] Keynes, J. M., *The general theory of interest, employment and money*. London: Macmillan, 1936.

[76] Khwaja, A. I. and A. Mian, "Tracing the impact of bank liquidity shocks: Evidence from an emerging market", *The American Economic Review*, 2008, 98 (4): 1413-1442.

[77] Kirschenmann, K., "Credit rationing in small firm-bank relationships", *Journal of Financial Intermediation*, 2016: 2668-2699.

[78] Kishan, R. P. and T. P. Opiela, "Monetary Policy, Bank Lending, and the Risk-Pricing Channel", *Journal of Money, Credit and Banking*, 2012, 44 (4): 573-602.

[79] Kishan, R. P. and T. P. Opiela, "Bank capital and loan asymmetry in the transmission of monetary policy", *Journal of Banking & Finance*, 2006, 30 (1): 259-285.

[80] Koenker, R. and G. Bassett Jr, "Regression quantiles", *Econometrica: Journal of the Econometric Society*, 1978: 33-50.

[81] Kopecky, K. J. and D. VanHoose, "A model of the monetary sector with and without binding capital requirements", *Journal of Banking & Finance*, 2004, 28 (3): 633-646.

[82] Kuzin, V. and S. Tober, "Asymmetric monetary policy effects in Germany", 2004.

[83] Kwon, D. and W. W. Koo, "Interdependence of Macro and Agricultural Economics: How Sensitive is the Relationship?", *American Journal of Agricultural Economics*, 2009, 91 (5): 1194 – 1200.

[84] Liberti, J. M. and J. Sturgess, "The Anatomy of a Credit Supply Shock: Evidence from an Internal Credit Market", *Journal of Financial & Quantitative Analysis*, 2018: 53.

[85] Ljungqvist, A., L. Zhang and L. Zuo, "Sharing risk with the government: How taxes affect corporate risk taking", *Journal of Accounting Research*, 2017, 55 (3): 669 – 707.

[86] Llorente, G., R. Michaely, G. Saar and J. Wang, "Dynamic volume-return relation of individual stocks", *The Review of Financial Studies*, 2002, 15 (4): 1005 – 1047.

[87] Lo, M. C. and J. Piger, "Is the response of output to monetary policy asymmetric? Evidence from a regime-switching coefficients model", *Journal of Money, Credit and Banking*, 2005, 37 (5): 865 – 886.

[88] Lown, C. S. and J. H. Wood, "The determination of commercial bank reserve requirements", *Review of Financial Economics*, 2003, 12 (1): 83 – 98.

[89] Ma, G., Y. Xiandong and L. Xi, "China's evolving reserve requirements", *Journal of Chinese Economic and Business Studies*, 2013, 11 (2): 117 – 137.

[90] Maddaloni, A. and J. Peydró, "Bank risk-taking, securitization, supervision, and low interest rates: Evidence from the Euro-area and the US lending standards", *Review of Financial Studies*, 2011, 24 (6): 2121 – 2165.

[91] Mark, et al., "The cyclical behavior of short-term business lending: Implications for financial propagation mechanisms", *European Economic Review*, 1993.

[92] Martin, C. and C. Milas, "Quantitative easing: a sceptical sur-

vey", *Oxford Review of Economic Policy*, 2012, 28 (4): 750 - 764.

[93] Massa, M. and L. Zhang, "Monetary policy and regional availability of debt financing", *Journal of Monetary Economics*, 2013, 60 (4): 439 - 458.

[94] McAdam, P. and J. Morgan, "The monetary transmission mechanism at the euro-area level: issues and results using structural macroeconomic models", 2001.

[95] Meaning, J. and F. Zhu, "The impact of Federal Reserve asset purchase programmes: another twist", *BIS Quarterly Review*, *March*, 2012.

[96] Meltzer, A. H., "Monetary, credit and (other) transmission processes: a monetarist perspective", *The Journal of Economic Perspectives*, 1995, 9 (4): 49 - 72.

[97] Mendoza, E. G. and M. E. Terrones, "An anatomy of credit booms and their demise", 2012.

[98] Mishkin, F. S., "Symposium on the monetary transmission mechanism", *Journal of Economic Perspectives*, 1995, 9 (4): 3 - 10.

[99] Mishkin, F. S., "Is Monetary Policy Effective during Financial Crises?", *The American Economic Review*, 2009, 99 (2).

[100] Mishkin, F. S., "Is monetary policy effective during financial crises?", 2009.

[101] Modigliani, F. and R. Sutch, "Debt management and the term structure of interest rates: an empirical analysis of recent experience", *Journal of Political Economy*, 1967, 75 (4): 569 - 589.

[102] Mojon, B., F. Smets and P. Vermeulen, "Investment and monetary policy in the euro area.", *Journal of Banking & Finance*, 2002, 26 (11): 2111.

[103] Mojon, B. and G. Peersman, "A VAR description of the effects of monetary policy in the individual countries of the euro area", *ECB Working Paper Series*, 2001: 921 - 949.

[104] Montes, G. C. and A. Scarpari, "Does central bank communication affect bank risk-taking?", *Applied Economics Letters*, 2015, 22 (9): 751 – 758.

[105] Nguyen, V. H. T. and A. Boateng, "The impact of excess reserves beyond precautionary levels on Bank Lending Channels in China", *Journal of International Financial Markets Institutions & Money*, 2013, 26 (1): 358 – 377.

[106] Obstfeld, M. and K. Rogoff, "The mirage of fixed exchange rates", 1995.

[107] Oliner, S. D. and G. D. Rudebusch, "Is there a broad credit channel for monetary policy?", *FRBSF Economic Review*, 1996, (1): 21 – 26.

[108] Paligorova, T. and J. A. C. Santos, "Monetary policy and bank risk-taking: Evidence from the corporate loan market", *Journal of Financial Intermediation*, 2017: 3035 – 3049.

[109] Peersman, G. and F. Smets, "The Industry Effects of Monetary Policy in the Euro Area", *The Economic Journal*, 2005, 115 (503): 319 – 342.

[110] Petersen, M. A. and R. G. Rajan, "The benefits of lending relationships: Evidence from small business data", *The Journal of Finance*, 1994, 49 (1): 3 – 37.

[111] Portes, R., "Monetary policies and exchange rates at the zero lower bound", *Journal of Money, Credit and Banking*, 2012, 44 (s1): 157 – 163.

[112] Rajan, R. G., "Has financial development made the world riskier?", 2010.

[113] Rajan, R. G., "Has Finance Made the World Riskier?", *European Financial Management*, 2006, 12 (4): 499 – 533.

[114] Richardson, S., "Over-investment of free cash flow", *Review*

of Accounting Studies, 2006, 11 (2 – 3).

[115] Robertson, J. C. and D. Orden, "Monetary impacts on prices in the short and long run: some evidence from New Zealand", *American Journal of Agricultural Economics*, 1990, 72 (1): 160 – 171.

[116] Rosenbaum, P. R. and D. B. Rubin, "Constructing a control group using multivariate matched sampling methods that incorporate the propensity score", *The American Statistician*, 1985, 39 (1): 33 – 38.

[117] Saghaian, S. H., M. R. Reed and M. A. Marchant, "Monetary impacts and overshooting of agricultural prices in an open economy", *American Journal of Agricultural Economics*, 2002, 84 (1): 90 – 103.

[118] Scott Jr, I. O., "The regional impact of monetary policy", *The Quarterly Journal of Economics*, 1955, 69 (2): 269 – 284.

[119] Seelig, S. A., "Rising interest rates and cost push inflation", *The Journal of Finance*, 1974, 29 (4): 1049 – 1061.

[120] Singh, M. and W. N. Davidson Ⅲ, "Agency costs, ownership structure and corporate governance mechanisms", *Journal of Banking & Finance*, 2003, 27 (5): 793 – 816.

[121] Smith and B. D, "Monetary Policy, Banking Crises, and the Friedman Rule", *American Economic Review*, 2002, 92 (2): 128 – 134.

[122] Stiglitz, J. E. and A. Weiss, "Credit rationing in markets with imperfect information", *The American Economic Review*, 1981, 71 (3): 393 – 410.

[123] Svensson, L. E. O., "Cost – benefit analysis of leaning against the wind", *Journal of Monetary Economics*, 2017, 90 (10): 193 – 213.

[124] Taylor, J. B., "Discretion versus policy rules in practice", *Carnegie – Rochester Conference Series on Public Policy*, 1993, 39 (2): 195 – 214.

[125] Taylor, J. B., "The Financial Crisis and the Policy Responses: An Empirical Analysis of What Went Wrong, NBER Working Paper,

No. 14631", 2009.

[126] Taylor, J. S. and J. Spriggs, "Effects of the monetary macroeconomy on Canadian agricultural prices", *Canadian Journal of Economics*, 1989: 278 – 289.

[127] Tena, J. D. D. and A. R. Tremayne, "Modelling monetary transmission in UK manufacturing industry", *Economic Modelling*, 2009, 26 (5): 1053 – 1066.

[128] Thoma, M. A., "Subsample instability and asymmetries in money-income causality", *Journal of Econometrics*, 1994, 64 (1): 279 – 306.

[129] Tillmann, P., "Unconventional monetary policy and the spillovers to emerging markets", *Journal of International Money and Finance*, 2016 (66): 136 – 156.

[130] Tobin, J., "A general equilibrium approach to monetary theory", *Journal of Money, Credit and Banking*, 1969, 1 (1): 15 – 29.

[131] Valencia, F., "Monetary policy, bank leverage, and financial stability", 2011.

[132] Weise, C. L., "The asymmetric effects of monetary policy: A nonlinear vector autoregression approach", *Journal of Money, Credit and Banking*, 1999: 85 – 108.

[133] Whited, T. M., "Debt, liquidity constraints, and corporate investment: Evidence from panel data", *The Journal of Finance*, 1992, 47 (4): 1425 – 1460.

[134] Williams, J. C., "The Federal Reserve's unconventional policies", *FRBSF Economic Letter*, 2012, 34 (10): 1 – 9.

[135] Williamson, S. D., "Scarce collateral, the term premium, and quantitative easing", *Journal of Economic Theory*, 2016 (164): 136 – 165.

[136] Williamson, S. D., "Costly monitoring, financial intermediation, and equilibrium credit rationing", *Journal of Monetary Economics*, 1986, 18 (2): 159 – 179.

[137] Yang, Z. and Y. Zhou, "Quantitative easing and volatility spillovers across countries and asset classes", *Management Science*, 2016, 63 (2): 333 – 354.

[138] Zhang, X. F., "Information uncertainty and stock returns", *The Journal of Finance*, 2006, 61 (1): 105 – 137.

[139] 巴曙松、邢毓静:《鞭打慢牛——评央行差别存款准备金率政策》，载《中国金融》2004 年第 8 期。

[140] 毕锡萼、李萌、袁长青:《对“定向降准”政策效应的调研与思考》，载《华北金融》2015 年第 4 期。

[141] 毕翼:《基于农村金融机构视角的人民银行支农再贷款管理研究——以浙江、福建省部分农村金融机构为例》，载《浙江金融》2013 年第 5 期。

[142] 卜振兴、白艳娟:《农业经营主体融资困境与金融创新破解路径分析》，载《西南金融》2019 年第 9 期。

[143] 蔡勋、陶建平:《货币流动性是猪肉价格波动的原因吗——基于有向无环图的实证分析》，载《农业技术经济》2017 年第 3 期。

[144] 曹崇福:《金融杠杆与风险分担——支农再贷款操作效应的实证研究》，载《金融研究》2007 年第 2 期。

[145] 曹永琴:《中国货币政策行业非对称效应研究——基于 30 个行业面板数据的实证研究》，载《上海经济研究》2011 年第 1 期。

[146] 曹永琴:《中国货币政策产业非对称效应实证研究》，载《数量经济技术经济研究》2010 年第 9 期。

[147] 曾爱民、魏志华:《融资约束、财务柔性与企业投资—现金流敏感性——理论分析及来自中国上市公司的经验证据》，载《财经研究》2013 年第 11 期。

[148] 曾繁华、彭中、崔连翔、孙清娟:《我国货币政策资产价格渠道传导有效性分析》，载《统计与决策》2014 年第 9 期。

[149] 常海滨、徐成贤:《我国货币政策传导机制区域差异的实证分析》，载《经济科学》2007 年第 5 期。

[150] 陈丹妮：《货币政策、通胀压力与农产品价格》，载《中国软科学》2014 年第 7 期。

[151] 陈福生：《日本央行存款准备金管理经验与启示》，载《福建金融》2015 年第 5 期。

[152] 陈鹏、刘锡良：《中国农户融资选择意愿研究——来自 10 省 2 万家农户借贷调查的证据》，载《金融研究》2011 年第 7 期。

[153] 陈萍：《央行"定向降准"面面观》，载《国际金融》2014 年第 7 期。

[154] 陈钦源、马黎珺、伊志宏：《分析师跟踪与企业创新绩效——中国的逻辑》，载《南开管理评论》2017 年第 3 期。

[155] 陈书涵、黄志刚、林朝颖：《定向降准货币政策传导路径与效果研究》，载《投资研究》2019 年第 3 期。

[156] 陈书涵、黄志刚、林朝颖、徐亚论：《定向降准政策对商业银行信贷行为的影响研究》，载《中国经济问题》2019 年第 1 期。

[157] 陈彦斌、陈小亮：《中国经济"微刺激"效果及其趋势评估》，载《改革》2014 年第 7 期。

[158] 陈艳霞、何枫：《创业板公司融资能力影响因素分析》，载《现代经济探讨》2019 年第 12 期。

[159] 陈永：《关于非国有经济部门融资难问题的思考》，载《财贸研究》2000 年第 2 期。

[160] 成学真、陈小林、吕芳：《中国结构性货币政策实践与效果评价——基于数量型和利率导向型结构性货币政策的比较分析》，载《金融经济学研究》2018 年第 1 期。

[161] 楚尔鸣、曹策、许先普：《定向降准对农业经济调控是否达到政策预期》，载《现代财经：天津财经大学学报》2016 年第 11 期。

[162] 褚保金、张龙耀、郝彬：《农村信用社扶贫小额贷款的实证分析——以江苏省为例》，载《中国农村经济》2008 年第 5 期。

[163] 崔百胜：《非正规金融与正规金融：互补还是替代？——基于 DSGE 模型的相互作用机制研究》，载《财经研究》2012 年第 7 期。

[164] 崔杰、胡海青、张道宏:《非上市中小企业融资效率影响因素研究——来自制造类非上市中小企业的证据》，载《软科学》2014 年第 12 期。

[165] 戴金平、金永军:《货币政策的行业非对称效应》，载《世界经济》2006 年第 7 期。

[166] 戴金平、金永军、刘斌:《资本监管、银行信贷与货币政策非对称效应》，载《经济学（季刊)》2008 年第 2 期。

[167] 戴荣波、吴明礼:《政治关联、信息披露质量与债务融资成本》，载《南京财经大学学报》2014 年第 4 期。

[168] 邓伟、袁小惠:《中国货币政策创新工具：产生、比较与效果分析》，载《江西财经大学学报》2016 年第 4 期。

[169] 邓晓:《支小再贷款投放不畅》，载《中国金融》2017 年第 15 期。

[170] 丁志国、张洋、高启然:《基于区域经济差异的影响农村经济发展的农村金融因素识别》，载《中国农村经济》2014 年第 3 期。

[171] 董捷、张心灵、陈胜蓝:《货币政策与农业上市公司投资调整》，载《投资研究》2015 年第 9 期。

[172] 董影、曲丽丽:《黑龙江省农业产业化融资问题及对策》，载《学术交流》2013 年第 7 期。

[173] 杜江、易瑾、袁昌菊:《汇率变动对企业生存的影响分析——来自服装行业非上市公司的证据》，载《四川大学学报（哲学社会科学版)》2013 年第 1 期。

[174] 范黎波、马聪聪、马晓婕:《多元化、政府补贴与农业企业绩效——基于 A 股农业上市企业的实证研究》，载《农业经济问题》2012 年第 11 期。

[175] 范志勇、徐赟:《中国货币政策冲击的真实利率渠道：国际比较与政策含义》，载《世界经济》2008 年第 11 期。

[176] 方行明、李象涵:《农业企业规模扩张与金融成长创新——基于雏鹰公司产业化模式的调查》，载《中国农村经济》2011 年第 12 期。

[177] 方鸿:《开放经济条件下货币供给冲击对农业经济的影响——基于因果图形方法》, 载《中国农村经济》2011 年第 8 期。

[178] 方鸿:《货币冲击对农产品相对价格的影响》, 载《统计与信息论坛》2011 年第 9 期。

[179] 方先明、熊鹏:《我国利率政策调控的时滞效应研究——基于交叉数据的实证检验》, 载《财经研究》2005 年第 8 期。

[180] 方意、赵胜民、谢晓闻:《货币政策的银行风险承担分析——兼论货币政策与宏观审慎政策协调问题》, 载《管理世界》2012 年第 11 期。

[181] 封北麟:《精准施策缓解企业融资难融资贵问题研究——基于山西、广东、贵州金融机构的调研》, 载《经济纵横》2020 年第 4 期。

[182] 封北麟、孙家希:《结构性货币政策的中外比较研究——兼论结构性货币政策与财政政策协调》, 载《财政研究》2016 年第 2 期。

[183] 冯科、何理:《我国银行上市融资、信贷扩张对货币政策传导机制的影响》, 载《经济研究》2011 年第 S2 期。

[184] 冯明、伍戈:《定向降准政策的结构性效果研究——基于两部门异质性商业银行模型的理论分析》, 载《财贸经济》2018 年第 12 期。

[185] 高鸿:《我国实行差别存款准备金率研究》, 载《金融理论与实践》2012 年第 9 期。

[186] 高山、黄杨、王超:《货币政策传导机制有效性的实证研究——基于我国利率传导渠道的 VAR 模型分析》, 载《财经问题研究》2011 年第 7 期。

[187] 高艳:《我国农村非正规金融的绩效分析》, 载《金融研究》2007 年第 12 期。

[188] 高影、杨博、白明:《内部控制质量、信息透明度与公司业绩》, 载《中国注册会计师》2019 年第 10 期。

[189] 葛永波、姜旭朝:《企业融资行为及其影响因素——基于农业上市公司的实证研究》, 载《金融研究》2008 年第 5 期。

[190] 龚光明、孟澌:《货币政策调整、融资约束与公司投资》,

载《经济与管理研究》2012 年第 11 期。

[191] 顾国达、方晨靓:《中国农产品价格波动特征分析——基于国际市场因素影响下的局面转移模型》，载《中国农村经济》2010 年第 6 期。

[192] 顾宁、康海俐:《货币政策对我国农村非正规金融市场的影响渠道及效应研究》，载《农业技术经济》2016 年第 5 期。

[193] 郭碧云:《中期借贷便利对企业融资成本的影响研究》，载《金融与经济》2020 年第 3 期。

[194] 郭田勇、杨帆、李丹:《基于 DSGE 模型的货币政策对银行风险承担影响研究——兼论货币政策的应对》，载《经济理论与经济管理》2018 年第 9 期。

[195] 郭晔、徐菲、舒中桥:《银行竞争背景下定向降准政策的"普惠"效应——基于 A 股和新三板三农、小微企业数据的分析》，载《金融研究》2019 年第 1 期。

[196] 郭永红、马兰青:《支农再贷款的政策效应与风险防范——以青海省乐都区为例》，载《青海金融》2014 年第 11 期。

[197] 韩立岩、杜春越:《收入差距、借贷水平与居民消费的地区及城乡差异》，载《经济研究》2012 年第 S1 期。

[198] 郝丽霞:《农业企业融资问题成因及对策分析》，载《财会通讯》2011 年第 23 期。

[199] 何蒲明、朱信凯:《农产品价格对农民收入影响的实证研究》，载《农业经济》2013 年第 1 期。

[200] 何志雄、曲如晓:《农业政策性金融供给与农村金融抑制——来自 147 个县的经验证据》，载《金融研究》2015 年第 2 期。

[201] 洪传尧:《美国存款准备金制度对中国央行存款准备金管理的启示和经验借鉴》，载《金融经济》2009 年第 22 期。

[202] 胡冰川:《消费价格指数、农产品价格与货币政策——基于 2001 ~ 2009 年的经验数据》，载《中国农村经济》2010 年第 12 期。

[203] 胡静:《利率、信贷与农业资本配置效率关系的实证分析》，

载《统计与决策》2017 年第 24 期。

[204] 胡亚敏、刘春燕:《税收优惠政策、财政补助与农业龙头企业经营效率——基于我国农业龙头企业的实证研究》,载《财会月刊》2016 年第 32 期。

[205] 胡奕明、林文雄、李思琦、谢诗蕾:《大贷款人角色:我国银行具有监督作用吗?》,载《经济研究》2008 年第 10 期。

[206] 胡育蓉、朱恩涛、龚金泉:《货币政策立场如何影响企业风险承担——传导机制与实证检验》,载《经济科学》2014 年第 1 期。

[207] 胡宗义、李鹏:《农村正规与非正规金融对城乡收入差距影响的空间计量分析——基于我国 31 省市面板数据的实证分析》,载《当代经济科学》2013 年第 2 期。

[208] 胡宗义、马文丽、刘亦文:《农村非正规金融发展对地区农民收入差异影响分析》,载《统计与决策》2016 年第 16 期。

[209] 户青、陈少华、贺琛:《货币政策、财务灵活性与企业绩效关系的实证考察》,载《统计与决策》2016 年第 15 期。

[210] 扈文秀、王锦华、黄胤英:《美联储量化宽松货币政策实施效果及对中国的启示——基于托宾 Q 理论的货币政策传导机制视角》,载《国际金融研究》2013 年第 12 期。

[211] 黄先开、邓述慧:《货币政策中性与非对称性的实证研究》,载《管理科学学报》2000 年第 2 期。

[212] 黄晓梅:《信息不对称条件下农业中小企业信贷融资困境及对策》,载《财会通讯》2013 年第 32 期。

[213] 黄志忠、谢军:《宏观货币政策、区域金融发展和企业融资约束——货币政策传导机制的微观证据》,载《会计研究》2013 年第 1 期。

[214] 黄中华:《公司信息披露对银行贷款成本影响的实证研究——基于 2009~2012 年沪深 A 股上市公司经验数据》,载《财会通讯》2015 年第 27 期。

[215] 黄祖辉、刘西川、程恩江:《贫困地区农户正规信贷市场低参与程度的经验解释》,载《经济研究》2009 年第 4 期。

[216] 黄祖辉、俞宁:《新型农业经营主体:现状、约束与发展思路——以浙江省为例的分析》,载《中国农村经济》2010 年第 10 期。

[217] 姜超:《欧央行最低存款准备金政策的启示与借鉴》,载《青海金融》2016 年第 3 期。

[218] 姜汝楠、程逸飞:《对央行创设 PSL 货币政策工具的思考》,载《价格理论与实践》2014 年第 8 期。

[219] 姜长云、张晓敏、刘明轩:《农村中小企业的融资情况、资金来源及政策需求》,载《农村经济》2010 年第 11 期。

[220] 蒋益民、陈璋:《SVAR 模型框架下货币政策区域效应的实证研究:1978~2006》,载《金融研究》2009 年第 4 期。

[221] 揭晓小:《公司规模、分析师选择偏差和公司市场绩效——基于收购方公司视角的研究》,载《财贸经济》2015 年第 11 期。

[222] 金鹏辉、张翔、高峰:《货币政策对银行风险承担的影响——基于银行业整体的研究》,载《金融研究》2014 年第 2 期。

[223] 金鹏辉、张翔、高峰:《银行过度风险承担及货币政策与逆周期资本调节的配合》,载《经济研究》2014 年第 6 期。

[224] 金言:《定向降准作用有限 政策还需加大力度——央行二次定向降准简评》,载《中国城市金融》2014 年第 7 期。

[225] 金烨、李宏彬:《非正规金融与农户借贷行为》,载《金融研究》2009 年第 4 期。

[226] 金中夏、洪浩、李宏瑾:《利率市场化对货币政策有效性和经济结构调整的影响》,载《经济研究》2013 年第 4 期。

[227] 邝希聪:《货币政策引导下中国金融减贫的机理与效应》,载《金融经济学研究》2019 年第 2 期。

[228] 劳子良:《定向降准货币政策的经济结构调整效应研究》,广东财经大学硕士学位论文,2018 年。

[229] 冷建飞、王凯:《补贴对农业上市公司盈利的影响研究——基于面板数据模型的分析》,载《江西农业学报》2007 年第 2 期。

[230] 李成、高智贤:《货币政策立场与银行信贷的异质性反

应——基于信贷传导渠道的理论解读与实证检验》，载《财贸经济》2014 年第 12 期。

[231] 李崇光、宋长鸣：《蔬菜水果产品价格波动与调控政策》，载《农业经济问题》2016 年第 2 期。

[232] 李春涛、刘贝贝、周鹏、张璇：《它山之石：QFII 与上市公司信息披露》，载《金融研究》2018 年第 12 期。

[233] 李丹：《薪酬差距、代理成本与企业成长性》，载《财会通讯》2020 年第 2 期。

[234] 李国祥：《2003 年以来中国农产品价格上涨分析》，载《中国农村经济》2011 年第 2 期。

[235] 李宏彬、马弘、熊艳艳、徐嫄：《人民币汇率对企业进出口贸易的影响——来自中国企业的实证研究》，载《金融研究》2011 年第 2 期。

[236] 李华威：《银行资本与货币政策风险承担渠道：理论模型与中国实证研究》，载《金融经济学研究》2014 年第 3 期。

[237] 李欢丽、王威：《中国定向宽松货币政策评价——基于美国量化宽松货币政策内生缺陷视角》，载《金融经济学研究》2015 年第 1 期。

[238] 李敬辉、范志勇：《利率调整和通货膨胀预期对大宗商品价格波动的影响——基于中国市场粮价和通货膨胀关系的经验研究》，载《经济研究》2005 年第 6 期。

[239] 李靓、穆月英、赵亮：《国际原油价格、货币政策与农产品价格》，载《国际金融研究》2017 年第 3 期。

[240] 李琦斓：《浅谈央行定向降准对小微企业融资的影响》，载《山西农经》2018 年第 10 期。

[241] 李锐、朱喜：《农户金融抑制及其福利损失的计量分析》，载《经济研究》2007 年第 2 期。

[242] 李树生：《低利率货币政策与农村经济增长的理论探析》，载《财贸经济》2006 年第 12 期。

［243］李文、李兴平、汪三贵：《农产品价格变化对贫困地区农户收入的影响》，载《中国农村经济》2003 年第 12 期。

［244］李文贵、余明桂：《所有权性质、市场化进程与企业风险承担》，载《中国工业经济》2012 年第 12 期。

［245］李雯：《美联储存款准备金管理制度演变以及对我国的启示》，载《金融经济》2018 年第 18 期。

［246］李秀玉、史亚雅：《绿色发展、碳信息披露质量与财务绩效》，载《经济管理》2016 年第 7 期。

［247］李永壮、刘斌、宁晓林：《基于面板数据的领导层过度自信与企业绩效关系研究——企业投资水平的中介效应探索》，载《中央财经大学学报》2015 年第 6 期。

［248］李志军、王善平：《货币政策、信息披露质量与公司债务融资》，载《会计研究》2011 年第 10 期。

［249］李志赟：《银行结构与中小企业融资》，载《经济研究》2002 年第 6 期。

［250］李竹薇、刘森楠、李津津、王宝璐：《提高信息披露质量能否缓解上市企业的融资约束——融入产权性质分类的证据》，载《投资研究》2019 年第 8 期。

［251］梁京华：《支农再贷款工具的制度性缺陷及政策建议》，载《中国经贸导刊》2013 年第 35 期。

［252］廖国民、钟俊芳：《中国货币政策的效力差异（1978 ~ 2007）——以工业部门和农业部门为例》，载《当代经济科学》2009 年第 1 期。

［253］林朝颖、黄志刚、何乐融、吴施娟：《货币政策风险传导微观机制的区域异质性》，载《财经论丛》2016 年第 8 期。

［254］林朝颖、黄志刚、杨广青：《基于微观视角的货币政策风险传导效应研究》，载《国际金融研究》2014 年第 9 期。

［255］林万龙、张莉琴：《农业产业化龙头企业政府财税补贴政策效率：基于农业上市公司的案例研究》，载《中国农村经济》2004 年第

10 期。

[256] 林毅夫、蔡昉、李周:《中国的奇迹:发展战略与经济改革》,上海人民出版社 1999 年版。

[257] 林毅夫、孙希芳:《信息、非正规金融与中小企业融资》,载《经济研究》2005 年第 7 期。

[258] 刘刚:《精准扶贫视角下的支农再贷款政策效应研究——来自青海省的经验分析》,载《征信》2016 年第 6 期。

[259] 刘高:《中美存款准备金制度比较研究》,载《时代金融》2011 年第 17 期。

[260] 刘辉煌、吴伟:《基于双栏模型的我国农户贷款可得性及其影响因素分析》,载《经济经纬》2015 年第 2 期。

[261] 刘金全:《货币政策作用的有效性和非对称性研究》,载《管理世界》2002 年第 3 期。

[262] 刘金全、隋建利、李楠:《基于非线性 VAR 模型对我国货币政策非对称作用效应的实证检验》,载《中国管理科学》2009 年第 3 期。

[263] 刘金全、徐宁、刘达禹:《农村金融发展对农业经济增长影响机制的迁移性检验——基于 PLSTR 模型的实证研究》,载《南京农业大学学报》(社会科学版)2016 年第 2 期。

[264] 刘澜飚、尹海晨、张靖佳:《中国结构性货币政策信号渠道的有效性研究》,载《现代财经(天津财经大学学报)》2017 年第 3 期。

[265] 刘立安、傅强:《外资银行经营模式及盈利能力差异分析与实证——基于隐形进入成本与制度质量的研究》,载《管理工程学报》2010 年第 2 期。

[266] 刘满凤、赵珑:《互联网金融视角下小微企业融资约束问题的破解》,载《管理评论》2019 年第 3 期。

[267] 刘美玉、黄速建:《信贷约束强度与农村企业绩效水平——基于广义倾向得分方法的经验分析》,载《中国农村经济》2019 年第 12 期。

[268] 刘琦、董斌：《定向降准政策有效吗——来自股票市场的经验证据》，载《金融经济学研究》2019年第6期。

[269] 刘生福、杨兴哲、韩雍：《利率市场化、货币政策与银行风险承担》，载《经济经纬》2018年第4期。

[270] 刘伟、苏剑：《“新常态”下的中国宏观调控》，载《经济科学》2014年第4期。

[271] 刘锡良、周彬蕊、许坤：《企业风险承担差异：所有制特性抑或禀赋特征?》，载《经济评论》2018年第5期。

[272] 刘晓欣、王飞：《中国微观银行特征的货币政策风险承担渠道检验——基于我国银行业的实证研究》，载《国际金融研究》2013年第9期。

[273] 刘星海：《基于供应链金融的中小农业企业融资风险防控策略》，载《农业经济》2016年第6期。

[274] 刘元春：《宏观经济运行的新特征》，载《中国金融》2014年第14期。

[275] 陆静、王漪碧、王捷：《贷款利率市场化对商业银行风险的影响——基于盈利模式与信贷过度增长视角的实证分析》，载《国际金融研究》2014年第6期。

[276] 罗党论、甄丽明：《民营控制、政治关系与企业融资约束——基于中国民营上市公司的经验证据》，载《金融研究》2008年第12期。

[277] 吕光明：《中国货币政策产业非均衡效应实证研究》，载《统计研究》2013年第4期。

[278] 马春芬：《支小再贷款投放不畅》，载《中国金融》2016年第2期。

[279] 马方方、谷建伟：《中国定向调控货币政策效应研究》，载《首都经济贸易大学学报》2016年第1期。

[280] 马九杰、吴本健：《利率浮动政策、差别定价策略与金融机构对农户的信贷配给》，载《金融研究》2012年第4期。

[281] 马九杰、朱勇：《农业及涉农产业直接投资的决定因素与政

策效应——基于企业调查的描述性分析》，载《中国农村观察》2004年第3期。

[282] 马理、刘艺、何梦泽：《定向调控类货币政策的国际比较与我国的对策》，载《经济纵横》2015年第10期。

[283] 马理、娄田田、牛慕鸿：《定向降准与商业银行行为选择》，载《金融研究》2015年第9期。

[284] 马理、潘莹、张方舟：《定向降准货币政策的调控效果》，载《金融论坛》2017年第2期。

[285] 马龙、刘澜飚：《货币供给冲击是影响我国农产品价格上涨的重要原因吗》，载《经济学动态》2010年第9期。

[286] 马文超、胡思玥：《货币政策、信贷渠道与资本结构》，载《会计研究》2012年第11期。

[287] 马鑫媛、赵天奕：《非正规金融与正规金融双重结构下货币政策工具比较研究》，载《金融研究》2016年第2期。

[288] 么晓颖：《资本结构影响银行效率吗？ 一个研究综述》，载《农银学刊》2015年第3期。

[289] 牛晓健、裘翔：《利率与银行风险承担——基于中国上市银行的实证研究》，载《金融研究》2013年第4期。

[290] 欧阳志刚、薛龙：《新常态下多种货币政策工具对特征企业的定向调节效应》，载《管理世界》2017年第2期。

[291] 潘彬、金雯雯：《货币政策对民间借贷利率的作用机制与实施效果》，载《经济研究》2017年第8期。

[292] 潘彬、王去非、金雯雯：《时变视角下非正规借贷利率的货币政策反应研究》，载《金融研究》2017年第10期。

[293] 潘攀、邓超：《企业异质性与货币政策信贷传导渠道有效性》，载《财经理论与实践》2020年第2期。

[294] 庞念伟：《货币政策在产业结构升级中的非对称效应》，载《金融论坛》2016年第6期。

[295] 彭方平、连玉君：《我国货币政策的成本效应——来自公司

层面的经验证据》，载《管理世界》2010 年第 12 期。

[296] 彭方平、王少平：《我国货币政策的微观效应——基于非线性光滑转换面板模型的实证研究》，载《金融研究》2007 年第 9 期。

[297] 彭熠、胡剑锋：《财税补贴优惠政策与农业上市公司经营绩效——实施方式分析与政策启示》，载《四川大学学报（哲学社会科学版)》2009 年第 3 期。

[298] 彭俞超、方意：《结构性货币政策、产业结构升级与经济稳定》，载《经济研究》2016 年第 7 期。

[299] 齐藤美彦：《日本存款准备金制度的历史演进》，载《日本学刊》2008 年第 1 期。

[300] 钱水土、吴卫华：《信用环境、定向降准与小微企业信贷融资——基于合成控制法的经验研究》，载《财贸经济》2020 年第 2 期。

[301] 钱婷婷：《货币政策、商业信用融资与企业未来业绩研究》，苏州大学硕士学位论文，2015 年。

[302] 乔海滨：《内蒙古支农再贷款管理和使用问题研究》，载《北方金融》2015 年第 10 期。

[303] 邱崇明、黄燕辉：《通货膨胀预期差异与货币政策区域效应——基于我国 31 个省份面板数据的实证分析》，载《吉林大学社会科学学报》2014 年第 2 期。

[304] 邱静、刘芳梅：《货币政策、外部融资依赖与企业业绩》，载《财经理论与实践》2016 年第 5 期。

[305] 屈文洲、谢雅璐、叶玉妹：《信息不对称、融资约束与投资—现金流敏感性——基于市场微观结构理论的实证研究》，载《经济研究》2011 年第 6 期。

[306] 权飞过、王晓芳、刘柳：《银行表外业务、货币政策传导与银行风险承担》，载《财经论丛》2018 年第 8 期。

[307] 冉光和、温涛、李敬：《中国农村经济发展的金融约束效应研究》，载《中国软科学》2008 年第 7 期。

[308] 饶品贵、姜国华：《货币政策、信贷资源配置与企业业绩》，

载《管理世界》2013 年第 3 期。

［309］任巧巧：《基于 SWOT 分析的农业企业发展战略选择》，载《农业经济问题》2005 年第 4 期。

［310］桑晓靖：《农业高新技术企业技术创新模式及评析》，载《改革与战略》2008 年第 7 期。

［311］申俊喜、曹源芳、封思贤：《货币政策的区域异质性效应——基于中国 31 个省域的实证分析》，载《中国工业经济》2011 年第 6 期。

［312］沈晓明：《论农业产业化政策的市场性目标与公益性目标的冲突——兼析农业上市公司的竞争力减弱现象》，载《农业经济问题》2002 年第 5 期。

［313］盛朝晖：《中国货币政策传导渠道效应分析：1994 ~ 2004》，载《金融研究》2006 年第 7 期。

［314］盛松成、吴培新：《中国货币政策的二元传导机制——“两中介目标，两调控对象”模式研究》，载《经济研究》2008 年第 10 期。

［315］石华军：《货币政策定向调控对农业经济发展、农民增收的影响研究——基于金融抑制的视角》，载《现代经济探讨》2017 年第 11 期。

［316］石柱鲜、邓创：《基于自然利率的货币政策效应非对称性研究》，载《中国软科学》2005 年第 9 期。

［317］宋光辉、钱崇秀、许林：《商业银行“三性”对其风险承担能力的影响——基于 16 家上市银行非平衡面板数据的实证检验》，载《经济管理》2016 年第 9 期。

［318］宋全云、吴雨、钱龙：《存款准备金率与中小企业贷款成本——基于某地级市中小企业信贷数据的实证研究》，载《金融研究》2016 年第 10 期。

［319］宋旺、钟正生：《我国货币政策区域效应的存在性及原因——基于最优货币区理论的分析》，载《经济研究》2006 年第 3 期。

［320］宋玉颖、刘志洋：《流动性风险对银行信贷行为的影响》，载《金融论坛》2013 年第 8 期。

［321］宋长鸣、徐娟、李崇光：《货币供应量、蔬菜调控政策与蔬菜价格波动分析》，载《统计与决策》2013 年第 22 期。

［322］苏静、胡宗义、唐李伟、肖攀：《农村非正规金融发展减贫效应的门槛特征与地区差异——基于面板平滑转换模型的分析》，载《中国农村经济》2013 年第 7 期。

［323］孙大超、王博、Gang Wang：《银行业垄断是导致货币政策抑制中小企业的原因吗》，载《金融研究》2014 年第 6 期。

［324］孙亮、柳建华：《银行业改革、市场化与信贷资源的配置》，载《金融研究》2011 年第 1 期。

［325］孙若梅：《小额信贷在农村信贷市场中作用的探讨》，载《中国农村经济》2006 年第 8 期。

［326］孙少岩、冯俊海：《存款准备金制度研究》，载《税务与经济》2003 年第 5 期。

［327］孙玉军：《上市公司社会责任信息披露与公司价值相关性研究》，载《财会通讯》2015 年第 12 期。

［328］汤新华：《政策扶持对农业类上市公司业绩的影响》，载《福建农林大学学报（哲学社会科学版）》2003 年第 1 期。

［329］唐欣、王震、李清娟：《河北省农业企业融资现状及对策研究》，载《会计之友》2013 年第 9 期。

［330］陶士贵、陈建宇：《新常态下中国货币政策工具创新的有效性研究——基于 FAVAR 模型的比较分析》，载《金融经济学研究》2016 年第 4 期。

［331］田伟：《中国农业发展优劣势分析及其面临的挑战》，载《湖南农机》2011 年第 7 期。

［332］田湘龙：《湖北调查：影响支农再贷款使用的六大因素》，载《武汉金融》2011 年第 5 期。

［333］田秀娟：《我国农村中小企业融资渠道选择的实证研究》，载《金融研究》2009 年第 7 期。

［334］万里鹏、曹国俊、翁炀杰：《结构性货币政策有效吗？——

基于支农再贷款的实证研究》，载《投资研究》2019 年第 7 期。

［335］汪仁洁：《货币政策的阶段性特征和定向调控选择》，载《改革》2014 年第 7 期。

［336］王博、梁洪、张晓玫：《利率市场化、货币政策冲击与线上线下民间借贷》，载《中国工业经济》2019 年第 6 期。

［337］王粲、林朝颖、徐亚论：《定向降准是否影响农业企业信贷融资?》，载《商业会计》2019 年第 24 期。

［338］王超、鲍锋：《新一轮农产品价格波动的成因及对策》，载《经济纵横》2011 年第 4 期。

［339］王冲、陈旭：《农产品价格上涨的原因与流通改革的思路探讨》，载《中国软科学》2012 年第 4 期。

［340］王丹、张懿：《农村金融发展与农业经济增长——基于安徽省的实证研究》，载《金融研究》2006 年第 11 期。

［341］王棣华、李雪：《内部控制信息披露对公司经营业绩的影响研究——基于沪市 A 股上市公司的经验数据》，载《南京审计大学学报》2016 年第 3 期。

［342］王吉鹏、肖琴、李建平：《新型农业经营主体融资：困境、成因及对策——基于 131 个农业综合开发产业化发展贷款贴息项目的调查》，载《农业经济问题》2018 年第 2 期。

［343］王嘉鑫、汪芸倩、张龙平：《利率管制松绑、企业会计信息披露质量与融资约束》，载《经济管理》2020 年第 4 期。

［344］王剑、刘玄：《货币政策传导的行业效应研究》，载《财经研究》2005 年第 5 期。

［345］王克敏、王志超：《高管控制权、报酬与盈余管理——基于中国上市公司的实证研究》，载《管理世界》2007 年第 7 期。

［346］王蕾、郭芮佳、池国华：《银行内部控制质量如何影响信贷风险？——基于行业风险识别视角的实证分析》，载《中南财经政法大学学报》2019 年第 4 期。

［347］王倩、路馨、曹廷求：《结构性货币政策、银行流动性与信

贷行为》，载《东岳论丛》2016 年第 8 期。

［348］王森、蔡维娜：《货币流动性对中国农产品价格的影响——基于随机波动的 TVP - VAR 模型的实证分析》，载《经济问题》2016 年第 2 期。

［349］王书华、杨有振、苏剑：《农户信贷约束与收入差距的动态影响机制：基于面板联立系统的估计》，载《经济经纬》2014 年第 1 期。

［350］王树同、刘明学、栾雪剑：《美联储“量化宽松”货币政策的原因、影响与启示》，载《国际金融研究》2009 年第 11 期。

［351］王维斌：《支农再贷款政策传导实效、问题与对策研究——以邵阳市为例》，载《金融经济》2016 年第 2 期。

［352］王玮、唐文飞、甄东成：《中央银行支农再贷款政策的动态发展研究》，载《金融研究》2005 年第 6 期。

［353］王曦、李丽玲、王茜：《定向降准政策的有效性：基于消费与投资刺激效应的评估》，载《中国工业经济》2017 年第 11 期。

［354］王馨：《互联网金融助解“长尾”小微企业融资难问题研究》，载《金融研究》2015 年第 9 期。

［355］王兴娟：《小微企业融资背景、困境及对策》，载《学术交流》2012 年第 7 期。

［356］王雄元、曾敬：《年报风险信息披露与银行贷款利率》，载《金融研究》2019 年第 1 期。

［357］王修华、傅勇、贺小金、谭开通：《中国农户受金融排斥状况研究——基于我国 8 省 29 县 1547 户农户的调研数据》，载《金融研究》2013 年第 7 期。

［358］王修华、关键：《中国农村金融包容水平测度与收入分配效应》，载《中国软科学》2014 年第 8 期。

［359］王遥、潘冬阳、彭俞超、梁希：《基于 DSGE 模型的绿色信贷激励政策研究》，载《金融研究》2019 年第 11 期。

［360］王寅：《我国不同类型商业银行稳健性与差异性研究》，吉

林大学博士学位论文，2014 年。

［361］王永华、王泽宇：《财政补贴对农业企业融资影响研究——基于沪深两市 21 家农业上市公司的经验数据》，载《经济问题》2017 年第 9 期。

［362］王宇、于辉：《成长风险下企业股权融资中委托代理问题的鲁棒分析》，载《系统工程理论与实践》2019 年第 5 期。

［363］王玉春、花贵如：《中国农业上市公司可持续增长实证分析》，载《中国农村经济》2006 年第 10 期。

［364］王元：《货币政策非对称效应研究》，中国社会科学院研究生院博士学位论文，2012 年。

［365］魏巍、蒋海、庞素琳：《货币政策、监管政策与银行信贷行为——基于中国银行业的实证分析（2002～2012）》，载《国际金融研究》2016 年第 5 期。

［366］魏晓云、韩立岩：《企业共生模式下定向降准政策的激励机制》，载《系统工程》2018 年第 3 期。

［367］吴国培等：《结构性货币政策的国际比较、效果评估及若干思考》，载《福建金融》2016 年第 7 期。

［368］吴建环、席莹：《中国货币政策的金融加速器效应研究——以货币政策对不同规模高科技企业的影响为例》，载《山西财经大学学报》2007 年第 11 期。

［369］吴燕生：《支农货币信贷政策工具选择与绩效评估——基于广东省的研究》，载《金融发展评论》2017 年第 5 期。

［370］吴作凤：《上市公司股权激励效应研究》，中央财经大学博士学位论文，2015 年。

［371］武丽娟、徐璋勇：《支农贷款影响农户收入增长的路径分析——基于 2126 户调研的微观数据》，载《西北农林科技大学学报（社会科学版）》2016 年第 6 期。

［372］武蕴：《会计信息披露及时性研究》，载《财会通讯》2011 年第 18 期。

［373］向志容等：《定向降准与企业融资约束——基于A股上市公司的经验证据》，载《南方金融》2020年第1期。

［374］肖兰华、杨刚强：《不对称信息下农村中小企业信贷融资配给问题及对策研究》，载《财贸经济》2008年第7期。

［375］肖争艳、郭豫媚、潘璐：《企业规模与货币政策的非对称效应》，载《经济理论与经济管理》2013年第9期。

［376］谢卫卫、罗光强：《货币政策冲击对农产品价格的影响》，载《华南农业大学学报（社会科学版）》2017年第6期。

［377］辛树人：《差别存款准备金制度与金融稳定》，载《金融研究》2005年第11期。

［378］邢道均、叶依广：《农村小额贷款公司缓解农村中小企业正规信贷约束了吗？——基于苏北五市的调查研究》，载《农业经济问题》2011年第8期。

［379］徐磊：《中国上市公司的投资行为与效率研究》，上海交通大学博士学位论文，2007年。

［380］徐明东、陈学彬：《货币环境、资本充足率与商业银行风险承担》，载《金融研究》2012年第7期。

［381］徐淑芳、刘佳、林堉华：《经济欠发达地区农信社农户小额贷款绩效研究——基于贵州省A县的实地调查》，载《农村经济》2012年第9期。

［382］徐焱军：《中期审计会影响会计信息披露及时性吗——来自中国上市公司的经验证据》，载《经济问题》2010年第4期。

［383］徐忠、程恩江：《利率政策、农村金融机构行为与农村信贷短缺》，载《金融研究》2004年第12期。

［384］许承明、张建军：《利率市场化影响农业信贷配置效率研究——基于信贷配给视角》，载《金融研究》2012年第10期。

［385］许崇正、高希武：《农村金融对增加农民收入支持状况的实证分析》，载《金融研究》2005年第9期。

［386］许月丽等：《利率市场化改革如何影响了农村正规金融对非

正规金融的替代性?》，载《中国农村经济》2020 年第 3 期。

[387] 杨福明:《金融生态环境视角的非正规金融生态状况研究》，载《经济学家》2008 年第 5 期。

[388] 杨华军:《会计稳健性研究述评》，载《会计研究》2007 年第 1 期。

[389] 杨继生、徐娟:《从田间到市场：谁托起了食品的价格?》，载《经济学（季刊)》2015 年第 3 期。

[390] 杨坤、曹晖、孙宁华:《非正规金融、利率双轨制与信贷政策效果——基于新凯恩斯动态随机一般均衡模型的分析》，载《管理世界》2015 年第 5 期。

[391] 杨明婉、张乐柱、颜梁柱:《农户家庭信贷规模效应研究：基于交易费用视角》，载《农村经济》2019 年第 6 期。

[392] 杨旭:《支农再贷款支农作用亟待加强》，载《吉林金融研究》2010 年第 5 期。

[393] 姚帏之、白杨、刘德胜:《网络融资 VS 银行信贷——演化视角下小微企业融资战略平衡》，载《投资研究》2018 年第 9 期。

[394] 姚文韵、刘冬杰:《我国农业上市公司融资来源与投资规模的关系研究》，载《农业经济问题》2011 年第 8 期。

[395] 叶康涛、祝继高:《银根紧缩与信贷资源配置》，载《管理世界》2009 年第 1 期。

[396] 易宪容:《“定向降准”不能过分解读》，载《金融博览(财富)》2014 年第 7 期。

[397] 余泉生、周亚虹:《信贷约束强度与农户福祉损失——基于中国农村金融调查截面数据的实证分析》，载《中国农村经济》2014 年第 3 期。

[398] 余新平、熊皛白、熊德平:《中国农村金融发展与农民收入增长》，载《中国农村经济》2010 年第 6 期。

[399] 詹向阳、郑艳文:《差别存款准备金率政策透视》，载《中国金融》2011 年第 5 期。

[400] 张兵、张宁：《农村非正规金融是否提高了农户的信贷可获性？——基于江苏1202户农户的调查》，载《中国农村经济》2012年第10期。

[401] 张冬平、刘旗：《农产品市场波动对农民收入影响的量化分析》，载《农业经济问题》2002年第6期。

[402] 张敦力、李琳：《会计稳健性的经济后果研究述评》，载《会计研究》2011年第7期。

[403] 张宏伟、刘士谦、卓鹏、刘新春：《对非国有企业信贷投入不足问题的思考》，载《宏观经济管理》2001年第11期。

[404] 张辉、黄泽华：《我国货币政策利率传导机制的实证研究》，载《经济学动态》2011年第3期。

[405] 张辉、黄泽华：《我国货币政策的汇率传导机制研究》，载《经济学动态》2011年第8期。

[406] 张金鑫、王逸：《会计稳健性与公司融资约束——基于两类稳健性视角的研究》，载《会计研究》2013年第9期。

[407] 张景智：《新型货币政策工具总量与结构效应比较研究——基于定向降准的实证》，载《浙江金融》2016年第6期。

[408] 张景智：《新型货币政策工具总量与结构效应比较研究——基于定向降准的实证》，载《上海金融学院学报》2016年第4期。

[409] 张妙：《上市公司会计信息披露及时性的信息含量分析》，载《财会学习》2019年第13期。

[410] 张强、乔煜峰、张宝：《中国货币政策的银行风险承担渠道存在吗?》，载《金融研究》2013年第8期。

[411] 张庆亮：《农业价值链融资：解决小微农业企业融资难的有效途径——从交易成本的视角》，载《云南社会科学》2014年第5期。

[412] 张伟华、毛新述、刘凯璇：《利率市场化改革降低了上市公司债务融资成本吗?》，载《金融研究》2018年第10期。

[413] 张西征、刘志远、王静：《货币政策影响公司投资的双重效应研究》，载《管理科学》2012年第5期。

[414] 张晓慧：《三十而立　四十不惑——从存款准备金变迁看央行货币调控演进》，载《中国金融》2018年第23期。

[415] 张晓晶：《试论中国宏观调控新常态》，载《经济学动态》2015年第4期。

[416] 张新民、张婷婷、陈德球：《产业政策、融资约束与企业投资效率》，载《会计研究》2017年第4期。

[417] 张雪春、徐忠、秦朵：《民间借贷利率与民间资本的出路：温州案例》，载《金融研究》2013年第3期。

[418] 张雪兰、何德旭：《货币政策立场与银行风险承担——基于中国银行业的实证研究（2000～2010）》，载《经济研究》2012年第5期。

[419] 张业修：《应让"定向降准"释放的资金沿着"定向渠道"流淌》，载《中国农业会计》2014年第9期。

[420] 张悦玫、张芳、李延喜：《会计稳健性、融资约束与投资效率》，载《会计研究》2017年第9期。

[421] 赵进文、闵捷：《央行货币政策操作效果非对称性实证研究》，载《经济研究》2005年第2期。

[422] 赵立军：《农业国际投资规则演进及中国的应对策略研究》，中国农业科学院博士学位论文，2016年。

[423] 赵晓男、刘霄：《货币政策对我国投资水平影响的实证分析》，载《中央财经大学学报》2007年第4期。

[424] 郑建明、黄晓蓓、张新民：《管理层业绩预告违规与分析师监管》，载《会计研究》2015年第3期。

[425] 郑金花：《定向降准对"三农"和小微企业融资的影响》，载《黑河学院学报》2019年第8期。

[426] 钟凯、程小可、张伟华：《货币政策适度水平与企业"短贷长投"之谜》，载《管理世界》2016年第3期。

[427] 周彩红：《非国有企业融资问题探析》，载《中国软科学》2003年第9期。

[428] 周晶、陶士贵：《结构性货币政策对中国商业银行效率的影

响——基于银行风险承担渠道的研究》，载《中国经济问题》2019年第3期。

［429］周师慷：《信贷政策支持再贷款使用和管理的效应分析——以江西省某地级市为例》，载《武汉金融》2016年第5期。

［430］周英章、蒋振声：《货币渠道、信用渠道与货币政策有效性——中国1993～2001年的实证分析和政策含义》，载《金融研究》2002年第9期。

［431］周月书、李扬：《农村小额贷款公司对农村小微企业正规信贷配给的影响分析——基于苏北农村小微企业的调查》，载《中国农村经济》2013年第7期。

［432］周月书、王雨露、彭媛媛：《农业产业链组织、信贷交易成本与规模农户信贷可得性》，载《中国农村经济》2019年第4期。

［433］周月书、杨军：《农村中小企业融资障碍因素分析——来自江苏吴江和常熟的问卷调查》，载《中国农村经济》2009年第7期。

［434］周云鹤：《中国制造业上市公司多元化经营对企业绩效的影响研究》，华东理工大学硕士学位论文，2014年。

［435］朱博文、张钰、曹廷求：《货币政策与银行贷款行为——基于公司与银行的双向视角研究》，载《财贸经济》2013年第12期。

［436］朱恩涛、朱瑾：《美国存款准备金制度发展的历史及其启示》，载《南京审计学院学报》2008年第1期。

［437］朱红军、何贤杰、陈信元：《金融发展、预算软约束与企业投资》，载《会计研究》2006年第10期。

［438］朱妮、孙含越：《定向降准作用有限　政策还需应势而动》，载《中国银行业》2014年第6期。

［439］朱喜、李子奈：《我国农村正式金融机构对农户的信贷配给——一个联立离散选择模型的实证分析》，载《数量经济技术经济研究》2006年第3期。

［440］朱新蓉、李虹含：《货币政策传导的企业资产负债表渠道有效吗——基于2007～2013中国数据的实证检验》，载《金融研究》

2013 年第 10 期。

[441] 朱信凯、刘刚：《二元金融体制与农户消费信贷选择——对合会的解释与分析》，载《经济研究》2009 年第 2 期。

[442] 朱正、陶岚：《论新定向调控货币政策的推进前景及细化路径》，载《云南社会科学》2015 年第 1 期。

[443] 邹彩芬、许家林、王雅鹏：《政府财税补贴政策对农业上市公司绩效影响实证分析》，载《产业经济研究》2006 年第 3 期。

[444] 安翔：《我国农村金融发展与农村经济增长的相关分析——基于帕加诺模型的实证检验》，载《经济问题》2005 年第 10 期。

[445] 郭冠男：《发挥市场在金融资源配置中的决定性作用》，载《宏观经济管理》2015 年第 2 期。

[446] 李延敏、徐邵军：《静态金融可计算一般均衡扩展模型构建及货币政策模拟》，载《统计与决策》2017 年第 6 期。

[447] 蔡四平、顾海峰：《农村中小企业金融市场的信贷配给问题及治理研究》，载《财贸经济》2011 年第 4 期。

[448] 笪哲：《结构性货币政策能纾解小微企业融资困境吗》，载《金融经济学研究》2020 年第 2 期。

[449] 苟琴、黄益平：《我国信贷配给决定因素分析——来自企业层面的证据》，载《金融研究》2014 年第 8 期。

[450] 江曙霞、陈玉婵：《货币政策、银行资本与风险承担》，载《金融研究》2012 年第 4 期。

[451] 蒋瑛琨、刘艳武、赵振全：《货币渠道与信贷渠道传导机制有效性的实证分析——兼论货币政策中介目标的选择》，载《金融研究》2005 年第 5 期。

[452] 李庆海、吕小锋、孙光林：《农户信贷配给：需求型还是供给型？——基于双重样本选择模型的分析》，载《中国农村经济》2016 年第 1 期。

[453] 林朝颖、黄志刚、杨广青、杨洁：《基于企业视角的定向降准政策调控效果研究》，载《财政研究》2016 年第 8 期。

[454] 许月丽：《产业链升级、行业差异与农业上市公司的信贷配给——来自中国上市公司的证据》，载《中国农村经济》2010 年第 4 期。

[455] 于一、何维达：《货币政策、信贷质量与银行风险偏好的实证检验》，载《国际金融研究》2011 年第 12 期。

[456] 习近平：《中央农村工作会议在北京举行　习近平作重要讲话》，人民网，http：//cpc. people. com. cn/n1/2017/1230/c64094 - 29737283. html. 2017 - 12 - 30。